R. Melzack · Das Rätsel des Schmerzes

Das Rätsel des Schmerzes

**Professor Dr. Ronald Melzack,
Montreal**

mit einem Geleitwort von
Professor Dr. med. Rudolf Frey

38 Abbildungen

Hippokrates Verlag Stuttgart

Titel der Originalausgabe: Ronald Melzack, The Puzzle of Pain
Penguin Books Ltd., Harmondsworth, Middlesex, England
© Ronald Melzack, 1973

Aus dem Englischen übersetzt von Dipl. Psych. et cand. med. Bernd K. Müller, Tübingen

Prof. Dr. Ronald Melzack, McGill-Universität Montreal und Direktor der Forschungsabteilung am »Pain Center« im Montreal General Hospital.

CIP-Kurztitelaufnahme der Deutschen Bibliothek

Melzack, Ronald
Das Rätsel des Schmerzes. – 1. Aufl. –
Stuttgart: Hippokrates-Verlag, 1978.
  Einheitssacht.: The puzzle of pain <dt.>
  ISBN 3-7773-0441-7

ISBN 3-7773-0441-7

Inhaltsverzeichnis

Geleitwort

Der Schmerz ist ein Urphänomen des Lebens: Kein höheres Lebewesen ohne Schmerz – aber ohne Schmerz auch kein höheres Leben: Der Schmerz ist es, der als »Warner« uns schützt vor Gefahren für Leib und Leben. Er ist das häufigste Motiv, das den Kranken zum Arzt führt. Am gefährlichsten sind diejenigen Krankheiten, die ohne Schmerz beginnen oder zu einer Störung des Schmerzempfindens führen: z.B. der Krebs oder die Syringomyelie.

Es ist Beruf und Berufung des Arztes, den Kranken vor sinnlosen Schmerzen zu bewahren. Denn aus dem *Sinn* des Schmerzes (nämlich den Kranken zu schützen, ruhigzustellen und ihn zum Arzt zu führen, sowie als Leitsymptom der Diagnose zu dienen) wird von nun an *Unsinn,* Widersinn und Plage: Der Schmerz hat dann seine Schuldigkeit getan, er kann und soll gelindert und beseitigt werden. Den Schmerz zu lindern, hat bereits die antike Medizin als Hauptaufgabe des Arztes angesehen: »Divinum est sedare dolorem!« verkündete bereits der römische Arzt GALEN.

Der Mensch der Antike und des Mittelalters, besonders der christlich geprägte Mensch, hatte ein anderes Verhältnis zum Schmerz als wir heutigen Produkte des technischen Zeitalters: Er faßte den Schmerz als von Gott geschickte Läuterung auf. In der Nachfolge Christi ertrugen die Menschen der damaligen Zeit mit Geduld und Würde auch schwere und lange Schmerzzustände. Ja, sie glaubten, durch die Schmerzen geläutert zu werden zu einem höheren Grad seelischer Reife.

Leider wird von vielen materialistisch denkenden Menschen unserer Zeit der Mensch als »Maschine« aufgefaßt, bei der ein Schmerzgefühl lediglich eine »Panne« darstellt, die in der »Reparaturwerkstätte« Krankenhaus durch geeignete Mechaniker repariert werden kann. Diese Auffassung wird dem Rätsel und dem Phänomen des Schmerzes nicht gerecht: Nur eine umfassende Diagnostik und eine umfassende Therapie der Schmerzzustände kann hier helfen und auf die Dauer Heilung erzielen.

Es ist ein Verdienst des weltbekannten Physiologen RONALD MELZACK von der Universität in Montreal, sich schon früh mit der Physiologie und Pathophysiologie sowie der Psychologie des Schmerzes auseinandergesetzt zu haben. Er hat hierbei auch die erstaunlichen Erfolge der Naturmedizin in anderen Erdteilen und in anderen Kulturen mit in seine Überlegungen einbezogen. Das vorliegende Buch soll uns heutigen Ärzten und uns heutigen

Patienten das Verständnis des Schmerzes erleichtern und uns einen Schritt weiterführen zur Lösung des Rätsels Schmerz. Dann werden wir auch in der Lage sein zu einer umfassenden Therapie und zu einem umfassenden Verständnis des Schmerzphänomens. Nur hierdurch werden die Heilerfolge bei den zahlreichen schweren und chronisch Schmerzkranken besser werden. Beitragen hierzu wird darüber hinaus die Einrichtung interdisziplinärer »Schmerzkliniken«, die heute an den führenden Universitäten aller Kulturländer im Entstehen begriffen sind.

Mainz, April 1978   Prof. Dr. med. RUDOLF FREY, F.F.A.R.C.S.
                                         Johannes Gutenberg-Universität

Vorwort

Aufgabe dieses Buches ist es, den Studenten und auch den interessierten Laien in die Problematik des Schmerzes einzuführen, – Schmerz als eines der am meisten verwirrenden und herausfordernden Probleme in Biologie und Medizin. Schmerz ist eine so allgemeine Erfahrung, daß wir bei ihrer Definition in einer gewöhnlichen Unterhaltung kaum ins Stocken geraten. Dennoch ist es bisher keinem der über das Problem Schmerz arbeitenden Forscher gelungen, eine allseits befriedigende Definition zu finden. Offensichtlich besitzt Schmerz sensorische, aber auch emotionelle und anregende Eigenschaften. Normalerweise entsteht Schmerz durch intensive, schädigende Stimulation, gelegentlich tritt er auch spontan ohne klar erkennbare Ursache auf. Im Normalfall signalisiert er eine physische Verletzung; manchmal jedoch tritt selbst dann kein Schmerz auf, wenn ausgedehnte Körperbereiche schwer geschädigt sind. Ein anderes Mal besteht die Schmerzempfindung auch nach der Heilung des verletzten Gewebes fort und entwickelt sich so zum lähmenden Problem, das eine gründliche Behandlung erfordert.

Es gibt viele Facetten des Rätsels Schmerz. Es wird von Psychologen, Physiologen, Anatomen und Pharmakologen sowie in Krankenhäusern von Neurologen, Neurochirurgen, Anästhesisten und Internisten untersucht. Jeder dieser biologischen oder medizinischen Ansätze leistete einen einzigartigen Beitrag zum Verständnis der Funktionssysteme des Schmerzes. Die verschiedenartigen Zugänge wiederum führten andererseits zu widersprüchlichen Beobachtungen und Interpretationen. Da jeder Aspekt des Schmerzes Gegenstand heftiger Debatten ist, ist es unmöglich, über den Schmerz zu diskutieren, ohne gleichzeitig über einen theoretischen Standpunkt zu verfügen. Wie wir später sehen werden, setzt ein scheinbar so harmloser Ausdruck wie »Schmerzrezeptoren« einen spezifisch theoretischen Standpunkt voraus. In diesem Buch wird versucht, die vielen Aspekte des Schmerzes aufgrund eines exakt erarbeiteten Gerüstes zu beleuchten. Das Buch enthält zwei Hauptteile: Im ersten Abschnitt (Kapitel 1 – 4) werden die psychologischen, klinischen und physiologischen Aspekte des Schmerzes beschrieben. Im zweiten Teil (Kapitel 5 – 7) werden die wichtigsten Theorien über die Erklärung der Schmerzphänomene sowie über ihre Bedeutung für die Schmerzbeherrschung analysiert. Das theoretische Gerüst ist schon zum Teil im ersten enthalten und wird im zweiten Teil dann ausführlich beschrieben. Ein Verzeichnis der wichtigsten Fachausdrücke findet der Leser auf S. 204.

An dieser Stelle möchte ich mich bei meinen Kollegen und Freunden bedanken, die mich bei dem Versuch, das Phänomen Schmerz zu verstehen, hilfreich begleitet haben. D. O. HEBB führte mich in die Problematik ein und zeigte mir eine aufregende neue Konzeption der Annäherung. W. K. LIVINGSTON leitete mich durch die Schwierigkeiten und Verwicklungen dieses Problems − sein Denken beeinflußte die gesamte vorliegende Arbeit. In den letzten Jahren wurde ich durch P. D. WALL stark beeinflußt und angeregt, dessen Forschungsarbeit und Gedanken mächtige Auswirkungen auf die Entwicklung einer neuen Schmerzkonzeption hatten. Unsere gemeinsamen Forschungen nach neuen theoretischen Wegen und die Folgerung aus diesen Ansätzen sind im vorliegenden Buch beschrieben.

Ich habe die Freude, DALBIR BINDRA und JANE STEWART für ihre zahlreichen ausgezeichneten Vorschläge zu danken, die zur Verbesserung dieses Buches führten, sowie Frau JEANETTE NEVILLE für ihre hervorragende Arbeit als Sekretärin. Ferner danke ich meiner Frau LUCY und unseren Kindern LAURIE und JOEY für ihre dauernden Ermutigungen und Unterstützungen.

1. Das Rätsel Schmerz

Jeder der anhaltenden, heftigen Schmerz zu ertragen hatte, wird diesen als Strafe und schlimmes Leid ansehen. Dennoch muß man auch dessen nützliche Seite anerkennen. Er weist uns darauf hin, daß im eigenen Körper biologisch schädigende Prozesse ablaufen.

Angeborene Schmerzunempfindlichkeit

Menschen, die ohne die Fähigkeit zur Schmerzwahrnehmung geboren werden, liefern uns den überzeugenden Beweis vom Nutzen des Schmerzes (STERNBACH, 1968). Eine große Anzahl dieser Menschen erleidet beträchtliche Verbrennungen, Quetschungen und Fleischwunden während der Kindheit – häufig tiefe Bisse in die Zunge beim Kauen der Nahrung. Für diese Menschen ist die Vermeidung von Selbstverletzung nur schwer erlernbar. Die Unfähigkeit bei einem Blinddarmdurchbruch, der normalerweise von heftigen Bauchschmerzen begleitet wird, Schmerz zu empfinden, führte in einem Fall alsbald zum Tode eines Menschen. Ein anderer lief so lange mit einem angebrochenen Beinknochen umher, bis dieser schließlich vollständig durchbrach. Kinder mit angeborener Schmerzunempfindlichkeit ziehen sich manchesmal selbst die Zähne oder reißen sich unter Umständen sogar die Augäpfel heraus (JEWESBURY, 1951).

Der am besten belegte aller Fälle angeborener Schmerzunempfindlichkeit ist der von Fräulein C., einem jungen kanadischen Mädchen, Studentin an der McGill-Universität in Montreal. Ihr Vater, ein Arzt im Westen Kanadas, war sich voll ihrer Problematik bewußt und alarmierte seine Kollegen in Montreal, die sie untersuchen sollten. Die junge Dame war sehr intelligent und schien in jeder Hinsicht normal zu sein – mit der Ausnahme, daß sie bisher noch nie Schmerzen empfunden hatte. In der Kindheit hatte sie sich beim Kauen der Nahrung die Zungenspitze abgebissen und Verbrennungen dritten Grades erlitten, als sie auf einem heißen Heizkörper kniete, um aus dem Fenster zu sehen. Bei der psychologischen Untersuchung im Testraum berichtete sie von ihrer Schmerzunempfindlichkeit bei Konfrontation mit schädlichen Reizen. Eine Schmerzempfindung trat nicht auf, als man verschiedene Körperteile starken elektrischen Reizen aussetzte und diese in heißes Wasser mit einer Temperatur brachte, die im Normalfall brennenden Schmerz hervorruft. Ebenso wirkungslos blieb ein längeres Eiswasserbad.

Nicht weniger erstaunlich war die Tatsache, daß sich bei der Anwendung dieser Reize keine Veränderung des Blutdrucks, der Herzfrequenz oder der Atmung zeigten. Ferner konnte sie sich nicht erinnern, jemals geniest oder gehustet zu haben; der Würgereflex war nur mit großen Schwierigkeiten auslösbar. Hornhautreflexe (zum Schutz der Augen) fehlten schließlich ganz. Eine Vielfalt anderer Reizmethoden, wie das Hochführen eines Stäbchens durch die Nasenlöcher, Quetschung einer Sehne oder Histamin-Spritzen unter die Haut – üblicherweise wird all dies als eine Art Qual erlebt – verursachte in unserem Fall keine Schmerzen.

Fräulein C. hatte schwerwiegende medizinische Probleme. Bei ihr zeigten sich krankhafte Veränderungen in den Knien, der Hüfte und der Wirbelsäule. Sie mußte sich mehreren orthopädischen Operationen unterziehen. Der Chirurg führte diese Veränderungen auf die Schutzlosigkeit der Gelenke zurück – Schutz ist gewöhnlich durch die Schmerzempfindung gegeben. Allem Anschein nach gelang es ihr nicht, das Gewicht beim Stehen zu verlagern, sich im Schlaf auf die Seite zu drehen oder bestimmte Körperhaltungen einzunehmen, die sonst einer Gelenkentzündung entgegenwirken.

Fräulein C. starb im Alter von 29 Jahren an schweren, nicht mehr unter Kontrolle zu bringenden Infektionen. In ihrem letzten Lebensmonat klagte sie über Unbehagen, Empfindlichkeit und Schmerzen in der linken Hüfte. Ihre Qual wurde durch Schmerztabletten gelindert. Es bestehen kaum Zweifel, daß die Schmerzunempfindlichkeit bis zum letzten Lebensmonat zu »weitreichenden Haut- und Knochenverletzungen führte, die unmittelbar ihren Tod mitbedingten« (BAXTER and OLSZEWSKI, 1960, S. 381).

Spontaner Schmerz

Den schmerzunempfindlichen Menschen stehen jene gegenüber, die an heftigen Schmerzen leiden, obwohl dafür offensichtlich keine Reizquelle aufzufinden ist. Manchmal werden Schädigungen der peripheren Arm- oder Beinnerven, die auf Schußwunden oder andere Verletzungen zurückgehen, von quälenden Schmerzen begleitet, die lange über den Zeitpunkt der Gewebsheilung und der Nervenbahnregeneration hinausgehen. Diese Schmerzen können spontan und ohne sichtlichen Grund auftreten. Sie haben viele Formen und werden als brennend, krampfartig oder einschießend beschrieben. Gelegentlich werden sie von so harmlosen Reizen wie zarten Berührungen oder sogar nur durch einen Luftzug ausgelöst. Plötzlich auftretende

Schmerzattacken mögen nach Minuten oder Stunden abklingen, können sich aber auch noch jahrelang nach der Verletzung mehrmals täglich einstellen. Es ist möglich, daß Häufigkeit und Stärke spontaner Schmerzattacken über die Jahre hinweg ansteigen und daß sich der Schmerz sogar in entfernte Körperbereiche ausdehnt. Die Ursache dieser Schmerzen ist meist viel verwickelter, als daß sie lediglich auf eine Schädigung von peripheren Nerven zurückzuführen wäre. Kleinste Verletzungen sind möglicherweise Anlaß für erstaunlich heftigen Schmerz. Zu solchen Fällen bemerkt LIVINGSTON (1943, S. 110):

Das Einsetzen der Symptome kann auf die alltäglichsten Verletzungen folgen. Eine Quetschung, ein oberflächlicher Schnitt, ein Dornenstich oder der gesplitterte Knochen eines Hähnchens, eine Verrenkung oder sogar nur eine Narbe, die von der Operation zurückblieb, kommen als ursächliche Schädigung in Betracht. Das Ereignis, das dem Symptomenkomplex vorausgeht, ist für den Patienten und den Arzt mit geringfügigen Konsequenzen verbunden – beide haben Grund genug zur Annahme, daß dieselbe, unverzügliche Besserung erwartet werden kann, wie sie nach ähnlichen Verletzungen auftritt. Diese Voraussicht erfüllt sich jedoch nicht und die Symptome tendieren mehr und mehr zu einer Verschlimmerung.

LIVINGSTON (1943, S. 109) beschrieb einen derartigen Fall: Frau G.E.A., 58 Jahre alt, wurde am 9. September 1937 zur Behandlung von periodisch auftretenden Schmerzen im rechten Fuß überwiesen. Drei Jahre zuvor war sie gefallen und hatte sich dabei diesen Fuß verletzt. Die Fußaußenseite wurde in Höhe des Zehenansatzes »schwarz und blau«. Schlüsse auf irgendwelche Brüche ließen sich jedoch anhand der Röntgenaufnahmen nicht ziehen. Als die Ekchymose (Verfärbung) abklang, fiel ihr auf, daß die äußeren drei Zehen »wie abgestorben« waren. Später stellten sich in diesen Zehen »mit Zahnweh vergleichbare«, periodisch auftretende Schmerzen ein; während solcher Anfälle seien alle drei Zehen extrem berührungsempfindlich gewesen. Die Schmerzattacken dauerten mit ansteigender Häufigkeit und zunehmendem Schweregrad an. Manchmal traten sie täglich auf; gelegentlich lagen ein bis zwei schmerzfreie Tage dazwischen, dennoch gab es nie längere symptomfreie Intervalle ... Das subjektive Gefühl des »Abgestorbenseins« schien unmittelbar vor dem Beginn eines Anfalls an Stärke zu gewinnen. Daraufhin spürte sie, daß die Zehen, ausgehend vom Ansatz auf der Plantarseite (Fußsohle), anschwellen und daß sich diese Empfindung schließlich auf alle drei Zehen und deren Grundgelenke ausbreitet. Auf dem Höhepunkt der Attacke meinte sie, die Zehen »würden zerplatzen oder wie im Feuer schmoren«. Im Verlauf des Anfalls konnte sie nicht einmal die leiseste Zehenberührung verkraften. Veränderungen an den betreffenden Zehen von Farbe, Temperatur oder Schweißsekretion hatte sie nie bemerkt, auch nicht während eines Anfalls. In den zwei vorausgegangenen Jahren war die Empfindung in den äußeren drei Zehen »leicht dumpf und abgestorben« gewesen; gelegentlich trat ein stechender Schmerz auf, der sie befürchten ließ, »das Leiden würde auf den anderen Fuß übergehen«.

Bei der körperlichen Untersuchung fand man keine bedeutenden Auffälligkeiten. Sie bekam zehn Spritzen einer 2prozentigen Novocain-Lösung in Höhe des Zehenansatzes in die Fußsohle injiziert. Jeder Spritze folgte eine Periode der vollständigen Erholung von den Anfällen. Diese symptomfreien Intervalle wurden mit fortschreitender Behandlung zunehmend länger. Die letzte Spritze gab man ihr am 18. März 1938; seit diesem Zeitpunkt sind die Schmerzen rückfallslos abgeklungen.

Nicht alle Fälle enden so glücklich wie dieser. Manchmal hält der Schmerz an und wird so unerträglich, daß sich der Patient aufgrund des Bestrebens ihn loszuwerden, mehreren chirurgischen Eingriffen unterzieht. In Fällen wie diesem dient der Schmerz nicht der Erfüllung einer biologisch sinnvollen Aufgabe. Er gleicht dem Amoklauf eines normalerweise anpassungsfähigen Mechanismus, wie bei einem gefährlichen Kriminellen, dessen geistige Verfassung hervorragend und dennoch verschroben sein kann und der daher notwendigerweise isoliert, verwahrt und behandelt werden muß. LERICHE (1939, S. 23), ein hervorragender Chirurg, der viele Jahre seines Lebens mit dem Bemühen um Schmerzlinderung verbrachte, dachte über diesen Punkt nach: Abwehrreaktion? Glückliche Vorwarnung? – Trotzdem kann es als Tatsache gelten, daß die Mehrzahl der Krankheiten, sogar die gefährlichsten, uns ohne Vorwarnung befallen. Wenn Schmerz auftritt . . . ist es bereits zu spät . . . Schmerz macht lediglich eine Situation, die schon längst hoffnungslos ist, noch qualvoller und tragischer. Tatsächlich ist Schmerz ein böses Geschenk, da es den Patienten zur Verzweiflung treibt und ihn kränker werden läßt, als er es ohne Schmerzen wäre.

BUYTENDIJK (1962, S. 40), der die Schmerzpsychologie studierte, folgerte ebenso, daß Schmerz »nicht nur ein Problem, sondern ein Geheimnis ist. Er ist ein Übel, das eine Oppositionsstellung gegenüber dem Leben einnimmt, ein Hindernis und eine Bedrohung zugleich. Er wirft den Menschen beiseite wie eine erbärmliche Kreatur, die tausendmal nacheinander stirbt.«

Das Rätsel

Diese beiden Fälle – einerseits die Schmerzunempfindlichkeit trotz vorhandener Verletzung, andererseits der spontane Schmerz bei fehlendem schädigendem Reiz – repräsentieren die beiden Extreme des gesamten Spektrums der Schmerzerscheinungen. Bis heute besitzen wir weder für den einen noch für den anderen Fall eine befriedigende Erklärung. Stattdessen müssen wir uns in Spekulationen und Theorien flüchten und auf die am ehesten zutreffende Vermutung zurückgreifen, die auf gegebenen Anhaltspunkten beruht.

Früher dachte man, daß die Schmerzmechanismen in ihrer Gesamtheit zu entschlüsseln seien, wenn man nur Schmerzreize an der Haut ansetzt und die Wege darstellt, die von den Nervenimpulsen durch Rückenmark und Gehirn genommen werden. Leider dürfen die Schmerzmechanismen nicht so einfach gesehen werden. Wird bespielsweise die Haut gezwickt oder gequetscht, so werden dabei Rezeptoren mit sehr hoher Schwelle erregt, jedoch auch solche, deren Schwelle sehr viel niedriger liegt und die normalerweise durch zarte Berührungen oder Vibrationen aktiviert werden. Dasselbe gilt für extreme Hitze oder Kälte bzw. für jeden beliebigen Schmerzreiz. Mit anderen Worten: Schmerzreize sind üblicherweise Extreme von anderen natürlichen Reizen und sie aktivieren Rezeptoren, die auch an der Auslösung von Empfindungen wie Berührung, Wärme oder Kälte beteiligt sind. Ferner bringt ein Schmerzreiz eine Vielzahl von Veränderungen anderer Art mit sich, wie z.B. gesteigerte Schweißsekretion und vermehrte Hautdurchblutung; dies wiederum trägt auch zu den afferenten (sensorischen), zum Gehirn aufsteigenden Impulsen bei. Wie kann der Neurophysiologe eigentlich wissen, welcher Anteil des afferenten Musters mit Schmerz in Zusammenhang steht? Oder ist etwa dieses afferente Muster als Ganzes mit dem Schmerz verbunden? – Die kritische Frage lautet folgendermaßen: Wird vom Gehirn lediglich eine spezifische Nachricht, die über bestimmte Bahnen zu ihm hochsteigt, ausgewertet, oder überwacht es sämtliche ankommenden Signale und ordnet sie exakt den Nervenimpulsen in allen aktiven Fasern zu?

Die Beantwortung dieser Frage ist der Schlüssel zum Verständnis des Rätsels Schmerz. Sie ist deshalb von tiefgreifender Bedeutung für die Schmerztherapie. Lange Zeit hoffte man, daß lediglich die Leitungsbahnen im Nervensystem gefunden werden müßten, die den Schmerz vom Körper zum Gehirn weiterleiten, um dann durch deren Unterbrechung den Schmerz zu beseitigen. Jedoch widerspricht eine Vielzahl von Schmerzerscheinungen dieser einfachen Problemlösung. Die Versuche, den spontan auftretenden Schmerz durch eine Unterbrechung der Leitungsbahnen im Gehirn oder

Rückenmark auszuschalten, führten ebenso zu Fehlschlägen wie zu Erfolgen (SUNDERLAND, 1968). Andere Schmerzarten sind einer chirurgischen Behandlung eher zugänglich. Schmerzen, die auf eine Krebserkrankung zurückgehen, können bei etwa 50 % der Patienten durch eine Rückenmarksoperation total, und bei weiteren 25 % zum Teil unterbunden werden. Der Rest aber – von vier Menschen einer – leidet weiterhin (NATHAN, 1963). Selbst jene Leute, denen geholfen wurde, berichten von starken »Gürtelschmerzen« in Höhe der Operationsstelle – Schmerzen die vorher nicht aufgetreten waren (NOORDENBOS, 1959). In einigen Fällen ist der Schmerz nach der Operation sogar stärker als jene Schmerzen, die Anlaß für den Eingriff selbst gewesen waren (DRAKE und MCKENZIE, 1953).

Ein Hauptziel der Schmerzforschung ist die erfolgreiche Behandlung des pathologischen Schmerzes. Die klinischen Symptomenkomplexe, die das Ergebnis einer peripheren Nervenverletzung sind, verwirren den Wissenschaftler, der versucht, sie zu verstehen. Schlimmer noch: Die Unmöglichkeit, Probleme zu lösen, die die Symptomenkomplexe mit sich bringen, bedeutet für viele Patienten verlängertes Leid und Unglück zugleich. Menschen, die wegen einer so bösartigen Krankheit wie z. B. Krebs, dem Tod ins Auge schauen müssen, sehen auch extremeren Schmerzen entgegen. Heftige Schmerzen (oft »zentrale Schmerzen« genannt) müssen unter Umständen auch jene Patienten ihr Leben lang ertragen, die eine Hirnschädigung nach einem Schlaganfall davontragen. Bis zu einem gewissen Grad helfen Medikamente, und durch eine Operation mag wieder ein Hoffnungsschimmer entstehen. Dennoch kann der Schmerz bis zum bitteren Ende unvermindert fortbestehen. Dann ist der Schmerz nicht mehr lediglich ein befremdendes Rätsel. Er hat sich als erschreckendes Problem entpuppt, dem die gesamte Menscheit gegenübersteht und das dringend einer Lösung bedarf.

In den letzten Jahren ist auf dem Gebiet der Schmerzforschung und der Schmerztheorie eine sprunghafte Entwicklung eingetreten. Zu den Entwicklungen trugen zahlreiche Disziplinen, wie Psychologie, Physiologie und klinische Medizin bei. Als Ergebnis dieses Fortschritts wurden aufregende neue Techniken zur Schmerzbehandlung vorgeschlagen. Ziel dieses Buches soll es sein, von Forschung und Theorie zu berichten, und gleichzeitig neue Richtungen zu verfolgen, die auf eine Kontrolle über den Schmerz abzielen.

2. Die Psychologie des Schmerzes

Der klare biologische Nutzen von Schmerz als einem Signal für Gewebsschädigung drängt den meisten von uns die Erwartung auf, daß dieser immer
nach einer Verletzung auftreten muß und daß die Heftigkeit des empfundenen Schmerzes mit dem Ausmaß der Schädigung anwächst. In Wirklichkeit
spricht, zumindest bei höheren Spezies, viel dafür, daß Schmerz nicht einfach
als Funktion des Grades der rein körperlichen Schädigung zu betrachten ist.
Vielmehr sind Ausmaß und Art des empfundenen Schmerzes genauso von
unseren früheren Erfahrungen und unserem Erinnerungsvermögen an diese
Erfahrung geprägt; ebenso mitbestimmend ist unsere Fähigkeit, die Ursache
von Schmerz zu verstehen und seine Konsequenzen zu begreifen. Sogar der
Kulturkreis, in dessen Mitte wir aufgewachsen sind, spielt eine wesentlich
Rolle bei unserem Empfinden und unserem Verhalten auf Schmerzreize.
Verglichen mit dem Sehen oder Hören, scheint die Schmerzwahrnehmung
unkompliziert, aufdringlich und primitiv zu sein. Wir erwarten, daß die Nervensignale, die durch eine Verletzung verursacht werden, »durch und durch
gehen«, es sei denn, wir sind ohnmächtig oder betäubt. Experimente zeigen
jedoch, daß die Schmerzwahrnehmung nicht automatisch nach einer Verletzung auftritt, – selbst dann nicht, wenn wir bei vollem Bewußtsein und
optimaler Wachsamkeit sind. Deshalb geht das Wissen um die Schmerzwahrnehmung über das Problem der Verletzung und die sensorischen
Schmerzsignale hinaus. Das Studium der Schmerzwahrnehmung kann uns
helfen, die enorme Plastizität des Nervensystems und die individuellen
Unterschiede zu verstehen, die bei jedem von uns einzigartige Reaktionsmuster auf die Gegebenheiten in der Umwelt hervorrufen (MELZACK,
1961).
   Der Schmerzwahrnehmung wurde, besonders im letzten Jahrzehnt, in der
Forschung große Aufmerksamkeit geschenkt. Daraus entwickelte sich eine
Schmerzkonzeption, die sich sehr stark von den älteren Auffassungen über
Schmerz unterscheidet. Es ist klar ersichtlich, daß Schmerz wesentlich
variabler und wandlungsfähiger ist, als es die Menschen in der Vergangenheit geglaubt hatten. Schmerz ändert sich von Person zu Person, von Kultur
zu Kultur. Reize, die bei einer Person unerträglichen Schmerz hervorrufen,
werden von einer anderen, ohne mit der Wimper zu zucken, ertragen. Tatsächlich weiß man von Masochisten, daß sie sich Verletzungen zufügen, wie
z.B. Peitschenhiebe oder Verbrennungen der Haut, und auch daran Gefallen
finden. Ferner sind in einigen Kulturen Einweihungsriten und andere

Rituale mit Handlungsabläufen verbunden, die wir unmittelbar mit Schmerz in Zusammenhang bringen, obwohl Beobachter berichten, daß diese Menschen nur wenig oder überhaupt keinen Schmerz empfinden. Somit kann Schmerzwahrnehmung nicht in ein einfaches Schema eingeordnet werden. Eher ist sie als sehr persönliche Erfahrung zu sehen, die vom kulturellen Lernen, dem Stellenwert der jeweiligen Situation und von anderen Erfahrungen abhängt, die für jedes Individuum einzigartig sind.

Kulturelle Hintergründe

Kulturelle Werte spielen bekanntlich eine wichtige Rolle bei der Art und Weise, wie eine Person Schmerzen wahrnimmt und darauf reagiert. So wird beispielsweise in den westlichen Kulturen die Kindsgeburt sehr häufig als eines der schlimmsten Schmerzerlebnisse, die der Mensch auszuhalten hat, betrachtet. Andererseits haben Anthropologen (KROEBER, 1948) über die ganze Welt verstreute Kulturen beobachtet, die »*Couvade*« praktizieren, – hier empfinden die Frauen während der Geburt praktisch keinen Schmerz. In einigen dieser Kulturen arbeitet eine schwangere Frau bis unmittelbar vor der Geburt auf dem Feld. Dann geht der Ehemann ins Bett und stöhnt so, als hätte er große Schmerzen. Gleichzeitig gebärt die Frau das Kind. In noch extremeren Fällen bleibt sogar der Mann mit dem Baby im Bett liegen, um sich von der schrecklichen Qual zu erholen; die Mutter hingegen kehrt fast unmittelbar nach der Geburt zur Feldarbeit zurück.

Könnte dies bedeuten, daß alle Frauen in unserer Kultur sich ihre Schmerzen nur vormachen? – Keineswegs. Es gehört zufälligerweise zu unseren Kulturnormen, daß wir die Geburt eines Kindes als möglicherweise lebensbedrohlich für die Mutter betrachten; junge Mädchen lernen im Laufe ihrer Entwicklung, sich vor der Geburt zu fürchten. Bücher über die »natürliche Kindsgeburt« (»Childbirth without Fear«, DICK – READ, 1962) betonen, wie sehr kulturell übermittelte Furcht den Schmerz während der Wehen und während des Geburtsvorgangs steigert und unterstreichen gleichzeitig die Schwierigkeiten, mit denen man beim Versuch konfrontiert ist, den Schmerz zu verbannen.

Abb. 1: Das alljährlich stattfindende Hakenschwung-Zeremoniell in einem Eingeborenendorf Indiens. *Oben* sind zwei Stahlhaken dargestellt, die dem »Zelebranten«, der mit Girlanden geschmückt wird, ins Kreuz gestoßen werden. Er wird später auf einen besonderen Karren, der mit hochstehendem Spantenwerk und einem Querträger versehen ist, geführt. Die *untere Abbildung* zeigt den

Zelebranten, wie er an den Säulen hängt, während der Karren durch die verschiedenen Dörfer gezogen wird. Nachdem er alle Kinder und Felder eines Dorfes gesegnet hat, schaukelt er frei, nur von den Haken getragen, am Balken. Die Menge jubelt ihm bei jedem Schwung zu. Während des Zeremoniells ist der Zelebrant in einem Zustand der Ekstase und zeigt keinerlei Anzeichen von Schmerz (aus KOSAMBI, 1967, Seite 105).

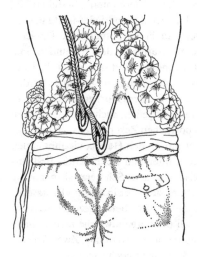

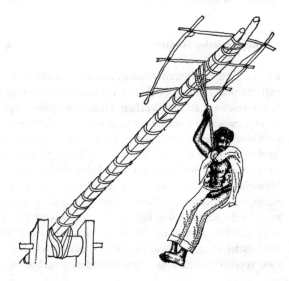

Eines der treffendsten Beispiele für die Schlagkraft kultureller Wertsysteme in bezug auf den Schmerz ist das Haken-Hänge-Ritual, das noch heute in Teilen Indiens praktiziert wird (KOSAMBI, 1967). Der feierliche Brauch leitet sich aus einer alten Gewohnheit ab, nach der ein Mitglied der Dorfgemeinschaft, das die Macht der Götter verkörpern soll, ausgewählt wird. Die Rolle des gewählten Mannes (oder »Zelebranten«) besteht darin, daß er während bestimmter Zeiten im Jahr Kinder und Feldfrüchte in einigen Dörfern segnet. Das Bemerkenswerte an diesem Ritual ist die Tatsache, daß dem Zelebranten Stahlhaken, die mit starken Seilen verbunden sind, welche an der Spitze eines speziellen Karrens befestigt sind, unter die Haut und auf beiden Seiten des Rückens in die Muskeln gestoßen werden (Abb. 1). Anschließend wird der Karren von einem Dorf zum anderen gezogen. Normalerweise hängt der Mann an den Seilen, auch wenn der Karren bewegt wird. Auf dem Höhepunkt des dörflichen Zeremoniells schaukelt er jedoch frei hin und her. Dabei hängt er nur an den Haken, die ihm in den Rücken gestoßen wurden, und segnet Kinder und Feldfrüchte. Erstaunlicherweise lassen sich keine Hinweise auf eine Schmerzwahrnehmung während des Rituals entdecken – er scheint sich eher in einem »Ekstasezustand« zu befinden. Wenn die Haken dann später herausgezogen werden, heilen die Wunden schnell und praktisch ohne irgendwelche medizinische Behandlung. Es kommt lediglich Holzasche zur Verwendung. Zwei Wochen später sind die Narben auf seinem Rücken kaum noch sichtbar.

Psychophysische Studien

Es ist oft angenommen worden, daß die von der einen zur anderen Person auftretenden Differenzen in der Schmerzwahrnehmung auf unterschiedliche Schmerzschwellen zurückgehen. Demnach müßte es physiologische Unterschiede zwischen den Menschen geben, und zwar derart, daß die eine Person eine niedrigere Schwelle hat (sie empfindet Schmerzen bereits bei leichter Verletzung) als die andere (sie empfindet Schmerzen nur nach starker Verletzung). Heute sprechen viele Faktoren für eine einheitliche, bei allen Menschen identische und vom jeweiligen kulturellen Hintergrund unabhängige *Empfindungsschwelle* – verstanden als die geringste Reizstärke, die zuerst eine Empfindung hervorruft. STERNBACH und TURSKY (1965, Seite 241) stellten sorgfältige Reizschwellenmessungen an. Sie verwendeten elektrische Reize bei Frauen, die in Amerika geboren wurden und zugleich vier verschiedenen ethnischen Gruppen angehörten: Bei Italienerinnen,

Jüdinnen, Irinnen und Frauen aus alteingesessenen amerikanischen Familien. Unterschiede zwischen den Gruppen bezüglich der Stärke des Reizes, der eine eben noch wahrnehmbare Empfindung auslöst, konnten nicht festgestellt werden. Mit anderen Worten: Es scheint so zu sein, daß der sensorische Leitungsapparat bei allen Menschen von grundsätzlich ähnlicher Natur ist und daß folglich ab einer kritischen Reizstärke bei allen Versuchspersonen immer eine Empfindung ausgelöst wird.

Diese Beobachtung einer einheitlichen Empfindungsschwelle kann nur in exakt kontrollierten Laborexperimenten gemacht werden, bei denen alle Umgebungsbedingungen konstant gehalten werden. Wie wir bald sehen werden, dürften in natürlicheren Situationen Aufmerksamkeit, Beeinflussung und andere Prozesse auf kognitiver Ebene die Empfindungsschwelle radikal verändern. So wird ein Fußballspieler in der Aufregung des Spielgeschehens einen starken Schlag auf das Schienbein vielleicht gar nicht bemerken, während andererseits eine überängstliche, verspannte Person von starken Schmerzen berichtet, wenn man sie mit sehr leichten elektrischen Reizen stimuliert.

Doch kann sich der kulturelle Hintergrund selbst unter Laboratoriumsbedingungen sehr stark auf die *Schwelle der Schmerzwahrnehmung* auswirken, – das heißt auf die geringste Reizstärke, bei der ein Individuum eben Schmerz wahrnimmt. So empfinden beispielsweise Mittelmeeranrainer (wie Italiener oder Israelis) bestimmte Temperaturen von Wärmestrahlern als schmerzhaft, während Nordeuropäer diesen lediglich das Prädikat »warm« zuschreiben (HARDY, WOLFF und GOODELL, 1952). Die deutlichste Auswirkung des kulturellen Hintergrundes jedoch bezieht sich auf die *Grenzwerte der Schmerztoleranz*. STERNBACH und TURSKY (1965) berichten, daß die Grenzwerte bezüglich der Toleranz von elektrischen Reizen – selbst dann, wenn die Versuchspersonen vom Versuchsleiter ermutigt werden – zumindest teilweise vom ethnischen Ursprung abhhängen. Frauen italienischer Abstammung dulden geringere Reizstärke als jene, deren Vorfahren Amerikaner oder Juden gewesen sind. In einem ähnlich aufgebauten Experiment (LAMBERT, LIBMANN und POSER, 1960) mit Jüdinnen und protestantischen Frauen als Versuchspersonen, konnten die Jüdinnen im Gegensatz zu den protestantischen Frauen ihre Schmerztoleranzgrenze nach oben verschieben, als ihnen gesagt wurde, daß ihre eigene Glaubensgruppe schmerzempfindlicher sei als andere.

Diese Differenzen in der Schmerztoleranz sind das Spiegelbild der unterschiedlichen ethnischen Einstellungen zum Schmerz. ZBOROWSKI (1952) kam zu dem Ergebnis, daß alteingesessene Amerikaner eine akzeptierende und sachliche Einstellung gegenüber dem Schmerz und der Schmerzäußerung haben. Bei starkem Schmerz zeigen sie eine Rückzugstendenz; sie stöhnen oder schreien nur dann laut auf, wenn sie alleine sind. Israelis und Italiener dagegen schreien bei ihren Schmerzäußerungen eher laut auf und wollen unverhüllt Mitleid und Unterstützung erheischen. Die Haltung, die diesen Reaktionen zugrunde liegt, scheint jedoch in beiden Gruppen verschieden zu sein. Die Israelis sind eher über die Bedeutung und die Folgen des Schmerzes bekümmert, während die Italiener gewöhnlich den Willen zur unmittelbaren Schmerzlinderung ausdrücken.

Wie weit der Mensch sich selbst dazu bringen kann, Schmerz zu erdulden, läßt sich an Hand des Sonnentanz- »Selbst-Tortur«-Zeremoniells der nordamerikanischen Prärieindianer aufzeigen. Jedem jungen Mann, der an dieser feierlichen Handlung um den heiligen Sonnentanz-Pfahl teilnahm, wurden zunächst mit einem scharfen Messer links und rechts auf der Brust zwei Schnitte beigebracht. Anschließend führte man in eine der Wunden Spieße ein und stach diese unter der Haut so weit durch, daß sie im anderen Schnitt wieder zur Oberfläche kamen. WISSLER (1921, Seite 264), der dieses Zeremoniell beobachtete, beschreibt die sich anschließenden Ereignisse:

Dies wurde auf jeder Brustseite gemacht, und zwar mit jeweils einem Spieß pro Seite, der zudem stark genug war, um das Fleisch wegzureißen, und lang genug, um den Strick zu halten, der an der Spitze des Pfahles befestigt war. In eine zweifache Schnittwunde an der Rückseite der linken Schulter wurde ein Spieß gebohrt, an dem eine Indianertrommel befestigt war. Nachdem die mit dieser Operation beschäftigten Männer die Arbeit als zufriedenstellend eingeschätzt hatten, stand der junge Mann auf, und einer der Operateure machte die Stricke an den Spießen fest, indem er zwei- oder dreimal daran ruckartig zog, um sie so in die richtige Position zu bringen.

Der junge Mann erhob sich zum heiligen Pfahl, warf mit extrem blassem Gesicht und erschüttertem Gemütszustand seine Arme um den Pfahl und betete inbrünstig um Kraft für das erfolgreiche Bestehen dieser schweren Zerreißprobe. Nachdem er sein Gebet beendet hatte, schritt er so weit zurück bis das Fleisch völlig gedehnt war. Mit einer kleinen Knochenpfeife im Mund stieß er nun dauernd eine Serie kurzer, schriller Laute aus, ließ sich nach hinten fallen und tanzte dabei so lange, bis das Fleisch sich löste und er zu Boden fiel. Noch bevor er sich von den Stricken losriß, ergriff er mit beiden Händen die Trommel und durchtrennte mit einem plötzlichen Ruck das Fleisch seines Rückens, während er gleichzeitig unter dem Applaus der Zuschauer die Trommel auf den Boden schmetterte. Als er dalag, untersuchten die Operateure seine Wunden und schnitten das lose herumhängende

Fleisch ab; das Zeremoniell war beendet. Früher wurde ein Büffelkopf mit einem Seil am Rücken der Person befestigt, die für die Heldentat einer Selbstopferung ausgesucht worden war, jetzt wird zu diesem Zweck eine Trommel benützt.

Diese Tortur machen immer zwei bis fünf Leute während eines jeden Sonnentanzes durch. Das Ziel, das mit dem Zeremoniell verfolgt wird, ist einerseits ein militärisches, zum anderen ein religiöses. Es gestattet dem jungen Mann die Aufnahme in den edlen Kreis der Krieger, wobei er die Wertschätzung seiner Kameraden gewinnt und ebnet ihm den Weg zu Glück und Ruhm. Natürlich sind auch der Zuschauerapplaus und die Demonstration des Wagemutes wichtige Faktoren bei diesem Ritual, aber der primäre Zweck ist ein religiöser.

Im Gegensatz zu diesen Untersuchungen, die den *Unterschied* in der Schmerztoleranz zeigen, zielen andere Experimente darauf ab, eine mathematische genaue Beziehung zwischen dem gemessenen Eingangsreiz und der vom Individuum berichteten Empfindung aufzudecken. STEVENS, CARTON und SHICKMAN (1958) ließen die Bedeutung von elektrischen Reizserien mit veränderter Stärke dadurch einschätzen, daß die Versuchspersonen jeder Serie eine bestimmte Zahl zuordnen mußten, welche die subjektiv erlebte Stärke des Reizes ausdrücken sollte. Sie kamen zu dem Ergebnis, daß die Beziehung Reiz – Empfindung sich am besten als mathematische Potenzfunktion ausdrücken läßt, – ein Ergebnis, das von einigen anderen Forschern bestätigt werden konnte. Die Größe der Hochzahl ist jedoch bei den Studien unterschiedlich (STERNBACH und TURSKY, 1964).

Jene psychophysischen Studien, die eine mathematische Beziehung zwischen der Reizstärke und der Schmerzintensität erbrachten, werden in der Literatur oft (BEECHER, 1959; MORGAN, 1961) als Beweis dafür angesehen, daß der Schmerz als primäre Empfindungsqualität aufzufassen ist, in deren Dienst ein direktes Kommunikationssystem von den Hautrezeptoren bis zum Schmerzzentrum steht. Doch muß andererseits eine einfache psychophysische Funktion nicht unbedingt ebenso einfache nervöse Mechanismen widerspiegeln. Vorgänge im Zentralnervensystem, wie die Speicherung von früheren kulturellen Erfahrungen, können zwischen Reiz und Empfindung treten und so jedes allzu einfache psychophysische »Gesetz« umstoßen. Die Laboratoriumsbedingungen, die solche Einflußgrößen bagatellisieren oder gar nicht erst berücksichtigen, führen zu einer Reduzierung der Funktionen des Nervensystems, wie dies in dem Modell der starren Zuwachskurve zum Ausdruck kommt. Gerade unter solchen Bedingungen werden die psychophysischen Funktionen vorherrschend sein.

Vorausgegangene Erfahrungen

Die Tatsache, daß kulturelle Faktoren den Schmerz beeinflussen, führt uns automatisch zur Untersuchung der Rolle von frühen Erfahrungen, die das Verhalten von Erwachsenen gegenüber Schmerz geprägt haben. Normalerweise zweifelt niemand daran, daß Kinder von ihren Eltern in bezug auf die Einstellung gegenüber dem Schmerz sehr stark beeinflußt sind. In manchen Familien macht man um eine ganz normale Schnittwunde und um einen blauen Fleck einen großen Wirbel, während in anderen Familien wenig Mitgefühl bei sogar ernsteren Verletzungen gezeigt wird. Alltagsbeobachtungen sprechen dafür, daß die Einstellungen gegenüber dem Schmerz sehr früh im Leben erworben werden und im Erwachsenenalter fortwirken.

Der Einfluß früher Erfahrung auf die Schmerzwahrnehmung wurde auch experimentell nachgewiesen. MELZACK und SCOTT (1957) zogen schottische Terrier von frühestem Alter bis zur Reifezeit isoliert in Käfigen auf, so daß sie den normalen Umweltreizen nicht ausgesetzt waren. Sie stießen nirgendwo an und zogen sich auch keine Kratzer zu – alles Erfahrungen, die die Jungtiere im Laufe ihrer Entwicklung machen. Überraschenderweise zeigte sich im Reifealter, daß die Hunde unfähig waren, normal auf eine Reihe von schädigenden Reizen zu reagieren. Viele von ihnen steckten ihre Nase einem brennenden Streichholz entgegen, zogen sie reflexartig zurück, um dann sogleich wieder an der Flamme zu schnuppern. Hatten sie die Flamme ausgeblasen, so reagierten sie ähnlich gegenüber einem zweiten oder sogar dritten Streichholz. Andere schnüffelten zwar nicht am Streichholz, machten jedoch auch dann keine Anstrengungen zu fliehen, als die Versuchsleiter wiederholt mit der Flamme ihre Nase berührten. Diese Hunde ertrugen auch Nadelstiche mit kaum merklichen oder jedenfalls nicht offensichtlichen Anzeichen von Schmerz. Sie waren ständig auf die Nadel hin orientiert als diese in die Haut eindrang. Es fehlten die Anzeichen irgendeiner Gefühlsreaktion oder sogar Fluchttendenz. Im Gegensatz dazu erkannten die anderen Hunde desselben Wurfes, die in normaler Umgebung aufgezogen wurden, die drohende Gefahr so früh, daß die Versuchsleiter es normalerweise nur ein einziges Mal schafften, sie mit der Flamme oder der Nadel zu berühren.

Dieses erstaunliche Verhalten der unter Isolationsbedingungen aufgezogenen Hunde kann nicht einfach einem allgemeinen Versagen des sensorischen Leitungssystems zugeschrieben werden. Starke elektrische Reize lösten heftige, gefühlsmäßige Erregung aus, und die Hunde versuchten ganz offensichtlich, diesen Reizen zu entkommen. Ferner deuten die Reflexbewegungen, die die Hunde während der Einwirkung des Feuers und der Nadel ausführten, darauf hin, daß die Tiere während der Stimulation auch Empfindungen hatten. Da außer den Reflex- oder Orientierungsbewegungen keine weitere emotionale Störung auftrat, liegt es nahe, daß speziell die *Wahrnehmung* der eingetretenen Hautschädigung in hohem Maße unnatürlich war.

Dieses abnorme Verhalten geht, zumindest teilweise, auf die Unfähigkeit zurück, spezifisch auf schädigende Reize zu achten, wenn diese in einer ungewohnten Umgebung einwirken, in der alle Stimuli gleichviel Aufmerksamkeit erfordern. Offensichtlich (MELZACK, 1965, 1969) lernen junge Lebewesen zwischen wichtigen und unwichtigen Umgebungsreizen zu unterscheiden. Die unter Isolationsbedingungen aufgezogenen Hunde hatten keine Gelegenheit zu erfahren, daß kleine Gegenstände, wie brennende Streichhölzer oder Nadeln, wichtiger sind als große (zum Beispiel Stühle oder Tische). Da diese Informationen, die normalerweise früh im Leben erworben werden, nicht verfügbar sind, erscheinen alle Reize gleich wichtig (oder unwichtig). Infolgedessen werden die Hunde bei der Unterscheidung verschiedener Stimuli und bei der Anpassung an diese wahrscheinlich Schwierigkeiten haben; dies ist auch bei solchen Reizen der Fall, die möglicherweise zu Verletzungen führen. Die Ergebnisse zeigen, daß früher erfahrene Umweltreize eine bedeutende Rolle bei der Schmerzwahrnehmung spielen. Ferner muß betont werden, daß die Vererbung das Ausmaß mitbestimmt, in dem frühe Erfahrungen späteres Verhalten beeinflussen. Kleine Spürhunde, die isoliert in Käfigen aufwachsen, sind weniger gestört als Scotchterrier oder Mischlinge. Sie sind in der Lage, sich brennenden Streichhölzern und Nadelstichen gegenüber normaler zu verhalten als ihre Artgenossen (LESSAC, 1965).

Die Bedeutung der Situation

Es gibt ernst zu nehmende Hinweise darauf, daß Menschen solchen Situationen, die mit Schmerzerfahrung in Zusammenhang stehen, unterschiedliche Bedeutung beimessen und daß diese Bedeutung sehr stark das Ausmaß und die Art des empfundenen Schmerzes prägt. Während des Zweiten Weltkrieges beobachtete BEECHER (1959) das Verhalten von im Kampf schwer verwundeten Soldaten. Zu seinem Erstaunen klagte nur jeder dritte der ins Lazarett eingelieferten Soldaten über so starke Schmerzen, daß Morphium erforderlich wurde. Die meisten leugneten entweder die Schmerzen ihrer schweren Verletzungen oder es lohnte sich ihrer Meinung nach nicht, die schwachen Schmerzen medikamentös zu behandeln. Wie BEECHER betont, befanden sich diese Männer weder in einem Schockzustand noch war ihre Schmerzempfindung völlig aufgehoben, denn sie beschwerten sich genau so wie jeder normale Mensch über eine ungeschickte Venenpunktion. Als BEECHER nach dem Krieg in die klinische Praxis zurückkehrte, fragte er eine Reihe von Zivilisten mit Operationswunden, die den Wunden der Soldaten glichen, ob sie Morphium zur Schmerzlinderung haben möchten. Im Gegensatz zu den verwundeten Soldaten behaupteten hier vier von fünf Leuten, sie hätten starke Schmerzen und baten dringend um eine Morphiumspritze. BEECHER (1959, Seite 165) zog aus dieser Studie die folgenden Schlüsse:

Die weitverbreitete Meinung, daß Verwundungen unbedingt mit Schmerz verbunden sein müßten und daß die Schmerzen mit der Größe der Wunde anwachsen, konnte durch sorgfältigste Beobachtungen in der Kampfzone nicht nachgewiesen werden. Die Daten bestätigen in Zahlen, was allen aufmerksamen klinischen Beobachtern bekannt ist: Es gibt keine einfache direkte Beziehung zwischen der Wunde und dem erlebten Schmerz. Schmerz ist vielmehr zum großen Teil durch andere Faktoren bestimmt, und von erheblichem Belang ist hier die Bedeutung der Wunde . . . Beim verwundeten Soldaten waren Erleichterung und Dankbarkeit für das lebendige Entrinnen aus dem Kampfgeschehen, ja sogar Euphorie, die Antwort auf die Verletzung; der Zivilist dagegen erlebte seine schwere Operation als entmutigend und unheilvoll.

Wie wichtig die Bedeutung ist, die man den Schmerzsituationen beimißt, zeigen die Experimente von PAVLOV (1927, 1928). Im Normalfall reagieren Hunde sehr heftig, wenn man ihnen einen starken Elektroreiz auf eine Pfote verabreicht. PAVLOV fand jedoch heraus, daß der Hund ein völlig neues Reaktionsmuster entwickelt, wenn man ihm ständig nach jedem Schock Futter verabreicht. Unmittelbar nach dem Schock speichelt der Hund, wedelt mit dem Schwanz und wendet sich gierig dem Fressen zu. Der elektrische Schock ruft hier keinerlei Schmerzreaktion hervor, er ist vielmehr zum Signal für die bevorstehende Fütterung geworden. Diese Art des Verhaltens war während des gesamten Zeitraumes, in dem immer wieder dieselbe Pfote gereizt wurde, zu beobachten. Reizte man aber die andere Pfote elektrisch, so traten bei den Hunden heftige Reaktionen auf. PAVLOV berichtet von ähnlichen Ergebnissen weiterer Experimente, bei denen starker Druck oder Hitze als Reize verwendet wurden. Diese Untersuchung überzeugt uns davon, daß die Stimulation der Haut, noch *bevor* sie eine Wahrnehmungserfahrung und sichtbares Verhalten auslöst, geortet, identifiziert und beurteilt wird. Die Bedeutung des Reizes, die im Laufe früherer Erfahrungen erlernt wurde, reguliert die sensorischen Eingangswerte bevor Gehirnprozesse aktiviert werden, die der Wahrnehmung und dem Antwortverhalten zu Grunde liegen.

Es lassen sich vertrautere Beispiele dafür finden, welche Rolle die persönliche Bewertung einer Situation spielt. Ein Klaps aufs Hinterteil wird von einem spielenden Kind entweder nicht beachtet oder er ruft höchstens ein Lächeln hervor. Derselbe Klaps jedoch, wird er in einem anderen Zusammenhang verabreicht, wie zum Beispiel als Strafe für eine Missetat, löst Tränen und Schmerzgeschrei aus. Genauso werden Empfindungen im Bauch, die man mit Blähungen in Zusammenhang bringt und normalerweise unbeachtet läßt, plötzlich als starke Schmerzen empfunden, sobald man hört, daß ein Freund oder Verwandter an Magenkrebs leidet. Der Schmerz besteht weiterhin solange fort und nimmt auch zu, bis der Arzt dem Menschen zusichert, daß bei ihm alles in Ordnung sei. Dann verschwindet er möglicherweise ganz plötzlich. Ein weiteres Beispiel bezieht sich auf eine oft von Zahnärzten gemachte Beobachtung: Die Patienten erscheinen frühmorgens in der Praxis, beklagen sich über fürchterliche Zahnschmerzen, die sie um den Nachtschlaf gebracht haben und erzählen gelegentlich, daß mit dem Eintritt ins Sprechzimmer die Schmerzen verschwunden seien. Sie haben manches Mal sogar Schwierigkeiten, sich zu erinnern, welcher Zahn denn eigentlich weh tat. Die Schmerzempfindung ist bei diesen Patienten ganz eindeutig von der Bedeutung abhängig, die sie ihrer Situation beimessen. Der Schmerz war nämlich zu dem Zeitpunkt unerträglich, als keine Hilfe möglich war. Er schwächte sich aber ab (bzw. verschwand sogar ganz), sobald eine Erleichterung in greifbare Nähe gerückt war.

Aufmerksamkeit, Angst und Beeinflussung (Suggestion)

Die Aufmerksamkeit während der Reizeinwirkung trägt ebenfalls zu einer Intensivierung des Schmerzerlebens bei. Von Boxern, Fußballspielern und anderen Athleten ist bekannt, daß sie in der Aufregung des sportlichen Wetteifers schwere Verletzungen hinnehmen können, ohne sich dabei überhaupt der Verletzung bewußt zu sein. In der Tat kann jede Situation, die ein bestimmtes Maß an starker und andauernder Aufmerksamkeit auf sich zieht, die Voraussetzungen für die Nichtbeachtung von anderen Reizsituationen schaffen – einschließlich der Wunden, die unter normalen Umständen erhebliche Schmerzen hervorrufen würden.

Steuerung der Aufmerksamkeit und starke Suggestion sind gleichermaßen

Elemente der Hypnose. Der Hypnosezustand selbst ist begrifflich nicht genau zu bestimmen. Trotzdem kann man mit einfachen Worten die Hypnose als einen Trancezustand beschreiben, in dem sich die Versuchsperson stark auf den Hypnotiseur konzentriert, während die Aufmerksamkeit gegenüber anderen Reizsituationen deutlich vermindert ist. Wenn die Leute einmal hypnotisiert sind, ist es über entsprechende Beeinflussung möglich, ihnen Schnittwunden und Verbrennungen zuzufügen. Trotzdem werden sie nicht von einem Schmerzerlebnis berichten können (BARBER, 1969). Sie sagen zwar, sie hätten eine stechende taktile Empfindung gehabt oder eine starke Hitze gespürt, aber sie behaupten gleichzeitig, daß diese Empfindungen sich niemals in Schmerz umwandelten. Offensichtlich ist bei einem kleinen Prozentsatz an Leuten eine Hypnosetiefe möglich, die die Durchführung einer größeren Operation ohne jegliche Betäubung erlaubt. Oft läßt sich durch Hypnoseeinwirkung die Menge der Schlafmittel, die für eine ausreichende Betäubung nötig sind, vermindern.

Selbsthypnose und Autosuggestion sind mit Meditationsübungen, wie sie von Mystikern oder anderen religiösen Menschen praktiziert werden, verwandt. Tiefe Meditation oder längere, intensive Konzentration auf die inneren Gefühle, Gedanken oder Bilder ruft wahrscheinlich einen der hypnotischen Schmerzunempfindlichkeit ähnlichen Zustand hervor. Indische Fakire sind oft beim Durchschreiten einer Lage heißer Kohlen beobachtet worden; sie liegen auf einem Nagelbrett oder in den Stacheln von Kakteen, ohne dabei irgendwelche Anzeichen von Schmerz zu zeigen. Es ist zwar möglich, daß die Fakire eine starke Hornhaut ausbilden, doch ist diese Erklärung unzureichend. Wahrscheinlicher ist vielmehr, daß sie in einen tranceähnlichen Zustand gelangen. (In anderen Kulturen läßt sich dieselbe Wirkung durch lange Gesänge, Trommeln und Tänze erreichen). Die Fähigkeit des Menschen, willkürlich die Aufmerksamkeit auf innere Gefühle, Gedanken oder Bilder zu richten und gleichzeitig alle äußeren Einflüsse auszuschalten, erklärt sicherlich auch die Beobachtungen (HUXLEY, 1952), nach denen Männer und Frauen, die wegen ihres religiösen Glaubens auf dem Scheiterhaufen verbrannt wurden, in manchen Fällen ekstatische Zustände durchlebten, obwohl andere Opfer dabei sicherlich Seelenqualen erlitten. Natürlich ist es auch möglich, daß die besondere Situation ebenfalls eine entscheidende Rolle für das Verhalten der betroffenen Menschen spielte. Die Aussicht auf das Seelenheil oder eine bevorstehende Begegnung mit dem Schöpfer kann – durch die Flammen ausgelöst – zu einer Veränderung des körperlichen Empfindens beigetragen haben, so daß statt Qual eher Ekstase ausgelöst wurde.

Wenn man sich auf eventuell auftretende Schmerzerlebnisse konzentriert, so wird man – ganz im Gegensatz zu den Auswirkungen der geistigen Ablenkung – den Schmerz eher stärker als unter normalen Umständen empfinden. HALL und STRIDE (1954) kamen zu dem Ergebnis, daß in einer Reihe von Versuchsanweisungen lediglich der Gebrauch des Wortes »Schmerz« ängstliche Versuchspersonen dazu veranlaßte, eine bestimmte elektrische Reizstärke bereits als schmerzhaft wahrzunehmen, die als schmerzlos erlebt wurde, solange das Reizwort nicht in der Instruktion enthalten war. Folglich genügt schon die reine Schmerzerwartung, um die Angst und damit die Intensität des tatsächlich empfundenen Schmerzes zu steigern. Zu einem ähnlichen Ergebnis kamen HILL, KORNETSKY, FLANARY und WIKLER (1952 a und b): Bringt man die Angst zum Verschwinden (indem man der Versuchsperson die Kontrolle über den angsterzeugenden Reiz zusichert), so sind Elektroreize von bestimmter Stärke oder auch Hitzereize mit bedeutend weniger Schmerzen verbunden als dieselben, unter hohen Angstbedingungen eingeführten Stimuli. Weiter konnten die Autoren zeigen, daß Morphium zwar die Schmerzen vermindert, andererseits aber keine nachweisbare Wirkung hat, wenn die Angst der Versuchsperson vor der Einnahme des Mittels bereits verschwunden ist.

Der Einfluß der Suggestion auf die Intensität des Schmerzerlebens läßt sich ferner in Untersuchungen über die Wirksamkeit von Placebos nachweisen. Klinische Forscher (BEECHER, 1959) fanden heraus, daß schwerer Schmerz, wie er z.B. nach Operationen auftritt, bei einigen Leuten gelindert werden kann, indem man ihnen Placebos (normalerweise sind dies irgendwelche schmerzunwirksamen Substanzen wie beispielsweise Zucker – oder Salzlösungen) an Stelle von Morphium oder anderen Schmerzmitteln verabreicht. Etwa 35 % der Patienten sprechen nach der Einnahme einer Placebo-Tablette von deutlicher Schmerzerleichterung. Da Morphium, selbst in hohen Dosen, schweren Schmerz nur bei ca. 75 % der Patienten lindert, läßt sich die Schlußfolgerung ziehen, daß etwa die Hälfte dieser Drogenwirkung als echter Placeboeffekt anzusehen ist.

Da Suggestion, selbst wenn sie auf ganz raffinierte Weise ausgeübt wird, eine gewaltige Wirkung auf das Schmerzerleben hat, sind sogenannte »Doppelblindtechniken« für die Beurteilung eines Medikaments von wesentlicher Bedeutung. Bei der Anwendung dieser Technik wird die zu untersuchende Droge dem Placebo derart angeglichen, daß weder der Patient noch der Arzt weiß, welches der beiden Mittel nun eigentlich eingenommen wurde. So ist es möglich, die Wirkung der Arznei im Vergleich zu einem physiologisch neutralen chemischen Kontrollmittel zu beurteilen. Der bemerkenswert starke Einfluß einer Placebogabe soll auf keinen Fall bedeuten, daß Leute, denen mit Placebos geholfen werden kann, in Wirklichkeit keine Schmerzen haben; niemand möchte die tatsächliche Existenz von Schmerzen im Anschluß an eine Operation abstreiten. Es geht vielmehr um die Darstellung der sehr wesentlichen Komponente »Suggestion« bei der Schmerzwahrnehmung.

Die Wirkungsweise von Placebos ist nicht hundertprozentig geklärt. Im allgemeinen vermutet man, daß die Suggestion selbst ausreicht, den ganzen Placeboeffekt zu bewirken. Soll die Schmerztoleranzschwelle erhöht werden, so ist in der Tat die starke Beeinflussung allein schon beinahe so wirkungsvoll wie eine Suggestion nach längeren Hypnoseübungen (HILGARD, 1965; BARBER, 1969). Auf der anderen Seite kann das Placebo auch eine Verminderung der Angst bewirken, da es den Patienten glauben läßt, es würde etwas getan, um die Schmerzen zu erleichtern. Wahrscheinlich treten beide Effekte immer gemeinsam auf. Wie die Erklärung auch immer lauten mag, es ist jedenfalls klar, daß der Arzt oft über eine Verordnung von Placebos zur Beeinflussung kognitiver Prozesse die Schmerzen ebenso gut lindern kann wie durch die Behandlung der verletzten Körperteile selbst.

Schmerzlosigkeit durch Hörstimulation

Sowohl die Vielfalt der psychologischen Beiträge zum Problem Schmerz als auch die Schwierigkeiten, auf die man bei ihrer experimentellen Überprüfung stößt, lassen sich durch eine Erscheinung, die als »Schmerzlosigkeit durch Hörstimulation« bekannt ist, illustrieren. Die Entdeckung von GARDNER und LICKLIDER (1959), daß starke auditive Reizung (Weißes Rauschen) die Schmerzen beim Bohren und Ziehen der Zähne unterdrückt, wurde »Schmerzlosigkeit durch Hörstimulation« genannt. Als zukunftsträchtige neue Möglichkeit zur Kontrolle von Schmerzen auf dem Gebiet der Zahnheilkunde verursachte sie großen Wirbel. Die Entdeckung führte sehr schnell zur Herstellung und zum Verkauf von mehreren eindrucksvoll aussehenden Modellen eines Geräts, das Weißes Rauschen und stereophone Musik auf die Kopfhörer des Patienten beim Zahnarzt übertrug. Das Gerät wurde unter einer Reihe von Handelsnamen verkauft, und im heftigen Konkurrenzkampf baute man Teile von zunehmend höherer Qualität ein, so daß auch der Preis der Anlage entsprechend stieg.

Bei manchen Patienten hatte das Kopfhörerverfahren drastische Auswirkungen; sie berichteten sogar von völlig schmerzlosen Zahnentfernungen.

Wenn das Phänomen auftrat, war es verblüffend – *aber* es trat eben nicht immer auf. Das Gerät funktionierte bei manchen Patienten glänzend und bei anderen überhaupt nicht. Ferner konnte in Laboratoriumsexperimenten, in denen die Haut mit Wärme bestrahlt wurde (CAMP, MARTIN und CHAPMAN, 1962) oder in denen man elektrische Impulse auf die Zähne gab (CARLIN, WARD, GERSHON und INGRAHAM, 1962), überhaupt keine Auswirkung der Hörstimulation auf die Schmerzschwelle nachgewiesen werden. Deshalb ist es naheliegend, daß die aufregenden Ergebnisse aus der Klinik nicht auf irgendeine bestimmte, einfache Wirkungsweise zurückzuführen sind. Es müssen vielmehr auch Variablen anderer Art, wie Suggestion, Ablenkung und Angstreduzierung in Betracht gezogen werden.

Die kritische Grenze des Schmerzanstiegs

MELZACK, WEISZ und SPRAGUE (1963) führten Erkundungsexperimente durch, um das mit Schmerzlosigkeit durch Hörstimulation in Zusammenhang stehende Wirkungsgefüge aufzudecken. Sie kamen zu dem Schluß, daß die meisten im Laborexperiment hervorgerufenen Schmerzen, wie Elektroreize oder Hitzestrahlung, so plötzlich und deutlich zu unerträglicher Stärke anwachsen, daß die Versuchspersonen unfähig sind, sie über Ablenkung oder andere Mechanismen unter Kontrolle zu bringen. Hielt man aber einen Heizstrahler in genügender Entfernung von der Haut der Versuchsperson, so stieg der Schmerz langsam genug an, so daß ihr noch Zeit blieb, sich abzulenken oder die Angst unter Kontrolle zu bringen.

Es wurde klar, daß die Schmerzintensität, die von den Versuchspersonen eben noch geduldet wird, oft durch die Erwartung des nachfolgenden Schmerzes festgelegt ist, und zwar eher durch die Größe des Schmerzanstiegs als durch die Schmerzintensität an sich. Deshalb erwarteten viele Versuchspersonen einen Schmerzanstieg mit konstanter Aufwärtstendenz und sahen (im zeitlichen Verlauf) den Punkt voraus, an dem eine untragbare Grenze erreicht sein würde (Abb. 2). So baten sie den Versuchsleiter, die Schmerzquellen abzuschalten, schlossen einer Nachfrage jedoch häufig die Bemerkung an: »Ich bin sicher, daß ich noch mehr ausgehalten hätte, aber ich hatte Angst, bis zu dieser *eigentlichen* Grenze zu gehen.« Riskierten die Versuchspersonen in den nachfolgenden Versuchen – mit Hilfe der Hörstimulation zur Ablenkung der Aufmerksamkeit oder mittels anderer Kunstgriffe, wie z.B. starker Autosuggestion (»der Schmerz ist nicht schlimm – ich kann mehr ertragen«) – ein höheres Schmerzniveau, so machten sie oft die Erfahrung, daß der Schmerz, noch *bevor* er unerträglich wurde, sich auf einem bestimmten Niveau einpendelte (Abb. 2). Durch diese Kniffe konnten die Versuchspersonen also die Unrichtigkeit ihrer Erwartungen erkennen. Später waren sie weniger ängstlich und in der Lage, den Schmerz über längere Zeit zu ertragen.

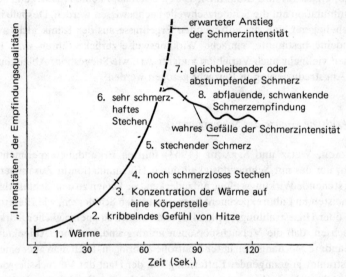

Abb. 2: Idealkurve der Empfindungsqualitäten bei Wärmestrahlung. Grundlage: Berichte über die eigene Sinneswahrnehmung (aus MELZACK, WEISZ und SPRAGUE, 1963, S. 239).

Beiträge aus dem Bereich der akustischen Stimulation und der Suggestion

Die Schmerzlosigkeit durch Hörstimulation wurde direkt mit dem »Kälte-Pressor-Test« (Eintauchen der Hand in ein Eisbad) untersucht, der starke Schmerzen hervorruft, die durch einen noch langsameren zeitlichen Anstieg gekennzeichnet sind als er für die Hitzestrahlung typisch ist (MELZACK, WEISZ und SPRAGUE, 1963). Die akustische Reizung besorgten ein abgewandelter Generator des Typs, wie er zur Erzeugung von »Weißem Rauschen« verwendet wird; ein Tonbandgerät mit stereophoner Musik; Stereokopfhörer und ein Kontrollkasten, den die Versuchsperson frei in der Hand hielt. Dieser war mit zwei Knöpfen zur Lautstärkeregelung von Musik und

Rauschen versehen. Das Gerät sendete auch einen *Placebo-Reiz* aus, indem eine Knopfdrehung dafür sorgte, daß Musik oder Rauschen für die Versuchsperson unhörbar waren. Dann wurde ihr ein leiser Summton von sechzig Hertz dargeboten, dessen Lautstärke bei Drehung des Kontrollknopfes langsam zunahm.

Bei drei Versuchsgruppen wurden abwechselnd je zwei Kontrollsitzungen (ohne akustische Reizung bzw. Beeinflussung) durchgeführt, um ihre Schmerztoleranzzeit zu messen; ebenso fanden zwei Sitzungen unter folgenden Versuchsbedingungen statt:

Die Versuchspersonen der *Gruppe 1* wurden akustisch stark stimuliert; sie erhielten jedoch keine direkten Hinweise auf den Zweck von Musik und Rauschen. Jeder Versuchsperson wurde die Musik und das Rauschen mit höchster Lautstärke vorgespielt, wobei sie gleichzeitig am Regelknopf für Rauschen zu drehen hatte, um so eine gleichbleibende Intensitätsbeziehung zwischen Musik und Rauschen aufrecht zu erhalten. Die Versuchsperson sollte »stop« sagen, wenn ihre obere Schmerzgrenze erreicht war. Die Versuchspersonen der *Gruppe 2* erhielten dieselben Anweisungen. Hinzu kam noch folgende suggestive Aussage: Zahnärzte im ganzen Land hätten herausgefunden, wie stark doch die Wirkung einer akustischen Stimulation auf die Schmerzerleichterung sei. Die Versuchsperson war darüber »informiert«, daß »laute Töne den Schmerz daran hindern, ins Bewußtsein einzutreten«. Den Versuchspersonen aus *Gruppe 3* schließlich wurde der Placebo-Reiz, gepaart mit starker Suggestion, dargeboten. Man erzählte ihnen, Zahnärzte im ganzen Land hätten herausgefunden, daß Ultraschallgeräusche äußerst wirkungsvoll für die Linderung von Schmerzen seien, da sie den Schmerz daran hindern würden, ins Bewußtsein einzutreten. Zudem wurde jede Versuchsperson zusätzlich darüber informiert, daß sie einen tiefen Summton hören werde, dessen Lautstärke die Größenordnung des Ultraschalls, der auf sie einwirkt, anzeigen würde. Man nahm an, daß die Versuchsperson die Lautstärke der Ultraschallgeräusche bei einem Schmerzanstieg erhöht, »da größere Lautstärke mehr Schmerzlinderung als geringe hervorruft«.

Die Ergebnisse der Untersuchung waren eindeutig. Intensive akustische Stimulation, die von so starker Suggestion begleitet ist, daß der Schmerz verschwindet (Gruppe 2), bewirkte im Vergleich zur Kontrollbedingung ohne akustische Reizung einen deutlichen Anstieg der Dauer der Schmerztoleranz. Auf der anderen Seite führte starke akustische Reizung ohne ausdrückliche Beeinflussung (Gruppe 1), – bzw. starke Beeinflussung, die mit dem ausgeklügelten Placeboreiz einhergeht, jedoch nicht mit starker akustischer Stimulation verbunden ist (Gruppe 3) – nicht zu einer Verlängerung der Zeitdauer der Schmerztoleranz, zieht man den Vergleich zu den Sitzungen unter Kontrollbedingungen heran.

Von besonderem Interesse für die Interpretation der Untersuchungsergebnisse ist die Art und Weise, in der sich die Versuchspersonen die Musik und das Rauschen zunutze machten, um ihre Schmerzen zu »kontrollieren«. Es war offensichtlich, daß sie nicht nur passiv die akustische Stimulation auf sich einwirken ließen, sondern sich vielmehr auf die Musik konzentrierten, indem sie ihr mit dem Lautstärkeregler für Rauschen folgten, den Takt durch Klopfen der Füße hielten, mit lauter Stimme sangen, usw. Kurz: Sie zwangen sich selbst dazu, ihre Aufmerksamkeit von dem überwältigenden, langsam zunehmenden Schmerz abzulenken. Die akustische Stimulation diente also nicht dazu, die Schmerzen zu beenden, wurde aber trotzdem als Mittel zur Ablenkung der Aufmerksamkeit vom Schmerz eingesetzt. Der Begriff »Schmerzlosigkeit durch Hörstimulation« war eindeutig eine falsche Bezeichnung: Nicht der akustische Eingangsreiz bewirkte Schmerzlosigkeit, sondern wurde statt dessen als Kunstgriff zur Regulierung der Schmerztoleranz verwendet.

Diese im Laboratoriumexperiment gewonnenen Ergebnisse brachten uns einen Einblick in die Mechanismen, die der Schmerzlosigkeit durch Hörstimulation zugrunde liegen. Sie deuten darauf hin, daß die Erfindung in den Händen von Zahnärzten mit starker Persönlichkeit effektiv einsetzbar ist, die ihren Patienten überzeugend einreden können, sie würden gar keinen Schmerz empfinden; dagegen muß sie bei jenen wirkungslos bleiben, die das Gerät mit ängstlicher Verzagtheit einsetzen oder lediglich dem Patienten die Kopfhörer aufsetzen und dann gleich mit der Behandlung beginnen. Überdies wiesen die Zahnärzte auf den wichtigen Punkt der Patientenpersönlichkeit hin: Manche Patienten waren beeinflußbarer als andere, und diese Tatsache wiederum stand in wechselseitiger Beziehung zur Persönlichkeit des Zahnarztes. Deshalb überraschte es nicht, daß die anfängliche Begeisterung des zahnärztlichen Berufsstandes gegenüber der Schmerzlosigkeit durch Hörstimulation sehr schnell abflaute und die Geräte alsbald in die Dachkammer der Geschichte der Zahnmedizin verbannt wurden.

Kognitive Schmerzkontrolle

Die Geschichte von der Schmerzlosigkeit durch Hörstimulation enthält eine wichtige Moral: Einen leicht begehbaren oder magischen Weg zur Schmerzerleichterung gibt es nicht. Die Schmerzlosigkeit durch Hörstimulation blieb unbeachtet, weil sie es nicht schaffte, den Schmerz mechanisch nach dem Alles- oder Nichts-Prinzip zu beseitigen. Betrachten wir den Schmerz jedoch realistischer und machen wir uns dessen mannigfaltige Erscheinungsformen klar, so müssen wir erkennen, daß die Schmerzlosigkeit durch Hörstimulation in Wirklichkeit eigentlich gar kein Fehlschlag gewesen ist. Der akustische Eingangsreiz war – solange er als Teil eines vielschichtigen Gefüges gesehen wurde, das Suggestion und Persönlichkeitsvariablen miteinbezieht – für viele Versuchspersonen eine wirkungsvolle Strategie, die es ihnen ermöglichte, Schmerzen auszuhalten, die sonst unerträglich gewesen wären.

Psychisch bedingter Schmerz

Da psychische Faktoren beim Schmerz eine enorme Rolle spielen, wurden einige klinische Symptomenkomplexe um den Schmerz als »psychogen« bezeichnet. Damit soll zum Ausdruck kommen, daß man in diesem Fall die Psyche als Hauptursache der Schmerzen betrachtet. Das heißt, man nimmt von einer Person an, daß sie Schmerzen hat, weil sie diese braucht oder sich wünscht. Von einem typischen Fall berichten FREEMAN und WATTS (1950, S. 354-355):

Eine Frau mit hysterischem Temperament klagte seit ihrem 16. Lebensjahr über so hartnäckige Bauchschmerzen, daß sie sich einer Serie von 12 bis 18 Bauchoperationen unterzog, die man als zunehmende Verstümmelung bezeichnen könnte. Im Anschluß an bedeutungslose Kopfschmerzen jammerte sie so bitterlich, daß eine Druckentlastung unterhalb der Schläfe vorgenommen wurde. Zwischen 1934 und 1936 war sie wegen qualvoller Rücken- und Gliederschmerzen ans Bett gefesselt. Die Untersuchung ergab geschwollenen Knöchel und schwächliche Kniegelenke, verbunden mit Gelenksteife. Die Röntgenaufnahmen der Wirbelsäule ließen eine Knorpelwucherung erkennen. Als wir sie uns zum ersten Mal anschauten, erschien sie ängstlich und weigerte sich, ihre Krankengeschichte zu erzählen. Wollte man ihr die Bettdecke wegziehen, so zuckte sie zusammen und atmete aufgeregt. Sie lag andauernd auf der linken Seite und schrie auf, sobald versucht wurde, sie auf den Rücken zu drehen. Ferner wehrte sie sich mit der rechten Hand gegen eine Untersuchung ihres Rückens; hielt man diese zurück und strich ihr vorsichtig über das Steißbein, so fing sie unter heftigem Zittern gleich zu schreien an. Aufgrund der Übertreibung ihrer Beschwerden, die kaum auf einer anatomisch nachweisbaren Grundlage beruhten, wurde die

Diagnose einer Konversionshysterie mit anhaltendem Bedürfnis nach Operationen festgestellt.

Der Schlußsatz bei der Beschreibung dieses Falles läßt vermuten, daß die Patientin den Schmerz in erster Linie wegen ihrer psychischen Bedürfnisse erleiden mußte und daß sie zur Befriedigung dieser Wünsche eine Sucht nach häufigen Operationen entwickelte. Diese Frau wurde, wie FREEMAN und WATTS (1950) berichten, einer frontalen Lobotomie (Durchtrennung der nervalen Verbindungen zwischen Hirnrinde und Thalamus) unterzogen. Nach der Operation war der Schmerz zwar nicht vollständig aufgehoben, doch die Belastung war nun geringer geworden. Ferner war es ihr jetzt möglich, ein sinnvolles Leben zu führen.

STERNBACH (1970, Seite 182) gibt uns eine einfühlsame Analyse dieses Patiententyps:

Diese Patienten können es im Laufe der Jahre zu einem hohen Stapel an Kurvenblättern bringen, da eine Operation der anderen folgt und sie von Arzt zu Arzt die Runde machen. Man ist versucht, sie als »hysterisch« oder »kaputt« zu bezeichnen, doch weder helfen ihnen solche Etikette, noch tragen sie zu unserem Verständnis bei. Wie wir wissen, ist eine Benennung noch keine Erklärung. Nun stellt sich heraus, daß bei psychiatrischen Untersuchungen solcher Patienten der Schluß gezogen wird, es läge eine Depression vor. Die Depression mag, wie bei entsprechenden Trauerreaktionen, das Ergebnis eines persönlichen Verlustes sein oder aus selbstbestrafenden Reaktionsweisen resultieren, wie dies auch der Fall ist, wenn Ärger nicht angemessen nach außen gerichtet werden kann. Auf Dauer gesehen werden solche Patienten »schmerzanfällig«. Man muß sich klar vor Augen halten, daß diese Leute nicht schwindeln und sich auch nicht krank stellen; sie haben tatsächlich Schmerzen – welche Kontrollmessungen zur Überprüfung wir auch immer anstellen – und ihr Leid ist offenkundig. Anhand der neurologischen Modellvorstellungen lassen sie sich jedoch nicht angemessen beschreiben, – zumindest nicht so gut wie dies durch psychiatrische Denkmodelle möglich ist. Die Mittel der Wahl sind hier Behandlungstechniken zur Erleichterung der Depression. Dies kann eine Psychotherapie sein, die auf eine in sich abgeschlossene Trauerreaktion hinarbeitet oder es dem Patienten ermöglicht, einzusehen, daß es gefahrlos und angemessen ist, den Ärger direkt zu äußern. Andererseits mag zur Veränderung des gesamten Gefüges eine Familientherapie angemessen sein. Dies ist dann der Fall, wenn der Patient mit dem Symptom seine Familie schikaniert oder beherrscht. Schließlich können antidepressive Medikamente bzw. Stimmungsaufheller bei einzelnen Patienten, die auf eine Therapie nicht ansprechen, sehr erfolgreich sein.

In Wirklichkeit führen Schmerzmittel bei hartnäckigen oder immer wiederkehrenden Schmerzen, welche zudem nicht von erkennbar organischer Natur sind, nur zu einer Verschlimmerung der Symptomatik. Antidepressiva
dagegen tragen sehr zur Schmerzlinderung bei.

Der Beitrag der Psychologie zum Problem Schmerz muß klar erkannt und
trotzdem ausgewogen betrachtet werden. Psychische Faktoren bedingen den
Schmerz mit, und diesem wiederum kann man durch ein psychologisches
Vorgehen beikommen. Wie wir noch sehen werden, gibt es aber noch Beiträge von anderer Seite. Damit sollen nicht jene Patienten verschwiegen
werden, die Schmerzen nötig haben und die davon eine Bedeutung für das
Alltagsleben ableiten. Sie beklagen sich zwar über schreckliche Schmerzen,
brechen jedoch bestimmte Therapien wegen geringer Unannehmlichkeiten,
wie zum Beispiel einer Spritze oder dem Geschmack einer bestimmten Arznei, ab. Selbst wenn psychische Faktoren eine Hauptrolle zu spielen scheinen, so ist doch oftmals auch eine therapierbare Organerkrankung vorhanden. In solchen Fällen sind physische und psychische Symptome gleichermaßen zu behandeln.

Die Sprachen des Schmerzes

Die Beschreibung der Schmerzzustände ist für den praktischen Arzt eine
Alltagserfahrung. Doch ist bisher erst in wenigen Studien versucht worden,
die Dimension des Schmerzerlebens näher zu bestimmen. Die verbreiteten
Methoden zur Schmerzmessung betrachten den Schmerz, als wäre er eine
abgesonderte, einzigartige Sinnesqualität, die nur in ihrer Intensität
schwankt. Die häufigste dieser Meßmethoden ist der Gebrauch von Begriffen wie »leicht«, »mittelmäßig« und »schwer«: Die Versuchspersonen (oder
Patienten) werden dabei gefragt, welcher dieser Begriffe auf das Ausmaß
ihrer Schmerzen wohl am besten zutrifft. Ein anderes Verfahren besteht aus
einer Fünf-Punkte-Skala, die von eins = leichter bis fünf = unerträglicher
Schmerz geht; die Versuchspersonen geben hier die am ehesten zutreffende
Zahl an. Auf diese Weise erhält man für den Schmerz ein bestimmtes
Zahlenmaß. Eine weitere Methode ist die Angabe in Bruchzahlen: Hier
werden die Versuchspersonen, die eine schmerzstillende Spritze, z.B. eine
Morphiuminjektion, erhalten haben, gefragt, ob sie nun $\frac{1}{3}$, $\frac{1}{2}$ oder $\frac{2}{3}$ der
vor der Spritze empfundenen Schmerzen wahrnehmen. Diese einfachen
Methoden werden in der Klinik erfolgreich angewandt und bringen wertvolle
Informationen über die relative Wirksamkeit verschiedener Medikamente.

Mit all den genannten Verfahren läßt sich lediglich die Intensität näher bestimmen. Es ist aber klar, daß eine Beschreibung des Schmerzes, die sich in Angaben über dessen Intensität erschöpft, dem Versuch ähnelt, die Welt des Sehens nur in Begriffe von Lichtwellen zu zwängen, während Muster, Farben, optische Gestaltung und viele andere Dimensionen unbeachtet bleiben.

Wir sind nun der Auffassung, daß Schmerz auf eine Reihe vielschichtiger Erfahrungen zurückgeht und nicht auf eine spezifische Empfindung, die sich nur in ihrer Stärke ändert. So ausgedrückt, ist das Wort »Schmerz« als sprachliches Etikett aufzufassen, dem ein unendliches Spektrum an Empfindungsqualitäten innewohnt. Da gibt es Schmerzen einer verbrannten Hand, eines Magengeschwürs oder eines verstauchten Fußes; ferner auch Kopfschmerzen und Zahnschmerzen. All diese Schmerzarten sind durch ihre besondere Eigenart charakterisiert. Zahnschmerzen sind offensichtlich von anderer Natur als Nadelstiche; ebenso unterscheiden sich die Schmerzen beim Verschluß einer Herzkranzarterie total von denen eines gebrochenen Beines.

Seit langem schon sind den klinischen Forschern die Spielarten des Schmerzerlebens bekannt. Beschreibungen der Eigenart des brennenden Schmerzes, wie er nach Verletzung von peripheren Nerven auftritt, oder der stechenden, krampfartigen Eingeweideschmerzen, liefern oft den Schlüssel zur Diagnose und bestimmen vielleicht sogar den Therapieverlauf. Der Laie ist sich gleichermaßen der zahlreichen Besonderheiten und Dimensionen des Schmerzes bewußt. Ein Abend an Radio-, Fernseh- oder Zeitschriftenwerbung läßt uns die spaltende und hämmernde Natur der Kopfschmerzen erkennen; wir spüren die zermürbenden, bohrenden Rheumatismus- und Arthritisschmerzen, und die krampfende, drückende Art der Menstruationsschmerzen. Schließlich erleben wir auch scharfen, juckenden Schmerz, den die an Hämorrhoiden leidenden Menschen wahrscheinlich nur zu gut kennen. Trotz der Häufigkeit derartiger Beschreibungen und der scheinbar hohen Übereinstimmung darüber, daß solche Adjektive sinnvolle Beschreibungen darstellen, gibt es wenig Untersuchungen über Anwendung und Bedeutung dieser Wörter.

MELZACK und TORGERSON (1971, Seite 50) taten einen ersten Schritt in Richtung einer näheren Bestimmung der Schmerzarten. Im ersten Teil ihrer Untersuchung wurden die Versuchspersonen gebeten, 102 schmerzverwandte Wörter, die der klinischen Literatur entnommen waren, in kleinere Gruppen zu unterteilen, die verschiedene Aspekte der Schmerzerfahrung beschreiben. Auf der Basis dieser Daten gruppierte man die Wörter in drei

Hauptklassen und sechzehn Unterklassen. In Abbildung 3 ist ein Teil dieser Begriffe aufgeführt. Die Klassen lauten wie folgt:

1. Wörter, die *Empfindungsqualitäten* der Schmerzerfahrung in Begriffen von Zeit, Raum, Druck, Wärme und anderen Merkmalen ausdrücken.

2. Wörter, die *Stimmungsqualitäten* in Begriffen von Spannung, Furcht und körperinternen Merkmalen ausdrücken, welche Teil der Schmerzerfahrung sind.

3. *Urteilsbegriffe,* die das subjektiv wahrgenommene vollständige Ausmaß der gesamten Schmerzerfahrung ausdrücken.

Jede mit einer beschreibenden Bezeichnung versehene Untergruppe besteht aus einer Reihe von Wörtern, die von den meisten Versuchspersonen als ähnlich in der Bedeutung eingeschätzt wurden. Manche haben exakt dieselbe Bedeutung, andere scheinen gleichbedeutend zu sein, unterscheiden sich aber in der Intensität. Eine beträchtliche Anzahl der Wörter wiederum weichen (trotz ihrer Ähnlichkeit) in feinen Unterschieden oder Nuancen voneinander ab; dies kann für einen Patienten bedeutend sein, der verzweifelt versucht, sich dem Arzt gegenüber eindeutig auszudrücken.[1]

Im zweiten Teil der Studie wurde der Versuch unternommen, die Schmerzintensitäten zu bestimmen, die mit den jeweiligen Wörtern aus einer Untergruppe ausgedrückt werden können. Ärzte-, Patienten- und Studentengruppen durften jedem Begriff einen Intensitäts-Punktwert zuschreiben. Dazu verwendete man eine Zahlenskala, die vom geringsten (oder leichten) bis zum stärksten (oder qualvollen) Schmerz reichte. Es wurde deutlich, daß bei allen drei Gruppen mehrere Wörter innerhalb jeder Untergruppe zueinander dieselben relativen Intensitätsbezeichnungen hatten. Z.B. war man in der räumlichen Untergruppe der Auffassung, »stechender« Schmerz sei intensiver als »ein schießender«, der seinerseits wiederum stärker als »emporschnellender« Schmerz erlebt wird. Obwohl sich die genauen Intensitätswerte für die drei Gruppen unterscheiden, stimmte doch die relative Position eines Wortes gegenüber anderen bei allen dreien überein. Die Skalenwerte der Ärzte und der Patienten sind in Abbildung 3 angegeben.

Wegen des hohen Grades an Übereinstimmung in den Intensitätsbezie-

---

[1] In ihrem Aufsatz »On being Ill« spricht VIRGINIA WOOLF genau diesen Punkt an: »Die englische Sprache, in der sich Gedanken von Hamlet und die Tragödie von Lear ausdrücken lassen, hat keine Wörter für den Schüttelfrost und den Kopfschmerz ... Für jedes Schulmädchen kann, wenn es sich verliebt, ein SHAKESPEARE oder ein KEATS sprechen, – wenn aber ein leidender Mensch einem Arzt die eigenen Kopfschmerzen beschreiben soll, so sind die Grenzen der sprachlichen Möglichkeiten alsbald erreicht.«

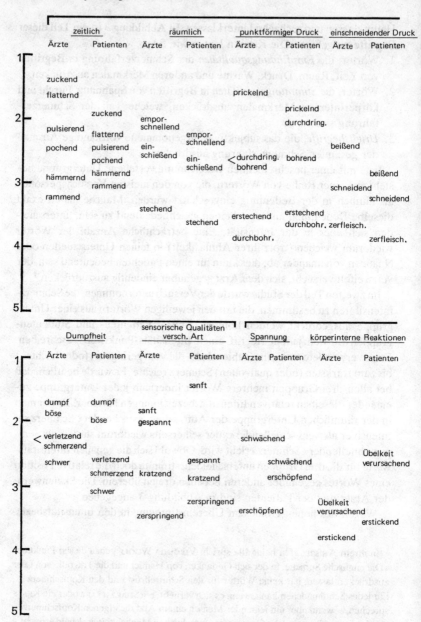

Abb. 3: Räumliche Verteilung der schmerzrelevanten Beschreibungen, die nach den Angaben von Ärzten und Patienten auf einer Intensitätsskala denselben Rang einnehmen. Die Skala reicht von 1 (schwache Schmerzen) bis 5 (qualvoller

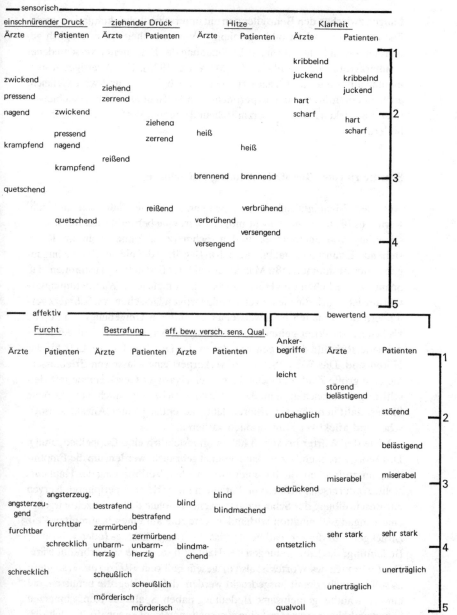

Schmerz). Sind zwei Begriffe über eine Pfeilspitze miteinander verbunden, so spiegelt dies ihren identischen mittleren Skalenwert wieder (aus MELZACK und TORGERSON, 1971, Seite 50).

hungen zwischen den Beurteilenden mit unterschiedlicher kultureller, sozio-
ökonomischer und ausbildungsmäßiger Vergangenheit, ist es möglich geworden, einen Fragebogen zur Bestimmung der Eigenheiten verschiedener
Schmerzsyndrome zu entwickeln (MELZACK, 1973). Ein derartiges Instru-
mentarium kann eines Tages zur Diagnose beitragen und wird vielleicht
auch zu einem wertvollen experimentellen Hilfsmittel bei Untersuchungen
über die Wirkung von Schmerzmitteln und anderen Verfahren zur Schmerzlinderung.

Schritte zu einer Begriffsbestimmung von Schmerz

Aus der Mannigfaltigkeit der Schmerzerlebnisse läßt sich ableiten,
warum es bis heute noch nicht möglich war, eine befriedigende Begriffsbestimmung von Schmerz zu finden. Schmerz ist keine allein im Raum
stehende Erfahrungsqualität, die sich in Begriffen definierter Reizbedingun-
gen näher bestimmen läßt. Man kann wohl der Feststellung zustimmen, daß
Schmerz, wie Sehen und Hören auch, eine komplizierte Wahrnehmungserfahrung ist. Doch die vielen verschiedenartigen Ursachen von Schmerz verhindern den genauen Nachweis einer besonderen Umgebungsenergie, die
als Schmerzauslöser gelten kann; etwa in der Art, wie z.B. Licht der ange-
messene Reiz für das Sehen ist oder es die Druckwellen der Luft für das
Hören sind. Das Wort »Schmerz« verkörpert eine Klasse von Erlebnissen,
die eine große Zahl unterschiedlicher, einzigartiger Geschehnisse mit vielschichtigen Ursachen umfaßt und sich gleichzeitig durch verschiedene
Sinnesqualitäten charakterisieren läßt, die entlang einer Anzahl sensorischer und affektiver Dimensionen variieren.

Viele der Wörter in Abb. 3 haben offensichtlich eine Doppelbedeutung.
Das Wort »brennend« z.B., kann einmal gebraucht werden, um die Empfindung auszudrücken, die bei einer tatsächlichen Verbrennung der Haut entsteht. Andererseits wird es von Patienten mit verletzten peripheren Nerven
zur Beschreibung der Schmerzen verwendet – ohne daß gleichzeitig irgendeine Eingangsstimulation vorhanden wäre, die auf einen bestimmten Reiz
zurückgeht. In diesem Fall besitzt das Wort eine Analog- (oder »als ob«-)
Bedeutung; die Empfindungen der Haut sind so, *als ob* sie verbrannt wäre.
Der Gebrauch des Wortes ist also in diesem Fall kein »Reizirrtum«, sondern
es soll vielmehr damit ausgedrückt werden, daß wir Begriffe benutzen, die
eine verwandte, gemeinsame Bedeutung haben. Spaltende Kopfschmerzen
haben wohl kaum etwas mit einem gespaltenen Kopf zu tun. Es handelt sich

dabei offensichtlich um eine Redewendung, mit der man beabsichtigt, gewisse Eigenheiten der totalen Schmerzerfahrung auszudrücken – nämlich, daß der Schmerz so empfunden wird, *als ob* einem der Kopf gespalten würde. Trotzdem läßt sich in all diesen Fällen ein körperlicher Beitrag zu der jeweiligen Erfahrung ausfindig machen. Dieser Beitrag kann, wie wir in Kapitel 4 sehen werden, äußerst kompliziert sein. Er umfaßt sowohl afferente, durch Stimulation ausgelöste Aktivität, als auch abnorme physiologische Abläufe im Zentralnervensystem, die auf eine frühere Verletzung oder auf chronische unterschwellige Reizung zurückgehen.

Die Analyse der Sprache des Schmerzes im vorausgegangenen Kapitel führt zu einer Begriffsbestimmung von Schmerz. Sie deutet darauf hin, daß sich Schmerz im Begriffssystem eines mehrdimensionalen Raumes mit mehreren sensorischen und affektiven Dimensionen definieren läßt. Dieser Raum umfaßt jene persönlichen Erfahrungen, die sowohl somato-sensorische als auch negativ-affektive Komponenten enthalten. Zudem führen diese Erfahrungen zu einem Verhalten, das die auslösenden Ursachen zu beseitigen trachtet. Wenn eine Verletzung oder ein schädigender Reiz anderer Art keinen negativen Affekt und auch keinen Widerwillen hervorruft (wie in den oben beschriebenen Fällen des Fußballspielers, des Frontsoldaten oder der Pavlovschen Hunde), so kann das Erlebnis nicht als Schmerz bezeichnet werden. Umgekehrt haben auch Ängste oder Qualen dann nichts mit Schmerz zu tun, wenn keine Begleiterscheinung im somatisch-afferenten System auftritt. Die schmerzliche Trauer oder der »Herzensschmerz« des verschmähten Liebhabers lassen sich rechtmäßig dieser Definition nicht zuordnen, obwohl beide Gemütszustände über eine Regulierung der afferenten Eingangsreize möglicherweise zum Schmerz *beitragen.*

Die bewertenden Begriffe in Abb. 3 spiegeln die Fähigkeit des Gehirns wider, die Wichtigkeit oder Dringlichkeit der Gesamtsituation zu beurteilen. Diese Wörter sind Urteilsbegriffe, die nicht nur auf körperlichen und affektiven Eigenschaften beruhen, sondern sie setzen sich aus früheren Erfahrungen, der Fähigkeit, ein Erlebnis richtig einzuschätzen, und der Bedeutung der jeweiligen Situation zusammen. Wenn sich also eine Person zu einem bestimmten Zeitpunkt über die Gesamtumstände der Situation im klaren ist, dann kann sie diese als äußeren Rahmen für eine Positionsbestimmung des Schmerzerlebnisses innerhalb des mehrdimensionalen Raumes heranziehen.

Schlußfolgerungen aus dem psychologischen Datenmaterial

Zusammenfassend kann gesagt werden, daß die psychologischen Versuchsergebnisse die Vorstellung einer Beziehung im Verhältnis 1 : 1 zwischen Intensität des schädigenden Reizes und dem Ausmaß des wahrgenommenen Schmerzes widerlegt haben. Ein Reiz ist in der einen Situation schmerzhaft, in einer anderen nicht. Dieselbe Verletzung wird bei verschiedenen Leuten oder sogar bei derselben Person zu unterschiedlichen Zeitpunkten jeweils anders geartete Auswirkungen haben. Die Ergebnisse sprechen dafür, daß möglicherweise psychische Variablen zwischen Reiz und Wahrnehmung treten und die große Schwankungsbreite zwischen beiden Größen bedingen. In den meisten Fällen gilt sicherlich das einfache Verhältnis: Je kräftiger der Schlag mit dem Hammer auf den Daumen, desto größer ist sehr wahrscheinlich der Schmerz. Doch Ausnahmen bringen die Natur der zugrundeliegenden physiologischen Mechanismen an die Oberfläche. Die scheinbare Unkompliziertheit einer psychophysischen Beziehung bedeutet noch nicht, daß die dahinterstehenden physiologischen Funktionssysteme genauso einfach sind. Ihre Vielschichtigkeit wird durch den Einfluß deutlich, den frühe Erfahrung, die jeweilige Situation und der kulturelle Hintergrund auf die Schmerzerfahrung haben. Diese Untersuchungsergebnisse sind Mosaiksteinchen, die bei der Entwicklung einer befriedigenden Schmerztheorie – wie diese Theorie auch immer aussehen mag – eine Schlüsselrolle spielen müssen.

Wir sind nun der Auffassung, daß Schmerz mit einer Reihe vielschichtiger Erfahrungen – und nicht etwa nur mit einer einzigen, von einem spezifischen Reiz verursachten Empfindung, zusammenhängt. Wir erkennen nach und nach die vielen Wesensarten der sensorischen und affektiven Erlebnisse, die man schlicht unter dem weiten Oberbegriff »Schmerz« zusammenfaßt und werden uns zunehmend der Plastizität und Wandlungsfähigkeit der Vorgänge im Zentralnervensystem bewußt. LIVINGSTON (1943, 1953) bezweifelte schon vor vielen Jahren die klassische Auffassung, nach der die Intensität der Schmerzempfindung und die Reizstärke immer in dem selben Verhältnis zueinander stehen. Statt dessen schlug er vor, den Schmerz, wie alle anderen Wahrnehmungen auch, als »subjektiv und persönlich« zu begreifen und zu sehen, daß er durch die verschiedenen Ausprägungsgrade von Aufmerksamkeit, Gefühlszuständen und durch die einflußreichen vergangenen Erfahrungen reguliert wird. Seit damals sind wir von der klassischen Auffassung noch weiter entfernt, daß ein Schmerzreiz auch tatsächlich Schmerz hervorruft, daß dieser Schmerz nur eine einzige spezifische Qualität hat und daß er lediglich in der Intensität variiert.

Die psychologischen Gesichtspunkte untermauern stark diejenige Betrachtungsweise von Schmerz als einer Wahrnehmungserfahrung, welche ihn in seiner Eigenart und Stärke von der besonderen persönlichen Vergangenheit, der Bedeutung, die das Individuum der schmerzauslösenden Situation beimißt, und von der momentanen geistigen Verfassung beeinflußt sieht. Man kann davon ausgehen, daß all diese Faktoren bei der Festlegung der eigentlichen Nervenimpulsmuster, die vom Körper zum Gehirn hochsteigen und dort weiterlaufen, eine Rolle spielen. Somit wird Schmerz zu einer Funktion der gesamten Person mit ihren gegenwärtigen Gedanken und Befürchtungen und ihren Hoffnungen in die Zukunft.

3. Klinische Aspekte des Schmerzes

Schon seit den Anfängen der Geschichtsschreibung ist die Linderung von Schmerz und Leid ein fortwährendes Bestreben. Doch trotz jahrhundertelanger Beobachtungen und Studien beginnen wir erst heute, die Feinheiten und Vielschichtigkeiten des Schmerzes zu verstehen. Obwohl es in unserer Zeit wirksame »schmerztötende« Medikamente gibt, wissen wir wenig darüber, wo und wie diese Mittel angreifen. Chirurgische Eingriffe, die zur Schmerzerleichterung vorgenommen werden, sind oft genug üble Fehlschläge, die uns beweisen, daß wir noch weit davon entfernt sind, die der Schmerzempfindung zugrunde liegenden neurologischen Funktionssysteme zu verstehen.

Das Wesen des Schmerzes ist eines der faszinierendsten Probleme in Medizin und Biologie. Schmerzlinderung ist schließlich ein universelles Ziel der Medizin, und dem Verständnis der Schmerzmechanismen werden enorme Forschungsanstrengungen gewidmet. Auf den ersten Blick scheint Schmerz eine einfache, durch Schmerzreiz hervorgerufene Empfindung zu sein, und es dürfte eigentlich kaum Schwierigkeiten bereiten, diesen zu reduzieren. Verbrennungen oder Schnitte in die Haut verursachen Schmerzensschreie; gleichermaßen ist ein Gallenstein mit quälenden Schmerzen verbunden. In solchen Fällen ist die Schmerzursache eindeutig, und üblicherweise bringt der normale Heilungsprozeß oder die chirurgische Entfernung des kranken Organs prompte Besserung mit sich.

Doch verwirren andere Schwierigkeiten beim Problem Schmerz weiterhin den klinischen Forscher. Die drei Schmerzsyndrome *Phantomschmerz,*

Kausalgie und *Neuralgien* wurden gründlich erforscht und konfrontieren uns mit ihren seltenen, schwer erklärbaren Besonderheiten. Diese Arten des Schmerzes, die Signale schwerer körperlicher Schädigung sind, können fortbestehen, sich ausbreiten und in der Stärke zunehmen, so daß sie sich zu unabhängigen Krankheiten entwickeln. In jedem Einzelfall werden die Schmerzen möglicherweise weit schlimmer als jene, die mit der ursprünglichen Verletzung im Zusammenhang standen. In diesem Kapitel wollen wir die Hauptcharakteristika dieser Schmerzsyndrome untersuchen. Sie geben uns wertvolle Hinweise auf Schmerzmechanismen, die wir dann später bei einer Beurteilung der gegenwärtigen Schmerztheorien mitberücksichtigen müssen.

Phantomschmerz

Der Phantomschmerz ist eines der schrecklichsten und zugleich faszinierendsten aller klinischen Schmerzsyndrome. Die Beschreibung von AMBROISE PARÉ im Jahr 1552 (zitiert nach KEYNES, 1952) hält den Eindruck der Furcht und des geheimnisvollen Dunkels fest, der bei Leuten entsteht, die zum ersten Mal davon hören:

Dies ist wahrlich eine wunderbar befremdende und ungeheuerliche Sache, die kaum zu glauben ist, es sei denn, man hat es mit eigenen Augen gesehen und mit eigenen Ohren gehört: Patienten, die sich noch viele Monate nach der Entfernung eines Beines über außerordentlich starke Schmerzen in diesem amputierten Körperglied beklagen.

Die meisten Amputations-Patienten berichten, beinahe unmittelbar nach der Entfernung eines Arms oder Beines (SIMMEL, 1956), von der Wahrnehmung eines Phantom-Gliedes. Gewöhnlich geht ein Prickeln von ihm aus und die Patienten schreiben ihm eine klar umrissene Gestalt zu. Diese ähnelt der Form des echten, vor der Operation noch vorhandenen Körpergliedes. Ferner erzählen sie, daß das Phantomglied sich beinahe in derselben Weise wie das normale im Raum bewegen könne und mitschwingen würde, wenn die Person umherläuft, sich setzt oder auf einem Bett ausstreckt. Am Anfang wird das Phantomglied in bezug auf Größe und Gestalt als völlig normal wahrgenommen, – und zwar so sehr, daß der Amputierte mit der Phantomhand nach Gegenständen greift oder versucht aus dem Bett zu steigen, indem er mit dem Phantombein auf den Fußboden stapft. Mit der Zeit wandelt sich jedoch die Gestalt des Phantomgliedes. Die Empfindungen in Arm oder Bein verlieren ihre Kontur und können ganz abklingen, so daß die Phantomhand oder das Phantombein scheinbar in der Luft schweben. Manchmal wird das Glied auch langsam in den Stumpf »hineinteleskopiert«, und zwar so weit, bis lediglich Hand oder Fuß am Stumpfende übrigbleiben.

Obwohl das Kribbeln die vorherrschende Empfindung beim Phantomschmerz ist, berichten die Amputierten auch von einer Reihe anderer Empfindungen, wie Prickeln, Wärme oder Kälte, Schweregefühl und auch von vielen Schmerzarten. Etwa 35 % der Patienten geben gelegentliche Schmerzen im Phantomglied an (FEINSTEIN, LUCE und LANGTON, 1954). Glücklicherweise läßt der Schmerz langsam nach und verschwindet schließlich in den meisten Fällen. Die Schmerzen sind bei 5 – 10 % der Patienten aber ziemlich stark und können mit den Jahren noch schlimmer werden. Sie treten entweder gelegentlich oder dauerhaft auf und lassen sich als krampfartig, stechend, brennend oder drückend beschreiben. Im Normalfall setzen sie gleich nach der Operation ein, – gelegentlich auch erst Wochen, Monate oder sogar Jahre später. Der Schmerz wird in ganz bestimmten Teilen des Phantomgliedes wahrgenommen (LIVINGSTON, 1943). Eine übliche Beschwerde der Patienten bezieht sich auf den Eindruck, daß ihnen die Phantomhand wie zusammengedrückt vorkommt; die Finger seien ferner über dem Daumen abgeknickt und würden sich in die Handfläche bohren, so daß die ganze Hand erschlafft sei und schmerzen würde.

Hält nun der Schmerz über längere Zeit an, so geht mit ihm eventuell eine Steigerung der Empfindlichkeit in anderen Körperzonen einher, so daß allein das Berühren dieser neuen »Auslösezonen« im Phantomglied Krämpfe hervorruft, die mit starken Schmerzen verbunden sind (CRONHOLM, 1951). Ferner wird Schmerz auch oft durch Reize von den Eingeweiden ausgelöst, wie sie beim Wasserlassen und bei der Darmentleerung entstehen (HENDERSON und SMYTH, 1948). Sogar eine Aufregung, wie der Streit mit einem Freund, kann zu einem plötzlichen Schmerzanstieg führen. Schlimmer noch: Die herkömmlichen chirurgischen Maßnahmen (Abb. 4) führen oft zu keiner dauerhaften Erleichterung, so daß diese Patienten sich einer ganzen Reihe derartiger Operationen unterziehen müssen, ohne daß die Schmerzen auch nur in geringstem Maße nachlassen. Erscheinungen wie diese stehen im Widerspruch zu den Erklärungen, die nach unserem heutigen physiologischen Wissensstand möglich sind.

Bevor wir die Haupteigenschaften des Phantomschmerzes analysieren, werden wir uns zunächst einem von LIVINGSTON (1943, S. 1-4) berichteten Fall zuwenden:

Im Jahr 1926 verlor ein Arzt, ein langjähriger guter Freund von mir, seinen linken Arm infolge einer Gasbrandbazillen-Infektion. (Er hatte sich eine Schnittwunde am linken Arm zugezogen, als bei der Impfung eines Meerschweinchens die Glasspritze zerbrach, die den Bazillus enthielt. In der Nacht trat bösartiger und sich rasch ausbreitender Gasbrand auf und am nächsten Morgen mußte der Arm abgenommen werden.) Er wurde nach dem Guillotine-Amputationsverfahren nahe der Schulter abgetrennt. Etwa drei Wochen lang stiegen dann Gasblasen aus der Wunde auf. Sie heilte langsam, während der Stumpf gleichzeitig kalt, klamm und empfindlich blieb . . . Hin und wieder zuckte der Stumpf unkontrolliert oder er schnellte im Anschluß an eine Ruhepause plötzlich nach außen. Der Arzt hatte sehr starke Schmerzen, unterzog sich einer plastischen Operation und ließ die Neurome (kleine Knötchen aus wieder aufgebautem Nervengewebe) entfernen, ohne daß irgendeine Besserung aufgetreten wäre. Trotz meiner engen Beziehung zu diesem Mann war es ihm einige Jahre lang unmöglich, mir eine genaue Beschreibung seines Leidens zu geben, da er sich dagegen sträubte, seine sensorischen Erfahrungen irgend jemandem mitzuteilen. Er selbst hatte die oft von Laien und Ärzten gleichermaßen geäußerte Meinung, daß jegliche Empfindung in seinem Arm nur Einbildung sei, da dieser ja abgenommen wurde. Die meisten Beschwerden bezogen sich auf die amputierte Hand. Sie schien in einer verspannten Haltung zu verharren, wobei die Finger eng zusammengedrückt über dem Daumen lagen und das Handgelenk in Beugestellung blieb.

Über eine Willensanstrengung war nicht einmal die Bewegung von Teilen der Hand möglich . . . Zu bestimmten Zeiten war das Spannungsgefühl in der Hand unerträglich – vor allem dann, wenn der Stumpf in die Kälte kam oder gestoßen wurde. Nicht selten meinte er, jemand würde mit einem scharfen Skalpell mehrmals tief . . . an der Stelle seiner ursprünglichen Stichwunde einschneiden. Gelegentlich nahm er in den Knochen des Zeigefingers ein Bohren wahr, das von der Fingerspitze auszugehen schien und sich bis zum Schulterrand fortsetzte, bis dann im Armstumpf eine Serie krampfartiger Zuckungen einsetzte. Auf dem Höhepunkt der Schmerzen wurde ihm oft übel. Als diese schließlich langsam abflauten, verminderte sich das Spannungsgefühl in der Hand etwas, jedoch nie so sehr, daß eine Bewegung möglich geworden wäre. In der Zeit zwischen stärkeren Schmerzattacken spürte er ein fortwährendes Brennen in der Hand. Dieses Gefühl war zu ertragen, und es gab Zeiten, in denen er sich soweit ablenken konnte, daß er für kurze Momente nicht daran dachte. Plagte ihn die Empfindung wieder, so schaffte er sich durch ein über die Schulter geworfenes heißes Handtuch oder einen Schluck Whisky ein wenig Erleichterung. Einmal wollte ich von ihm wissen, warum seine Leidensgenossen so oft von einem Spannungsgefühl reden.

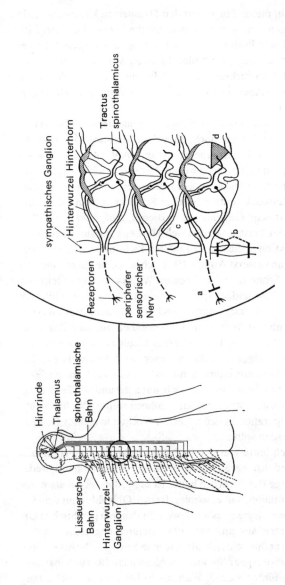

Abb. 4: Die traditionelle Schmerzkonzeption. Auf der linken Seite LARSELLs (1951) Darstellung der Schmerzbahnen: Schmerzfasern aus jedem einzelnen Dermatom treten in das Rückenmark ein, steigen in der LISSAUERschen Bahn über einige Segmente auf und vereinigen sich dann mit den Fasern, die im Rückenmark kreuzen und den zum Thalamus ziehenden tractus spinothalamicus bilden. Ebenso ziehen Fasern vom Thalamus zur Hirnrinde. Rechts: Diagramm der Rückenmarksquerschnitte und der angrenzenden sympathischen Ganglien. Dargestellt sind verschiedene neurochirurgische Verfahren zur Schmerzerleichterung: A Neurektomie (Ausschneidung eines Nervenstücks); B Sympathektomie (Grenzstrangresektion); C Rhizotomie (Wurzeldurchtrennung); D Chordotomie (Durchtrennung der Vorder-Seitenstrangbahn).

Daraufhin bat er mich, meine Finger um den Daumen zu klammern, mein Handgelenk zu bewegen, den Arm zu heben und ihn in einer Hammergriff-Stellung zu belassen. Diese Position mußte ich so lange einnehmen, bis ich es nicht mehr aushalten konnte. Nach fünf Minuten kam ich ziemlich ins Schwitzen; Hand und Arm verkrampften sich bis zur Unerträglichkeit und ich gab schließlich auf. »Aber du kannst doch immerhin deine Hand herunternehmen,« sagte er ...

Er wurde auf eine Durchtrennung der hinteren Spinalnerven-Wurzel vorbereitet (siehe Abb. 4) und fragte mich, ob meiner Meinung nach wohl die leichtere Operation einer Grenzstrangresektion (Abb. 4) eine gewisse Schmerzerleichterung mit sich bringen würde. Mir war es nicht möglich, die Auswirkung der Grenzstrangresektion vorauszusagen, und ich schlug deshalb vor, an einem Zeitpunkt extrem starker Schmerzen Novocain in das entsprechende sympathische Ganglion zu injizieren. Aufgrund der zeitlich begrenzten Wirkung der Spritze würden sich Hinweise darauf ergeben, ob eine Grenzstrangresektion in diesem besonderen Fall sinnvoll ist. Eine derartige Möglichkeit ergab sich erst Anfang 1932. Ich besuchte ihn zuhause, als gerade eine bösartige Schmerzattacke begann. Wir machten uns gleich auf den Weg zum Krankenhaus und ich spritzte beidseits Novocain in Höhe der oberen sympathischen Thorakalganglien. Nach der Injektion trat im Armstumpf die Empfindung von Wärme und Trockenheit auf; der Phantomschmerz verschwand. Wir waren beide überrascht, als er plötzlich meinte, jeden seiner Phantom-Finger einzeln bewegen zu können. Diese Bewegungsfreiheit und die vollständige Schmerzlosigkeit hielt am nächsten Tag an. Am Ende meines Besuches waren wir uns aufgrund des Tests einig, daß sich eine operative Grenzstrangresektion lohnen würde. Wir hatten abgesprochen, daß die Operation in den nächsten Wochen in meiner Heimatstadt durchgeführt werden sollte.

Er kam nicht und ich hörte von ihm in den nächsten drei Monaten kein Wort. Schließlich fand ich heraus, daß er in der ›Phantomhand weder Schmerzen noch sonstige Beschwerden hatte. Er sagte, dies sei das erste Mal seit dem Tag der Amputation, daß er schmerzfrei sei. Obwohl er mit dem Ergebnis hochzufrieden war, legte er es als Beweis für den rein psychischen Ursprung seiner Schmerzen aus und sah seine Befürchtung einer Psychoneurose bestätigt. Es war ihm schleierhaft, wie eine Novocain-Spritze, deren Wirkung eigentlich nach ein paar Stunden nachlassen müßte, zu monatelanger Schmerzlinderung führen kann. »Warum« wußte auch ich nicht, aber frühere Erfahrungen mit ähnlichen Spritzen bei anderen Schmerzsyndromen lehrten mich, daß in manchen Fällen dauerhafte Linderung möglich ist.

Die Schmerzerleichterung hielt über viele Monate an, aber allmählich wurde er sich wieder der zunehmenden Spannung in der Phantom-Hand und eines untragbaren Einschnürungs-Gefühls in der Schulter bewußt. Es war so, als würde man eine »Draht-Aderpresse« dauernd anspannen und dabei den Kreislauf abschalten. Etwa einen Monat vor unserem Widersehen im Oktober 1934 machte er einen Jagdausflug nach Kanada. Das Wetter war frostig und der Armstumpf kühlte trotz einer übergezogenen Wollsocke sehr stark ab. Seiner Meinung nach hatten diese äußeren Umstände das Leiden noch zusätzlich verschlimmert. Sein Armstumpf war in dem Moment kalt und naß, und etwa 10° − 12° C kälter als der andere Arm. Am 12. Oktober 1934 wurde linksseits fünf ccm einer zweiprozentigen Novocain-Lösung neben jedes der oberen vier sympathischen Ganglien gespritzt. Beim Einführen der zweiten Nadel unterhalb des Rippenansatzes schoß ihm plötzlich ein scharfer, stechender Schmerz in den unteren Teil des Daumens. Trotz Korrektur der Nadelposition blieb der Schmerz bestehen. Eine Stunde nach der Injektion waren alle Finger warm und entspannt. Der Daumen war allem Anschein nach noch an die Handfläche gedrückt und offensichtlich von brennenden Schmerzen befallen. Im Verlauf der Nacht breitete sich der Schmerz armaufwärts aus; der Patient schlief kaum, trotz starker Betäubung. Am nächsten Tag verschwand allmählich das brennende Gefühl. Die Hand blieb warm, die Finger waren frei beweglich. Nun hatte er länger als sieben Jahre keine Schmerzen mehr. Während dieser Zeit blieb der Armstumpf warm und gefühllos, krampfende Zuckungen traten nicht auf. Die Schweißsekretion auf der betroffenen Seite war normal. Es gab Zeiten, in denen er den Phantomarm völlig zu vergessen schien, so daß er sich gelegentlich nicht einmal mehr das Bild davon ins Gedächtnis rufen konnte. Innerhalb der letzten Monate sind jedoch Anzeichen für ein Wiederaufflammen der Schmerzen vorhanden. Die Beschwerden von früher sind zwar nicht wieder aufgetreten, doch spürt er hin und wieder im Armstumpf einen heftigen und hinderlichen stechenden Schmerz. Im vorliegenden Fall wird wohl eine weitere Behandlung nötig sein.

Besonderheiten der Phantomschmerzen

Der Phantomschmerz läßt sich durch vier Hauptmerkmale charakterisieren:
1. Der Schmerz hält noch lange nach der Heilung des verletzten Gewebes an. Er dauert in mehr als 70 % der Fälle länger als ein Jahr und kann bei Patienten mit einwandfrei verheiltem Stumpf weitere Jahre, sogar Jahrzehnte lang fortbestehen (SUNDERLAND, 1968).

2. Die Auslösezonen breiten sich möglicherweise auf gesunde Gebiete derselben oder der anderen Körperseite aus (CRONHOLM, 1951). Leichter Druck oder ein Nadelstich in ein anderes Körperglied bzw. in die Kopfhaut (Abb. 5), kann im Phantomglied schreckliche Schmerzen auslösen. Auch gibt es Anzeichen dafür, daß Schmerzen an einer vom Stumpf entfernten Stelle auf das Phantomglied übertragen werden können. So haben Amputierte, bei denen noch 25 Jahre nach der Operation immer wieder Anginaschmerzen auftreten, bei jedem Anfall fürchterliche Schmerzen im Phantomglied, obwohl sie vorher nie unter Phantomschmerz litten (COHEN, 1944).

3. Phantomschmerz tritt eher bei Patienten auf, die bereits einige Zeit vor der Operation Schmerzen in dem betreffenden Körperglied hatten

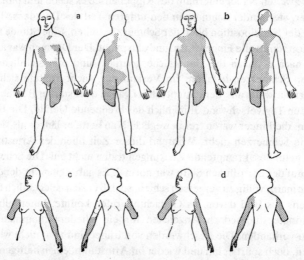

Abb. 5: Die Ortsbestimmung der Reizpunkte, die im Phantomglied eine Schmerzwahrnehmung auslösen (CRONHOLM, 1951). Die *obere* Darstellung zeigt einen 59jährigen Mann mit mehrfachen Brüchen des linken Unterschenkels im Alter von 21 Jahren. Die Amputation erfolgte Monate später. Zur Stimulation der Haut wurden Druck (a) oder Nadelstiche (b) verwendet. Die Reizung der schmerzauslösenden Körperstellen (gerasterte Flächen) rief im Phantomglied schwere stechende Schmerzen und andere Empfindungen hervor. *Unten:* Eine 34jährige Frau, bei der im Alter von 14 Jahren eine Amputation durchgeführt wurde. Die Haut stimulierte man mit Druckreizen (c) oder Nadelstichen (d). Reizung der schmerzauslösenden Körperstellen (gerastert), führte zu verbreiteter, unangenehmer »Erregung« in der Phantomhand.

(MELZACK, 1971). Diese finden sich relativ selten bei Kriegsamputierten, die das Körperglied oft ganz plötzlich verlieren, kommen aber häufiger bei Zivilisten vor, bei denen die Schmerzen vor der Amputation oft eine Begleiterscheinung der Erkrankung des betreffenden Körpergliedes selbst sind. Ferner kann der Schmerz in Art und Ort dem Schmerz vor der Amputation ähnlich sein (BAILEY und MOERSCH, 1941; WHITE und SWEET, 1969). So berichtet jemand, der infolge eines unter den Fingernagel gekeilten Holzsplitters an Schmerzen leidet und gerade in dieser Zeit bei einem Unfall die Hand verloren hat, später von einem schmerzhaften Splitter unter dem Fingernagel der Phantom-Hand. Ähnliche Schilderungen geben Leute, denen die unteren Gliedmaßen amputiert wurden: Sie haben in jenen Zehen oder Teilen des Phantom-Fußes Schmerzen, die bereits vor der Amputation vereitert oder erkrankt waren.

4. Der Schmerz wird gelegentlich durch eine vorübergehende Zu- oder Abnahme der somatischen Eingangsstimulation dauerhaft zum Stillstand gebracht. Die Injektion von örtlich wirksamen Betäubungsmitteln (wie Novocain) in das Stumpfgewebe oder dessen Nerven, kann den Schmerz für Tage oder Wochen, – manches Mal sogar für immer – beenden, obwohl die Narkosewirkung bereits nach einigen Stunden nachläßt (LIVINGSTON, 1943). Eine Folge von Novocain-Blockaden bringt zunehmend längere Perioden der Schmerzerleichterung mit sich. Ähnlich wirkt Novocain, das bei Beinamputierten in das interspinale Gewebe des Lendenwirbelbereichs injiziert wird: Es entsteht in Teilen des Stumpfes zunehmende Taubheit sowie längerfristige, gelegentlich dauerhafte Schmerzerleichterung im gesamten Stumpf oder zumindest in gewissen Teilen (FEINSTEIN, LUCE und LANGTON, 1954). Paradoxerweise kann eine Steigerung der sensorischen Eingangsreize auch zu Schmerzerleichterung führen. Die Injektion von geringen Mengen hypertoner Kochsalzlösung in das Zwischenwirbel-Gewebe bei Amputierten (Abb. 6) ruft einen heftigen, örtlich begrenzten Schmerz hervor, der in das Phantomglied einstrahlt, nur etwa zehn Minuten anhält und trotzdem wesentliche Schmerzerleichterung bzw. totale Schmerzfreiheit über Stunden, Wochen oder gelegentlich sogar für immer, mit sich bringen kann (FEINSTEIN, LUCE und LANGTON, 1954). Ähnliche Wirkungen erzielten Injektionen von hypertonen Kochsalzlösungen in das Stumpfgewebe (NATHAN, persönliche Mitteilung, 1970). Auch kann starke Vibration des Stumpfes den Phantomschmerz im betroffenen Glied vermindern (RUSSEL und SPALDING, 1950).

Diese genannten Besonderheiten charakterisieren die Problembereiche, mit denen wir es zu tun haben. Wir werden nun die möglichen Mechanismen zur Erklärung dieser Eigenarten untersuchen.

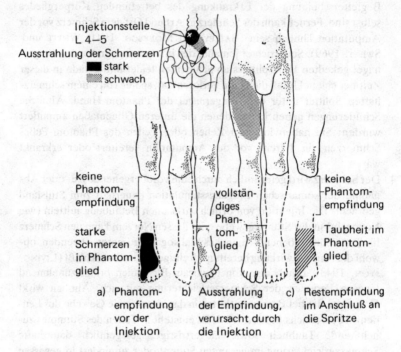

Abb. 6: Die Beobachtungen von FEINSTEIN, LUCE und LANGTON (1954): Auswirkung der Injektion einer hypertonen Kochsalzlösung (6%ig) in das Gewebe zwischen den Lendenwirbeln (L 4 – L 5) auf den Phantomschmerz. Im vorliegenden Fall bewirkte die Salzinjektion eine Ausstrahlung der Schmerzen in die rechte Hüfte und den Schenkel. Das gesamte Phantomglied kam plötzlich in all seinen Details zum Bewußtsein. Nach der Injektion setzte in dem vormals schmerzhaften Gebiet Taubheit ein. Die Schmerzlinderung, die im Anschluß an diesen Eingriff auftritt, kann Tage, Wochen oder manches Mal sogar ein Leben lang anhalten.

Die Suche nach einem ursächlichen Funktionssystem

Die Abläufe, die dem Phantomschmerz zugrundeliegen, stellen den Ausgangspunkt harter Auseinandersetzungen dar. Die Schwierigkeit des Problems liegt in dem Bestreben, einen einzigen Faktor zu finden, der alles erklärt. Historisch gesehen führte die Suche nach dem ursächlichen Ablauf schlechthin von der Peripherie ins Zentralnervensystem. Jeder Körperregion schrieb man ein bestimmtes Funktionssystem und eine spezielle Schmerztherapie zu (siehe Abb. 4, Seite 49). Da diese therapeutischen Maßnahmen nicht ausreichten, um in allen Fällen eine Heilung herbeizuführen, wurden zusätzliche Erklärungsmodelle herangezogen: Die Patienten seien entweder Neurotiker oder Simulanten, die sich ihre Krankheit nur einbildeten. In Wirklichkeit gibt es aber keine alleinige Ursache, sondern all diese Funktionssysteme tragen vielmehr gemeinsam – die Störungen des Gefühlslebens eingeschlossen – zum Phantomschmerz bei.

Periphere Funktionssysteme

Wenn der Phantomschmerz einmal im Kommen ist, dann trägt beinahe jede Art von körperlichem Reiz zu einer Schmerzintensivierung bei. Druck auf die empfindlichen Amputations-Neurome oder auf Trigger-Punkte des Stumpfes, löst möglicherweise anhaltenden Schmerz aus. Obwohl den sensorischen Eingangsreizen eine wesentliche Bedeutung bei der Schmerzentstehung zukommt, sind in den meisten Fällen periphere Schmerzreize, wie z.B. Neurome, sicher nicht als Hauptursache anzusehen (SUNDERLAND, 1968). Es ist häufig nicht möglich, über eine chirurgische Durchtrennung der peripheren Nerven oder durch besondere Verfahren zur Verhinderung der Neurombildung, den Schmerz auszuschalten. Sogar der Schnitt durch die hintere Spinalwurzel (Rhizotomie) bleibt gewöhnlich wirkungslos (SUNDERLAND, 1968). Ein treffendes Beispiel dafür ist der Fall Henry B. Der Patient unterzog sich einer ausgedehnten Rhizotomie. Nach dem Eingriff war die Haut von der Schulter bis zum Ellenbogen völlig betäubt; trotzdem hatte er in den Phantomfingern noch quälende Schmerzen, die vom Oberarmstumpf ausgingen (WHITE und SWEET, 1969).

Wenn der chronische Schmerzreiz nach einer Verletzung Ursache für den anhaltenden Schmerz wäre, dann würde eine einfache Behandlungsmaßnahme – wie eine Betäubungsspritze in das betroffene Gebiet, an die Nerven oder Nervenwurzeln – nicht die krankhafte Ursache an sich ausräumen können, da die Medikamentenwirkung nach zwei bis drei Stunden nachläßt. Die Tatsache, daß eine oder mehrere Injektionen längere, manches Mal dauerhafte Erleichterung bringen können, schließt die Reizung am Stumpf als Hauptursache für diese Schmerzen aus (LIVINGSTON, 1943). Die Versuchsergebnisse sprechen eher dafür, daß chronische, unterschwellige Reize bei der Schmerzentstehung *mitwirken,* denn eine Veränderung des Eingangsreizes durch Nervenblockaden beeinflußt manchmal die Schmerzempfindung dramatisch.

Funktionssysteme des sympathischen Nervensystems

Das sympathische Nervensystem (das mit Blutkreislauf, Schweißsekretion sowie dem allgemeinen Ernährungszustand der Gewebe zusammenhängt) trägt ebenfalls auf bestimmte Weise zum Schmerz bei (LIVINGSTON, 1943; SUNDERLAND, 1968). Im Stumpf treten abnorme sympathische Erscheinungen, wie verminderter Blutstrom, Kälteempfindungen und Schweißsekretion auf. Außerdem führen Nervenblockaden der sympathischen Ganglien gelegentlich über längere Zeiträume zu einer Schmerzerleichterung. Die Aktivität des sympathischen Nervensystems ist aber nicht die Hauptursache für den Phantomschmerz. Die chirurgische Entfernung einer Reihe sympathischer Ganglien (Sympathektomie) bringt kaum dauerhafte Linderung des Phantomschmerzes mit sich (KALLIO, 1950). Darüber hinaus berichten LI und ELVIDGE (1951) von einem Paraplegie-Patienten[1], dessen Rückenmark auf Brusthöhe völlig durchtrennt war und der zudem noch eine Beinamputation hinter sich hatte, so daß die sympathischen Ganglien die einzige afferente Verbindung zwischen dem Beinstumpf und dem Rückenmark darstellen. Trotzdem gelang es nicht einmal durch vollständige beidseitige Blockade der sympathischen Ganglien, den Schmerz im Phantomfuß zu vermindern.

Psychologische Funktionssysteme

Schließlich sind auch unverkennbare psychologische Beiträge zum Phantomschmerz vorhanden (MELZACK, 1971). Dieses Leiden wird oft durch Störungen des Gefühlslebens ausgelöst und läßt sich ab und zu über Ablenkung, Hypnose und Psychotherapie beseitigen (MERSKEY und SPEAR, 1967; STERNBACH, 1968). Zusammen mit dem häufigen Versagen der traditionellen chirurgischen Therapie führten diese Ergebnisse zu der Vermutung, daß die

---

[1] Paraplegie: Vollständige Lähmung zweier symmetrischer Extremitäten, besonders der Beine (Anmerkung des Übersetzers).

Schmerzempfindungen von den krankhaften psychischen Bedürfnissen der Patienten herrühren (KOLB, 1954). Es stimmt, daß Patienten, die unter Phantomschmerz leiden, oft Störungen des Gefühlslebens, wie z.B. Angst um soziale Eingliederung, aufweisen. Tatsächlich kann heftiger, unerbittlicher Schmerz zu einer deutlichen Rückzugstendenz, zu Paranoia und anderen Persönlichkeitsveränderungen führen (LIVINGSTON, 1943). Doch ist die Hypothese, daß der Phantomschmerz immer eine psychogene Grundlage habe, nicht haltbar. Sie kann die plötzliche Linderung nicht erklären, die durch Nervenblockaden hervorgerufen wird. Es wäre sicherlich falsch, wollte man annehmen, daß die Spritzen lediglich eine psychotherapeutische (oder Placebo-) Wirkung besitzen, da die Injektion in den falschen Nerven keinerlei Erleichterung bringt. Andererseits ist beim selben Patienten eine Spritze in die Umgebung des geeigneten Nervs durchaus wirkungsvoll (LIVINGSTON, 1943). Eine statistische Datenanalyse, die von EWALT, RANDALL und MORRIS (1947) vorgelegt wurde, zeigte, daß Patienten mit Phantomschmerzen keine größere Neuroseneigung haben als solche ohne Schmerzen im Phantomglied. Gefühlsmäßige Faktoren tragen zweifellos zur Schmerzentstehung bei, sind aber nicht deren Hauptursache.

Betrachtet man all diese Ergebnisse, so läßt sich zusammenfassend sagen, daß sich der Phantomschmerz nicht durch irgendeinen isolierten Mechanismus, wie beispielsweise die Stimulation peripherer Nerven, abnorme sympathische Aktivität oder die Psychopathologie befriedigend erklären läßt. Vielmehr tragen all diese Faktoren zum Schmerz auf irgendeine Weise bei, nur ist die Frage »wie« sie dies tut. Die bisher einleuchtendste Antwort lautet wie folgt: Eingangsreize, die entweder durch Verletzung entstanden sind oder die sonst in ihrer Art ungewöhnlichen Charakter haben, können eine Veränderung der Informationsverarbeitung im Zentralnervensystem selbst bewirken, so daß die abnormen Nervenimpulsmuster durch kutane und sympathische Stimulation ausgelöst und durch die Gehirnaktivitäten abgewandelt werden. Diesen Gedanken werden wir in den Kapiteln fünf und sechs nachgehen.

Kausalgie

Unter Kausalgie ist ein starker, brennender Schmerz zu verstehen, der charakteristischerweise mit schneller und heftiger Nervenverletzung verbunden ist. Diese geht auf die Einwirkung von sehr schnellen Projektilen, wie z.B. Gewehrkugeln, zurück (SUNDERLAND, 1968). Man schätzt, daß bei 2 – 5 % der peripheren Nervenverletzungen Kausalgie auftritt; dabei handelt es sich meist um junge Männer mit Kriegsverletzungen. Die Kausalgie bleibt in 85 % der Fälle länger als sechs Monate nach der Verletzung bestehen und klingt dann spontan ab. Dennoch klagen nach einem Jahr noch etwa 25 % der Betroffenen über Schmerzen (ECHLIN, OWENS und WELLS, 1949).

Die Kausalgie (gleichbedeutend mit »brennender Schmerz«) ist dem Phantomschmerz in vielerlei Hinsicht ähnlich. Sie weist jedoch auch andere ungewöhnliche Charakteristika auf. Ihr Hauptmerkmal ist die unnachgiebige Stärke des Schmerzes, die an DANTES *Inferno* erinnert. Patienten beschreiben die Kausalgie als »lodernde Flamme«, »als ob mir jemand kochendes Wasser über den Fuß gießen und dabei einen Zigarettenanzünder unter den großen Zeh halten würde«; »ich meine, mir würde jemand die Hand auf eine heiße Ofenplatte drücken« (ECHLIN, OWENS und WELLS, 1949). MITCHELL (1872), der die Begriffe »Kausalgie« und »Phantomschmerz« prägte, ging davon aus, daß Kausalgie »die schrecklichste aller Qualen ist, die eine Nervenverletzung mit sich bringen kann«.

Die klassische Beschreibung der Kausalgie gab MITCHELL (1872, Seite 292 – 296) in der Zeit des amerikanischen Bürgerkriegs. Er berichtet vom Fall des JOSEF CORLISS, den eine Gewehrkugel am linken Arm traf. Das Geschoß trat ein wenig oberhalb des Ellenbogens ein, ohne die Arterie zu verletzen und durchschlug die Mitte des Bizeps-Muskels.

Am zweiten Tag begannen brennende und plötzlich einschießende Schmerzen. Er stellte fest, daß die Empfindung im Arm nun aufgehoben bzw. vermindert war, und daß in Hand und Unterarm eine motorische Lähmung begann. Er hatte so starke Schmerzen, daß jegliche Berührung (das Wackeln des Bettgestells oder heftiges Auftreten mit dem Fuß) unmittelbar zu einer Schmerzintensivierung führten.

Als Versuch, die Schmerzen zu lindern, wurde das Gebiet um die Wunde operativ geöffnet und ein kleiner Teil des verletzten Medianus-Nerven herausgeschnitten; beide Schnittenden nähte man anschließend wieder zusammen.

Der Mann stellte sehr überzeugt fest, daß der Schmerz in der mittleren Armregion keineswegs aufhörte, sondern noch immer mit gleicher Intensität anhielt. Er wurde vielmehr noch empfindlicher; sogar ein Papierrascheln verursachte nun extreme Schmerzen, so daß der Patient an den ersten beiden Tagen nach der Operation glaubte, »nicht er selbst« zu sein. Es war sicher, daß der Schmerz anschließend langsam nachlassen würde ... In der Zwischenzeit legte er die Hand über seine Brust, die gebeugten Finger versteiften sich in dieser Stellung.

Trotz Heilung der Wunde hielt der Schmerz noch zwei Jahre nach der Verletzung an:

Seine Hand hat er in ein Tuch eingehüllt; sie wird mit kaltem Wasser feucht gehalten und ist mit öligem Seidenstoff bedeckt. Das Tuch steckt er sorgfältig unter die gebeugten Fingerspitzen. Feuchtigkeit ist wirksamer als Kälte. Jegliche Reibung an irgendeiner Stelle auf der gesamten Oberfläche der Kleidungsstücke »schießt« in die Hand ein, wobei der brennende Schmerz zunimmt ... Starker Druck auf die Muskeln hat ähnliche Auswirkungen, und er würde nur jemandem mit feuchten Händen erlauben, seine Hand zu berühren; selbst dann achtet er genau darauf, daß derjenige äußerst vorsichtig ist. Er trägt immer eine Flasche Wasser bei sich und hält in der rechten Hand einen Schwamm. Bevor er irgendetwas anfaßt, befeuchtet er diese Hand. Sobald sie trocknet, schmerzt die andere. Einmal, als er sehr litt, goß er Wasser in die Stiefel, um, wie er sagte, den Schmerz zu lindern, der durch die Reibung der verletzten Hand bei trockener Berührung zustande kommt ... Er beschreibt den Höhepunkt folgendermaßen: »Es ist, als ob jemand eine rauhe Eisenstange in den Knochen hin- und herreibt, rotglühendes Eisen am Übergang von der Handfläche zum Daumen befestigt und diesem ein schweres Gewicht anhängt. Ich könnte meinen, mir würde die Haut von den Fingerspitzen heruntergeraspelt.«

MITCHELL (Seite 196 – 197) beschrieb die Folgen von derartig dauerhaften Schmerzen:

Vielleicht können sich nur wenige Personen, die nicht zugleich Ärzte sind, vorstellen, welchen gewaltigen Einfluß die anhaltenden und unerträglichen Schmerzen auf Körper und Geist ausüben. In den älteren Büchern lassen sich zahllose Fälle finden, bei denen Verwundungen mit der Lanzette die schrecklichsten Schmerzen und örtliche Krämpfe hervorriefen. Dauerten sie Tage oder Wochen an, so wurde die gesamte Oberfläche überempfindlich und die Sinne nahmen nur noch neue und größere Qualen auf – so lange, bis jede Erschütterung, jede Veränderung der Beleuchtung und sogar ... der Versuch, etwas zu lesen, zusätzliche furchtbare Schmerzen mit sich brachte. Angesichts solcher Folterqualen ändert sich der Charakter: Der netteste Mensch erregt sich leicht, der Soldat wird zum Feigling, und der nervenstärkste Mann ist beinahe so nervös wie ein hysterisches Mädchen.

Die Rolle der Eingangsstimulation aus dem Körperglied

In jedem Fall schließt die Kausalgie die abnormen sensorischen Eingangsreize aus jenen Gebieten mit ein, die vom verletzten Nerv versorgt werden

(LIVINGSTON, 1943). Die Tatsache, daß sogar die zarteste Berührung Schmerz hervorrufen kann, führt bei diesen Leuten zur Flucht vor allen Reizen, die den Tastsinn erregen. Sie neigen dazu, das betroffene Glied zu schützen, indem sie es in nasse Tücher einwickeln und ruhig stellen, da normalerweise jede Bewegung von Schmerzen begleitet ist. Der Schmerz schränkt infolgedessen die Bewegungsfähigkeit ein; dies wiederum führt in der Gliedmaße zu einer Verminderung der normal strukturierten kutanen und propriozeptiven Eingangsstimulation. Letztere weicht deshalb im doppelten Sinne von der Norm ab: Einmal als Ergebnis der Nervenlähmung, zum anderen aufgrund der übermäßigen Abschirmung dieses Körpergliedes. Jede momentane Schmerzfreiheit geht natürlich über kutane und propriozeptive Bahnen mit einem Gesamtanstieg der Eingangsreizstärke einher.

Ist die Kausalgie erst einmal voll ausgeprägt, dann ist die ursprüngliche Verletzung nicht mehr als Hauptursache für den Schmerz zu betrachten. Der häufige Mißerfolg einer Operation der peripheren Nerven zeigt uns, daß damit mehr als eine reizauslösende periphere Schädigung verbunden ist. Sowohl die Durchtrennung des peripheren Nervs auf zunehmend höherer Ebene als auch die Gliedmaßenamputation und der Schnitt durch die hinteren Spinalnervenwurzeln, führten ebenso oft zu Fehlschlägen wie zu Erfolgen. Operationen zur Linderung von Kausalgieschmerz werden tatsächlich auch an beinahe jeder Stelle der sensorischen Leitungsbahn – von den peripheren Rezeptoren bis zu den somatosensiblen Rindenfeldern – durchgeführt; auf jeder Ebene hören wir dasselbe Lied: einige ermutigende Ergebnisse zu Beginn, – in bezug auf das erneute Wiederaufflammen der Schmerzen aber, insgesamt gesehen, eine entmutigende Prognose (SUNDERLAND, 1968).

Jedoch kann die Regulation der sensorischen Eingangsreize zu einer drastischen Schmerzerleichterung führen. Die Injektion örtlich wirksamer Betäubungsmittel in die Umgebung von Nerven oder in Gewebsabschnitte, die mit der Schädigung im Zusammenhang stehen, bringt die Schmerzen für Stunden oder Tage, in seltenen Fällen auch für immer, zum Stillstand. LIVINGSTON (1948) berichtet, daß der Patient vom Schmerz befreit werden kann, wenn er lernt, die sensorische Stimulation des betreffenden Körpergliedes zu ertragen und dadurch gezwungen wird, dieses normal einzusetzen. Er ermutigte seine Patienten, den betroffenen Arm in warmem Wasser zu baden und über einen Zeitraum von mehreren Wochen den Wasserstrahl zunehmend kräftiger einzustellen. Erlaubte es der Patient dem Therapeuten erst einmal, die Gliedmaße unter Wasser mit der Hand zu berühren, so wurde er auch dazu gedrängt, sich vom Therapeuten massieren zu lassen, –

zunächst vorsichtig, dann kräftiger. Als die Schmerzen nachließen, begann der Patient langsam, den Arm einzusetzen; dies wiederum löste eine normalisierte propriozeptive Eingangsstimulation aus. Innerhalb von Wochen ließ so die Stärke des Kausalgieschmerzes nach.

Unspezifische Auslösereize

Eines der hervorstechendsten Merkmale des Kausalgieschmerzes ist die Menge und die Vielfalt der unschädlichen Reize, durch die er sich auslösen bzw. intensivieren läßt. Schon die zarteste körperliche Reizung, ja sogar eine Stimulation, die nicht von somatischer Natur ist, ruft Schmerzen hervor. Plötzlicher Lärm, schnell wechselnde optische Eindrücke, Störungen des Gefühlslebens, – beinahe alle Reize, die eine Schreckreaktion hervorrufen, – sind in der Lage, einen Schmerzanstieg zu bewirken (LIVINGSTON, 1943). Als LIVINGSTON Chef der Abteilung »Periphere Nervenverletzung« in einem amerikanischen Militärkrankenhaus war, mußte er um einen Sondererlaß aus Washington bitten, der den Flugzeugen das Überfliegen des Krankenhauses in geringer Höhe untersagte, da die Erschütterung und der Lärm bei seinen Kausalgie-Patienten Schmerzensschreie hervorriefen.

Die Funktionssysteme des sympathischen Nervensystems

Das sympathische Nervensystem scheint bei der Kausalgie eine besonders wichtige Rolle zu spielen. Das betroffene Körperglied weist gewöhnlich eine Vielzahl von Symptomen auf, an denen die abnorme sympathische Aktivität ablesbar ist: Die Hand ist kalt und schwitzt sehr stark; ihre Haut hat eine andere Farbe (vermutlich aufgrund der Veränderungen im Gefäßsystem), und sogar die Fingernägel werden spröde und leuchten. Die Injektion eines örtlich wirkenden Betäubungsmittels (wie Novocain) in die sympathischen Ganglien kann über längere Zeiträume, manches Mal sogar für immer, ein drastisches Ende der Schmerzen und der krankhaften sympathischen Symptome herbeiführen (LIVINGSTON, 1943). Ferner bewirkt die Sympathektomie im Normalfall eine dauerhafte Besserung des Kausalgieschmerzes (SUNDERLAND, 1968).

Diese Beobachtungen veranlaßten manche Autoren zu der Annahme, daß »Schmerzfasern« durch die sympathischen Ganglien ziehen. Doch läßt sich über eine Grenzstrangresektion der Kausalgieschmerz wesentlich besser an-

gehen als der Phantomschmerz (KALLIO, 1950). Man kann sich kaum vorstellen, daß die sympathischen »Schmerzfasern« lediglich Kausalgieschmer-
zen hervorrufen und mit dem Phantomschmerz überhaupt nichts zu tun
haben. Die sympathischen Fasern spielen auch noch in einem anderen Zusammenhang eine Rolle: Zur Erklärung von Kausalgie wird angenommen,
daß die somatisch-afferenten Fasern über pathologische Faserverbindungen
am Sitz der Schädigung direkt von den sympathisch-efferenten Fasern,
»ephaptische« Verbindungen (BARNES, 1953) genannt, aktiviert werden.
Diese Erklärung läßt jedoch die Schmerzerleichterung außer acht, die nach
einer Blockade des somatischen Nerven *distal*[1] vom Schädigungsort, das
heißt zwischen der verletzten Stelle und der Haut, auftritt (LIVINGSTON,
1943; siehe KIBLER und NATHAN, 1960). Zudem soll eine Rhizotomie die
ephaptischen Verbindungen an der Signalübertragung zum Rückenmark
hindern; dennoch hält der Schmerz oft noch nach der Operation an.

Faßt man die Ergebnisse zusammen, so zeigt sich, daß die Kausalgie, wie
der Phantomschmerz auch, von mehreren Faktoren bestimmt wird: Sensorische Eingangsreize, das akustische und optische System sind ebenso
daran beteiligt wie die Vorgänge im sympathischen Nervensystem und die
kognitiven Prozesse (z.B. Störungen des Gefühlslebens). Keiner dieser Beiträge darf als isolierte Ursache angesehen werden. Vielmehr läßt sich aus
dem vorhandenen Datenmaterial schließen, daß Kausalgie durch Aktivitätsveränderungen im Zentralnervensystem zustande kommt, – mit dem Ergebnis, daß sämtliche Reizwege in der Lage sind, schmerzauslösende Nervenimpuls-Muster hervorzubringen. Die somatischen Eingangsreize gehen im
wesentlichen auf abnorme sympathische Erscheinungen zurück, welche anscheinend bei der Kausalgie eine größere Rolle spielen als beim Phantomschmerz. Trotzdem stellen sie nur eine der vielen Quellen des sensorischen
Eingangsreiz-Systems dar. Schmerzen werden ebenso durch kutane und
propriozeptive Reize verursacht; auch diese Stimuli sind regulierbar, so daß
sie vorübergehende oder dauerhafte Schmerzerleichterung mit sich bringen
können.

Die Neuralgien

Es gibt eine Reihe von Schmerzsyndromen, die mit einer Schädigung peripherer Nerven einhergehen und unter dem Oberbegriff »Neuralgieschmerz«

---

[1] distal: weiter vom Rumpf entfernt (Anmerkung des Übersetzers).

zusammengefaßt werden. Ihre Eigenheiten ähneln im wesentlichen denen des Phantomschmerzes und der Kausalgie. Charakteristisch ist der starke, fortwährende Schmerz, der einer chirurgischen Behandlung oder anderen herkömmlichen therapeutischen Verfahren nur schwer zugänglich ist. Die Ursachen des Neuralgieschmerzes umfassen Virusinfektionen der Nerven, durch Diabetes hervorgerufene Nervendegeneration, unzureichende Durchblutung der Gliedmaßen, Vitaminmangel und die Einnahme giftiger Substanzen, wie z.B. Arsen oder Blei. Kurz: beinahe jede Infektion oder Erkrankung, die zu einer Schädigung der peripheren Nerven – insbesondere der dicken, markhaltigen Nervenfasern – führt, kommt als mögliche Ursache für den Neuralgie-Schmerz in Betracht.

Neuralgie nach Herpes-Erkrankung

Eine Infektion durch das *Herpes-Zoster*-Virus (verwandelt mit dem Virus, das Windpocken verursacht), führt zu einer Entzündung eines oder mehrerer sensorischer Nerven. Sie ist mit einem schmerzhaften Hautausschlag (oder »Gürtelrose«) entlang dem Nervenverlauf verbunden. Die Herpes-Attacke selbst geht mit Schmerzen einher, die aber gewöhnlich nachlassen, sobald neue Nervenfasern in die Haut eingewachsen sind. Bei wenigen Menschen hält der Schmerz jedoch nach der Herpeserkrankung weiter an und kann sich sogar verschlimmern. Noordenbos (1959) bemerkt, daß die neuralgischen Hautgebiete nicht nur Sitz des spontan (ohne Reizung) auftretenden Schmerzes sind, sondern zugleich auch extreme Überempfindlichkeit aufweisen, so daß der Schmerz durch jeden Hautreiz in diesen Zonen verschlimmert wird. Sogar die Reibung der Kleider ist höchst unangenehm und eine Berührung wird, soweit wie möglich, vermieden. Ebenso kann Lärm in der unmittelbaren Umgebung oder gefühlsmäßige Belastung die Schmerzen verstärken. Dieser Zustand hält oft über viele Monate oder Jahre an und ist gegenüber den meisten herkömmlichen Therapieformen, Operationen eingeschlossen, äußerst resistent.

Noordenbos (1959) beschreibt zwei Hauptmerkmale des Schmerzes, der im Anschluß an eine Herpes-Erkrankung auftritt. Eines ist die beträchtliche Reiz-Summation. Als Stimulus verwendete Noordenbos zunächst einmal ein Reagenzglas mit heißem Wasser. Brachte man dieses auf normale Haut, so gab der Patient zwar an, die Hitze wahrzunehmen, konnte sie aber auf Dauer ohne Schwierigkeiten ertragen. Berührte man nun damit die neuralgischen Hautzonen, so war ein völlig anders gearteter Ablauf der Ereignisse zu beobachten: In den ersten Sekunden war eine Temperaturempfindung noch nicht möglich. Allmählich fühlte sich das Glas dann warm an und löste ein Kribbeln aus, bis es schließlich langsam heißer wurde. Setzte man die Stimulation fort, so sprach der Patient von einem beginnenden Brennen; schließlich schrie er vor Schmerz auf und schob die Hand des Versuchsleiters beiseite. Dieser gesamte Ablauf dauerte von zwanzig Sekunden bis zu einer Minute oder länger. Wie NOORDENBOS bemerkte, beschleunigte sich die Folge dieser Empfindungen, wenn ein heißes Reagenzglas mit größerer Oberfläche an die Haut gebracht wird. Die anfangs empfundene Neutralität ging schnell in die Zwischenstufen der Intensitätswahrnehmung über und resultierte dann in untragbarem Schmerz. Somit war die Summationsgeschwindigkeit der Eingangsreize von der Größe der gereizten Fläche abhängig.

Das zweite charakteristische Merkmal war das deutlich verzögerte Einsetzen der Schmerzwahrnehmung nach erfolgter Stimulation. Dies wurde schon beim Ablauf der Ereignisse deutlich, die NOORDENBOS nach Verwendung des heißen Reagenzglases beobachten konnte. Besonders ausgeprägt war der Effekt, wenn man die betroffenen Hautgebiete mehrfach mit Nadelstichen reizte. Nach einer klaren Verzögerung im Anschluß an die Stiche berichteten die Patienten von starken Schmerzen, die sich großflächig ausbreiten und dann langsam abklangen. Der Schmerz setzte »sehr plötzlich, in beinahe explosiver Manier ein, war von äußerst unangenehmer Art und unterschied sich deutlich von jenen Schmerzen, die durch denselben Reiz in gesunden Hautzonen ausgelöst werden konnten« (NOORDENBOS, 1959, Seite 8).

Trigeminus-Neuralgie

Verschiedene neuralgische Beschwerden stehen mit den Kopf- und Gesichtsnerven in Zusammenhang. Sie werden auf der Basis des jeweils betroffenen Nerven in Krankheitsgruppen eingeordnet (WHITE und SWEET, 1969). Trigeminus-Neuralgie, auch unter dem Namen »tic douloureux« bekannt, ist ein besonders heimtückisches Leiden. Kennzeichnend sind die anfallsweise auftretenden Schmerzattacken, die durch Kauen oder Sprechen ausgelöst werden können und sogar spontan auftreten. Der Schmerz ist so stark, daß diese Leute oft die Nahrung verweigern bzw. nicht sprechen wollen. Körperliche Schwächen und Niedergeschlagenheit sind die Folge. Diese Eigentümlichkeiten beschreibt LIVINGSTON (1943, Seite 147 – 148) in einer Fallstudie:

Herr J.M., Alter 46, litt im Jahre 1932 an Trigeminus-Schmerzattacken. 1933 durchtrennte ein namhafter Neurochirurg einen Teil der hinteren Wurzel des Trigeminusnervs ... Daraufhin folgten drei Jahre totaler Schmerzfreiheit. Dann traten, trotz Gefühllosigkeit ... Attacken genau derselben Art wieder auf. Es wurde eine zweite Operation zur vollständigeren Durchtrennung der hinteren Wurzel des Trigeminusnervs durchgeführt. Der Patient hatte wieder drei Jahre lang keine Schmerzen. Im Jahr 1939 kamen die Attacken nochmals zum Ausbruch, in jeder Hinsicht den früheren Beschwerden gleich. Zur Druchtrennung der hinteren Wurzel, dieses Mal näher an deren Verbindungen zum Gehirn, wurde er zum dritten Mal in den Operationssaal überwiesen... Bei meiner ersten Untersuchung im Mai 1940 klagte er, trotz der Einnahme von hohen Dosen an Schlafmitteln und Opiaten, über unbeschreibliche Schmerzen. Das Essen, Rauchen, Sprechen, Rasieren oder Zähneputzen ging mit den schmerzhaften Anfällen einher. Er hatte 40 Pfund abgenommen ... Die Attacken ließen sich durch Berührung in der Nähe des ... Nasenlochs, nahe dem äußeren Lippenrand, in ... Augennähe und am Zahnfleisch auf beiden Seiten der restlichen zwei Schneidezähne des rechten Oberkiefers, auslösen. In jede dieser empfindlichen Stellen gab man im Verlauf einer dreiwöchigen Behandlung mehrere Spritzen. Immer dann, wenn heftiger Schmerz auftrat, wurde in die wahrscheinlichen Ursprungsorte der Schmerzen Novocain injiziert. Daraufhin nahmen Anzahl und Schwere der Attacken sehr schnell ab. Die Entfernung der beiden Schneidezähne verursachte eine vorübergehende Verschlimmerung. In der Zeit von Juni bis Dezember blieb der Patient völlig schmerzfrei. Ein kleiner Rückfall mußte mit fünf Spritzen unter Kontrolle gebracht werden. Im März 1942 setzten die Anfälle wieder unvermittelt ein. Sie konnten jedoch durch einige Spritzen und die Einpassung einer Oberkiefer-Zahnprothese innerhalb von zwei Wochen gelindert werden.

Eines der deutlichsten Kennzeichen des »tic douloureux« ist die Tatsache, daß die anfallsweise auftretenden Attacken durch leichte Stimulation und nicht etwa durch starke Reizung ausgelöst werden (KUGELBERG und LINDBLOM, 1959; WHITE und SWEET, 1969). Wirken heftige Kniffe, Nadelstiche, starker Druck, Hitze oder Kälte auf die Auslösezonen ein, so entstehen im Normalfall keine Schmerzen. Sobald man aber schwache Reize zum Einsatz bringt, werden die Anfälle nach einer längeren Summationsphase ausgelöst. Um eine Attacke zu provozieren sind während 15 – 30 Sek. mehrere leichte Berührungen erforderlich. Der Schmerz hält dann über einen Zeitraum von eins bis drei Minuten an. Aus diesen Beobachtungen und der Tatsache, daß nach der Attacke eine Erholungsphase von mehreren

Minuten bis zur Auslösung eines neuen Anfalls nötig ist, zogen KUGELBERG und LINDBLOM (1959) den Schluß, daß die Trigeminus – Neuralgie als Ergebnis abnormer zentralnervöser Prozesse zu betrachten ist. Glücklicherweise ist der »tic douloureux« einer der wenigen Schmerzzustände, die oft leicht und wirkungsvoll zu behandeln sind. Tegretal (Carbamazepin), ein Medikament zur Behandlung der Epilepsie, hilft auch bei den meisten Patienten mit Trigeminus – Neuralgie (WHITE und SWEET, 1969). Leider hat es auf die anderen neuralgischen Schmerzzustände anscheinend keine Wirkung.

Zusammenfassend sei festgestellt, daß die Neuralgien viele der charakteristischen Eigenarten von Phantomschmerz und Kausalgie aufweisen. Die bemerkenswerte Summation kutaner Stimulation an überempfindlichen Hautstellen; der Schmerzanstieg, der durch plötzliche akustische Reize oder durch emotionelle Störungen zustande kommt; und schließlich die beträchtliche Wahrnehmungsverzögerung – all dies deutet auf abnorme Vorgänge im Zentralnervensystem hin. Besonders wertvolle Hinweise auf die Natur des Schmerzes lassen sich durch Untersuchungen der Neuralgien, die im Anschluß an Herpes zoster oder beim »tic douloureux« auftreten, gewinnen. NOORDENBOS (1959), sowie KERR und MILLER (1966), kamen zu dem Ergebnis, daß die beiden Schmerzzustände mit einem spezifischen Abbau der großen markhaltigen Nervenfasern und einer Wucherung der dünnen marklosen Fasern einhergehen. Diese Syndrome treten normalerweise bei älteren Leuten auf, was der Feststellung entspricht, daß die markhaltigen peripheren Nervenfasern während des Alterungsprozesses zu Grunde gehen. So sind im Alter von 65 Jahren ca. 30 % der Fasern degeneriert (GARDNER, 1940). Der Stellenwert dieses Ergebnisses wird in späteren Kapiteln des Buches, die sich mit den Schmerztheorien befassen, deutlich werden. Der Vollständigkeit halber müssen die Beobachtungen der Wandlungsprozesse in peripheren Nerven noch ergänzt werden: Die chirurgische Durchtrennung der entsprechenden Nerven in Höhe ihres Eintritts in Rückenmark oder Gehirn bringt in vielen Fällen keine Schmerzerleichterung. Diese Ergebnisse lassen vielmehr darauf schließen, daß Veränderungen in der Aktivität des Zentralnervensystems, möglicherweise durch periphere Einflußgrößen bedingt, die Grundlage für Summation, Verzögerung, Fortdauer oder Ausbreitung von Schmerz bilden.

Schmerzsyndrome infolge einer Verletzung

Das letzte Syndrom, das wir betrachten wollen, wird als »posttraumatischer Schmerz« bezeichnet. Dieser tritt im Anschluß an Unfälle verschiedener Art auf und hält gewöhnlich noch lange nach dem Zeitpunkt der mutmaßlichen Heilung an. Ferner ist der Schmerz oft sehr viel stärker als es die kleinen blauen Flecken oder Wunden, die den Beginn mancher Syndrome dieser Art markieren, vermuten lassen. Sind die Syndrome nicht unter Kontrolle zu bringen, so gehen die Schmerzen und deren Auslösezonen auf andere Körperregionen über. Schmerz, der ursprünglich auf die Wange beschränkt war, strahlt bespielsweise auf den Unterkiefer und die Stirn aus. Zum Glück läßt sich manch einer dieser Fälle mit einer Folge von Betäubungsblockaden kurieren (LIVINGSTON, 1943, Seite 118 – 119):

Herr M.G., ein zweiunddreißigjähriger Lastwagenfahrer, schlug mit der Ellenseite des rechten Unterarmes an der Ladeflächenkante seines Wagens an. Durch die Röntgenuntersuchung konnte ein Bruch ausgeschlossen werden; der blaue Fleck und die Schwellung an dieser Stelle klangen alsbald wieder ab. Doch er klagte über dauerhafte Schmerzen, die auch durch monatelange psychotherapeutische Behandlung nicht zu lindern waren. Er konnte mit der rechten Hand nur sehr schwache Greifbewegungen ausführen und neigte dazu, Gegenstände fallen zu lassen. Der Patient berichtete, daß er beim Kaffeetrinken die linke Hand unter die Tasse halten müsse, und zwar aus Furcht, die Tasse würde unerwartet herunterfallen. Der ganze Arm würde schmerzen und die Hand sei kalt und oft von dunkler Farbe. Er meinte, daß sich Unterarm und Hand wie »halb eingeschlafen und betäubt« anfühlten.

Die behandelnden Ärzte teilten den Versicherungsträgern mit, daß sie keine eindeutigen Hinweise auf irgend etwas Krankhaftes in Hand oder Arm (außer einer leichten Unterkühlung) gefunden hätten. So waren die Versicherungsbeamten überzeugt, daß er »nicht mehr zur Arbeit zurückkehren wolle«. Doch gleichermaßen bestand sein Hausarzt, der den Mann seit Jahren kannte, darauf, daß »irgend etwas noch nicht in Ordnung sei«. Die Untersuchung ergab an der Stelle seiner ursprünglichen Verletzung einen genau zu lokalisierenden Schmerzpunkt. Unmittelbar nach der Injektion von wenigen ccm einer zweiprozentigen Novocainlösung in das betroffene Gebiet verbesserte sich die Greifstärke; die Schmerzen verschwanden. Der Arm blieb noch einige Tage nach der Spritze »empfindlich«, doch die Schmerzen selbst blieben aus. Eine Woche später konnte er wieder arbeiten.

Derartige Fälle sind sehr schwer zu diagnostizieren und zu therapieren.

Die Intensität und Fortdauer der Schmerzen nach Verletzungen, von denen sich die meisten Leute folgenlos erholen, läßt oftmals vorwiegend psychische Ursachen vermuten. In manchen Fällen mag dies zutreffen. Doch in anderen, wie dem eben beschriebenen, scheint die am Ende doch noch aufgetretene eindrucksvolle Schmerzlinderung eher die Möglichkeit einer Simulation auszuschließen. Die Unfähigkeit, diesen Patienten zu helfen, sagt tatsächlich mehr über unsere Unkenntnis der Schmerzmechanismen aus als über die Patientenpersönlichkeit. In solchen Fällen ist die Schmerzursache typischerweise sehr schwer zu ergründen. Z.B. entwickelte sich bei einem Patienten von LIVINGSTON (1943) die Hautstelle, an der die Injektionsnadel immer zum Einstich angesetzt wurde, später zum Zentrum von brennenden, fortdauernden Schmerzen. Bei solchen Patienten liegt die Annahme nahe, daß anhaltende, schwache Eingangsreize diese langfristigen Veränderungen der Aktivitäten des Zentralnervensystems mit sich bringen. Infolgedessen geht der Schmerz weit über den Zeitpunkt der Heilung hinaus; ferner kann er sich auch ausbreiten.

Schlußfolgerungen aus dem klinischen Datenmaterial

Aus den oben beschriebenen krankhaften Schmerzsyndromen lassen sich folgende Schlüsse ziehen:

1. Summation

Zarte Berührungen, Wärme oder andere unschädliche körperliche Reize lösen möglicherweise Schmerzen aus. Die Annahme von überempfindlichen »Schmerzrezeptoren« zur Erklärung von Schmerz scheint aus folgenden Gründen nicht haltbar zu sein: Normalerweise ist wiederholte oder dauerhafte Stimulation nötig, um Schmerz auszulösen. Andererseits kann es ebenfalls als Tatsache gelten, daß Schmerz oft durch leichte Reizung gesunder Hautstellen hervorzurufen ist. Eine angemessenere Erklärung geht davon aus, daß die abnormen Informationsprozesse im Zentralnervensystem diese Summationseffekte ermöglichen.

2. Beiträge aus verschiedenen Quellen

Bei diesen Syndromen ist es nicht möglich, dem Schmerz eine isolierte Ursache zuzuschreiben. Stattdessen läßt sich eine Vielzahl von Beiträgen aufführen. Offensichtlich spielt die kutane Eingangsstimulation aus den betroffenen Körperteilen eine bedeutende Rolle, doch sind auch die Eingangsreize wichtig, die aus der sympathischen Aktivität resultieren. Denselben Stellenwert haben Reize des optischen und akustischen Systems. All diese Stimuli scheinen auf jene Strukturen im Zentralnervensystem einzuwirken, die die Gesamtaktivität summieren, um schließlich schmerzerzeugende Nervenimpulsmuster hervorzubringen. Angst, Störungen des Gefühlslebens, Erwartungen und andere kognitive Aktivitäten des Gehirns tragen ebenfalls zu nervalen Prozessen bei, die Grundlage dieser Schmerzen sind. Sie können die afferente Eingangsstimulation entweder fördern oder hemmen und dabei Art und Stärke des empfundenen Schmerzes regulieren.

3. Verzögerungseffekte

Der Schmerz aus überempfindlichen Hautgebieten kommt oft erst mit erheblicher Verzögerung zum Vorschein und hält in vielen Fällen noch lange nach der Ausblendung des eigentlichen Reizes an. Leichtes Reiben, wiederholte Nadelstiche oder die Verwendung eines warmen Reagenzglases, verursachen – nach einer Verzögerung bis zu 45 Sek. – plötzlichen, starken Schmerz. Derartige Verzögerungseffekte können nicht einfach den langsam leitenden Nervenfasern zugeschrieben werden, sie lassen vielmehr auf eine beträchtliche zeitliche und räumliche Summation der Eingangsstimulation bei der Entstehung dieser Schmerzzustände schließen.

4. Fortdauer

Die Schmerzdauer geht oft über die Zeit hinaus, die die Gewebe für ihre Heilung bzw. die verletzten Nervenfasern für die Wiederaufnahme ihrer Funktion benötigen. Die Kausalgie verschwindet meist mit dem Nachwachsen der Fasern, hält aber gelegentlich, genau wie die Neuralgien oder der Phantomschmerz, noch jahrelang an. Zudem kann bei allen genannten Syndromen der Schmerz über viele Jahre hinweg spontan, ohne irgendeine offensichtliche Stimulation, auftreten. Diese Gesichtspunkte – zusammen

mit der Beobachtung, daß Phantomschmerz oft von derselben Stelle ausgeht, an der auch die Schmerzen im erkrankten Körperteil schon vor der
Amputation aufgetreten waren – legt die Möglichkeit von Schmerzmechanismen nahe, die dem Gedächtnis ähnlich sind.

5. Ausbreitung

Die Ausdehnung der Schmerzen und die Erweiterung der Auslösezonen auf
fremde, gesunde Körpergebiete kann nicht vorhergesehen werden. Dies ist
als weiterer Hinweis darauf zu werten, daß die mit Schmerz in Zusammenhang stehenden zentralnervösen Mechanismen ihre Eingangsreize aus verschiedenen Quellen erhalten. Diese Mechanismen lassen sich nicht der
exakten Innervation von Dermatomen oder Segmenten durch somatische
Nerven zuordnen. (Dies wird sofort deutlich, wenn man die Abbildungen 4
und 5 auf S. 49 und 52 miteinander vergleicht.) Die Mechanismen sind
vielmehr weiter verstreut und erhalten ihre Stimulation aus allen Körperteilen.

6. Unbeeinflußbarkeit durch chirurgische Maßnahmen.

Daß die mit den Schmerzzuständen zusammenhängenden nervösen Mechanismen sehr ausgedehnt sind, zeigt der häufig scheiternde Versuch, den
Schmerz durch chirurgische Intervention zu beseitigen. Operative Ausschaltungen zentraler und peripherer Nerven mit dem Ziel einer dauerhaften
Schmerzlinderung sind ohne bemerkenswerten Erfolg geblieben, obwohl
diese Läsionen nahezu auf jeder Ebene vom Rezeptor bis zur sensorischen
Hirnrinde, durchgeführt wurden. Nach der Operation lassen sich die Schmerzen oft durch Stimulation unterhalb des Durchtrennungsniveaus auslösen; in
ihrer Intensität sind sie manches Mal sogar noch stärker als vor dem Eingriff.

7. Schmerzerleichterung durch Regulation der sensorischen
Eingangsstimulation

Für die Behandlung dieser Schmerzen scheint eine Regulierung der sensorischen Eingangsreize – entweder Reizsteigerung oder Reizabschwächung –
die Therapiemethode zu sein, von der am meisten erwartet werden kann.

Phantomschmerz läßt sich gelegentlich auch durch wiederholte örtliche Nervenblockaden der empfindlichen Gebiete, der peripheren Nerven oder der sympathischen Ganglien lindern. Auch führen möglicherweise kräftige Vibrationen oder schmerzerzeugende Injektionen von hypertonen Salzlösungen in den Stumpf bzw. in das Gewebe zwischen den unteren Rückenwirbeln zu einer Erleichterung. Der Kausalgie und den Neuralgien kann man auf ähnliche Weise beikommen: entweder über Nervenblockaden, die vorübergehend die Eingangsstimulation in den betreffenden Gebieten vermindern oder über gesteigerte Reizung, wie sie bei kräftiger Massage gegeben ist. Diese Beobachtungen gaben neuen Therapiemethoden Auftrieb, die für die Schmerzerleichterung recht vielversprechend sind, ohne gleichzeitig unwiderrufliche Schädigungen im peripheren und zentralen Nervensystem zu verursachen.

Die genannten Besonderheiten und deren Tragweite geben uns den Schlüssel zum besseren Verständnis von Schmerz in die Hand. Sie sind Mosaiksteinchen in einem Puzzlespiel, die, zusammen mit den psychologischen und physiologischen Eigentümlichkeiten, zur Lösung eines verwirrenden und zugleich dringlichen Problems führen werden. Jede befriedigende Theorie des Schmerzes, wie sie auch immer geartet sein mag, muß auf jeden Fall in der Lage sein, diese Eigenarten der Schmerzsyndrome zu erklären. Wenn die Theorien letzten Endes keine erfolgreiche Therapie ermöglichen, dann haben sie versagt, – und zwar unabhängig davon, wie elegant oder unwiderstehlich sie uns erscheinen. Mit anderen Worten: Die klinischen Probleme um den Schmerz stellen die letzte, entscheidende Prüfung unseres Wissens dar.

4. Schmerzphysiologie

Die psychischen und klinischen Erscheinungsformen von Schmerz bilden den Rahmen für die physiologischen Probleme, die in diesem Kapitel dargestellt werden sollen. Wie wir gesehen haben, ist Schmerz eine höchst persönliche und wandlungsfähige Erfahrung, die von den kulturellen Werten, der jeweiligen Situation, der Aufmerksamkeit und von weiteren kognitiven Aktivitäten beeinflußt wird. Wie arbeitet nun das Zentralnervensystem, damit es eine derart mächtige kognitive Kontrolle über die somatisch-sensorische Eingangsstimulation ausüben kann? – Nach allgemein akzeptierter

Auffassung ist Schmerz in erster Linie eine Antwort auf die Verletzung von Körpergewebe. Trotzdem ist es möglich, daß die Schmerzen die Gewebsheilung und die Regeneration der geschädigten Nerven langfristig überdauern. Können für derartig große Zeiträume neurophysiologische Funktionszusammenhänge verantwortlich sein? Gelegentlich breiten sich Schmerzen und Auslösezonen auf entfernte und unbeteiligte Körperregionen aus. Können diese Vorgänge mit den bereits bekannten Neuronen-Verknüpfungen erklärt werden? Obwohl die heutige Physiologie für manche Probleme dieser Art eine Lösung gefunden hat, ist sie bei anderen noch weit von einer Erklärung entfernt. Die physiologischen und anatomischen Gegebenheiten sind keineswegs leichter zu verstehen als die psychischen und klinischen Erscheinungsformen von Schmerz.

Bei unseren Versuchen, die Schmerzphysiologie zu verstehen, sind zwei Begriffe besonders entscheidend: *Spezifität* und *Spezialisierung*. Mit *Spezifität* ist gemeint, daß ein Rezeptor, eine Nervenfaser oder ein anderer Bestandteil des sensorischen Systems lediglich eine einzige spezifische Erfahrungsmodalität (oder Erfahrungsqualität) vermittelt. *Spezialisierung* dagegen bedeutet, daß Rezeptoren, Nervenfasern und andere Bestandteile des sensorischen Systems in sehr starkem Maße eine Spezialisierung aufweisen, so daß sich über besondere Arten und Bereiche physikalischer Energie charakteristische Nervensignalmuster hervorrufen lassen, die von weiteren sensorischen Eingangsreizen bzw. kognitiven Abläufen abgewandelt werden können. Ziel dieser Umwandlung ist es, mehr als eine Erfahrungsqualität zu erzeugen, oder auch überhaupt keine Empfindung entstehen zu lassen. Der letztgenannte Ansatz – Funktionsspezialisierung – bildet den begrifflichen Rahmen dieses Kapitels.

Üblicherweise wird das somatosensible System so beschrieben, daß man von den peripheren Rezeptoren ausgeht und dann auf die Übertragungsbahnen zu sprechen kommt, die die Nervenimpulse an verschiedene Hirnzentren weitergeben. Doch ist es wichtig, sich die Tatsache zu vergegenwärtigen, daß die Reizung der Rezeptoren nicht mit dem Beginn des Schmerzprozesses identisch ist. Vielmehr erzeugt die Stimulation Nervensignale, die in ein aktives Nervensystem eintreten, das (beim Erwachsenen) bereits ein Substrat aus vergangenen Erfahrungen, kulturellen Einflüssen, Erwartungen, Ängsten etc. darstellt. Diese Abläufe im Gehirn nehmen aktiv an Auswahl, Abstraktion und an der Synthese jener Informationen teil, die dem gesamten sensorischen Eingangsreizsystemen entstammen. Wegen der Kompliziertheit der physiologischen Prozesse werden wir zunächst das somatosensible System kurz umreißen und dabei jeden einzelnen Schritt unseres Vorgehens einer näheren Betrachtung unterziehen. Erst später, bei der Analyse der gegenwärtigen Schmerztheorien, werden wir dann versuchen, die unserer Meinung nach wichtigsten Ergebnisse herauszustellen und, in Übereinstimmung mit den psychologischen und klinischen Daten, zusammenzutragen.

Abriß der somatosensiblen Funktionszusammenhänge

An dieser Stelle mögen wir uns folgende Frage stellen: Wie sind die sensorischen Nervensignale oder die Informationen beschaffen, die dem Gehirn nach einer Verletzung übermittelt werden? Nehmen wir einmal an, jemand verbrennt sich am Finger; in welcher Reihenfolge laufen nun die Ereignisse ab, die sich im Anschluß an die Schädigung im Zentralnervensystem abspielen? Zunächst wird die gewaltige Hitzeenergie in einen Code elektrischer Nervenimpulse umgewandelt. Derartige Energieumwandlungen finden in den Nervenendigungen der Haut statt, die mit den Rezeptoren identisch sind und in zahlreichen Spielarten existieren. Früher setzte man im allgemeinen einen Rezeptortyp mit einem »spezifischen Schmerzrezeptor« gleich, während wir heutzutage glauben, daß die Rezeptormechanismen von komplizierterer Natur sind. Über die weiten Verzweigungen der Rezeptoren, die auf schädigende Stimulation antworten, ihr dichtes Fasernetz, welches die Hautschichten derart durchdringt, daß die rezeptiven Felder sich gegenseitig sehr stark überlagern, ist man sich heutzutage im allgemeinen einig (Abb. 7). So aktiviert eine Schädigung an irgendeinem Punkt auf der Haut mindestens zwei oder mehrere dieser Fasernetze und setzt damit die Übertragung von Nervenimpuls-Folgen entlang der sensorischen Nervenfasern in Gang, die vom Finger zum Rückenmark ziehen. Ein verschlüsseltes Nervenimpuls-Muster, das über viele Fasern läuft, erreicht schließlich mit unterschiedlicher Geschwindigkeit und verschiedener Frequenz das Rückenmark.

Bevor die Nervenimpulsmuster zum Gehirn aufsteigen, müssen manche von ihnen ein Gebiet kurzer, dicht gepackter Nervenfasern durchqueren, die diffus miteinander in Verbindung stehen. Dieses Gebiet, das beidseits auf der ganzen Länge des Rückenmarks zu finden ist, wird »Substantia gelatinosa« genannt (Abb. 7). Das Muster wird gerade während seiner Übertragung von den sensorischen Fasern auf die aufsteigenden Neuronen des Rückenmarks abgewandelt.

Ist dieses sensorische Muster erst einmal auf die Rückenmarksneuronen übertragen, so zieht es entlang den Nervenfasern im Vorderseitenstrang des

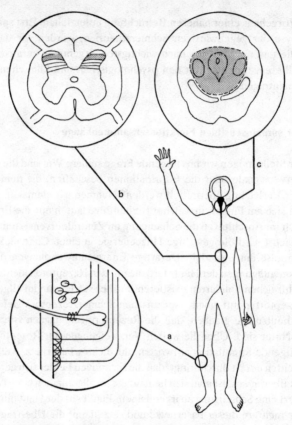

Abb. 7: Schematische Darstellung der Rezeptoren und der Projektionsbahnen des somatosensiblen Systems. a: Das Schaubild der Haut zeigt die weitverzweigten freien Nervenendigungen (die mit sich überlappenden Rezeptorenfeldern in Verbindung stehen) sowie einige spezialisierte Endorgane. Die Fasern ziehen zum Rückenmark. b: Im Querschnitt durch das Rückenmark sind die Laminae (Schichten) der Hinterhornzellen zu erkennen, die die sensorischen Fasern aufnehmen und deren Axome hirnwärts ziehen. Die gerasterte Fläche entspricht der Substantia gelatinosa (Laminae 2 und 3). c: Dem Hirnstamm (dem tiefergelegenen Hirnteil) kommt eine Vielzahl somatosensibler Eingangsreize zu. Diese werden zu über- und untergeordneten Gebieten im Zentralnervensystem weitergeleitet. Die gerasterte Fläche stellt die Formatio reticularis dar. Darunter die zwei Anteile der mittleren Schleife. Die spinothalamischen Projektionsbahnen – zu erkennen in der Formatio reticularis – liegen oberhalb der Schleifenbahnen.

Rückenmarks zum Gehirn. Eine Vielzahl dieser Fasern setzt sich bis zum Thalamus fort und bildet dabei die spinothalamische Bahn. Die Mehrzahl der Nervenleitungen durchdringt jedoch das verschlungene Dickicht kurzer Fasern, die diffus miteinander in Verbindung stehen und das Zentrum des Hirnstamms bilden. Dieser Teil des Gehirns heißt Formatio reticularis. Sie enthält mehrere hochspezialisierte Systeme, die eine Schlüsselrolle bei den Schmerzabläufen einnehmen. In der Formatio reticularis entspringen mehrere Leitungsbahnen, so daß die sensorischen Muster auf vielen Wegen zu anderen Hirngebieten ziehen.

An diesem Punkt sind die Informationen, die uns über afferente, schmerz-verwandte Prozesse vorliegen, erschöpft. Wir wissen zwar, daß Nerven-impulse zur Großhirnrinde weitergeleitet werden, die kortikale Übertra-gungsbahn vermutlich aber nur eine einzige von verschiedenen Schmerz-bahnen darstellt, da größere Verletzungen der Hirnrinde den Schmerz kaum lindern oder aufheben. Andere Bahnen ziehen zum limbischen System, einem ausgedehnten und wichtigen Teil des Gehirns. Ferner liegt es nahe, daß die Hirnrinde nicht der Endpunkt (oder das »Schmerzzentrum«) ist, sondern daß sie vielmehr die erhaltenen Informationen verarbeitet und an tiefergelegene Hirngebiete weiterleitet. Kurz: Der afferente Prozeß von der Haut zur Hirnrinde ist lediglich das erste Glied in einer Kette von langwieri-gen, sich gegenseitig beeinflussenden Vorgängen.

Wir wollen nun die somatisch-afferenten Prozesse genauer untersuchen.

Rezeptor-Mechanismen

Die traditionelle Konzeption der Hautsensibilität geht davon aus, daß es vier Arten von Rezeptoren gibt, wobei jede Art auf eine der vier Sinnesmodali-täten anspricht: Schmerz, Berührung, Wärme und Kälte. Bei jedem Rezep-tor wurde ein sensibler »Punkt« oberhalb des Rezeptors auf der Haut ange-nommen, so daß man z.B. glaubte, Ort der kutanen Schmerzwahrnehmung seien gesonderte »Schmerzpunkte«, in deren Dienste bestimmte »Schmerz-rezeptoren« stehen. Nach dieser Vorstellung sind die freien Nervenendigun-gen als spezifische Schmerzrezeptoren aufzufassen, während die komplizier-ten Rezeptororgane (Abb. 7) den anderen Sinnesqualitäten dienen. Dieses einfache Konzept stellt die Grundlage der traditionellen *Spezifitätstheorie des Schmerzes* dar, die im nächsten Kapitel besprochen werden soll. Momen-tan genügt es, wenn wir feststellen, daß die freien Nervenendigungen wohl für die Entstehung des gesamten Spektrums an kutanen Empfindungsqualitäten verantwortlich sind. In der Ohrmuschel finden sich beispielsweise ausschließlich freie Nervenendigungen und solche, die eine Spezialisierung aufweisen: Sie sind um Haarfollikel geschlungen. Dennoch empfinden wir Wärme, Kälte, Berührung, Jucken, Kitzeln – bzw. wir haben bei angemessener Stimulation dieser Gebiete erotische Empfindungen (SINCLAIR, 1967). Histologen (Anatomen, die am Feinbau der Körpergewebe interessiert sind) haben eine reiche Vielfalt an Rezeptorendigungen in der Haut und in anderen Geweben entdeckt. Freie Nervenendigungen kommen am häufigsten vor. Abb. 7 zeigt das Ausmaß der Verzweigung einer sensorischen Faser. Ihr rezeptives Feld – jenes Hautgebiet, das von der Gesamtheit der Verästelungen einer einzelnen Nervenfaser innerviert wird – erstreckt sich infolgedessen über große Hautgebiete. Die rezeptiven Felder von benachbarten Fasern überlappen einander, so daß die Stimulation einer Hautstelle nicht nur ein einziges, sondern mehrere Felder aktiviert (TOWER, 1943).

Spezialisierung der Rezeptoren

Es ist eine Vielzahl neuerer Untersuchungen bekannt, die sich mit einzelnen Nervenfasern befassen. Die Physiologen ließen verschiedene Reizarten auf die Rezeptorfelder dieser Nervenfasern einwirken und bestimmten dabei die Besonderheiten der Fasern. Bei derartigen Studien stellte sich ein erstaunlicher Spezialisierungsgrad bei den Rezeptor-Fasereinheiten heraus. Die rezeptiven Felder unterschieden sich in Größe und Gestalt; manche wiesen bei einer oder höchstens zwei Reizarten (wie Druck und Temperatur) nur innerhalb eines engen Bereiches eine hohe Empfindlichkeit auf. Auch waren ihnen unterschiedliche Anpassungsgeschwindigkeiten eigen, und sie differierten noch in vielerlei Hinsicht. ZOTTERMAN (1959) untersuchte temperaturempfindliche Rezeptor-Fasereinheiten in der Zunge von Katzen. Er kam zu dem Ergebnis, daß die Empfindlichkeit jeder Einheit auf einen engen Temperaturbereich konzentriert ist, und daß die maximale Entladefrequenz sich auf einen noch schmäleren Spielraum beschränkt. Es existieren folglich nicht einfach Kälte- und Wärmefasern; vielmehr steht jede Faser mit einem Rezeptor in Verbindung, der so abgestimmt ist, daß er bei einer ganz bestimmten Temperatur den Höhepunkt seiner Entladefrequenz erreicht. Ein wichtiger Gesichtspunkt, der in ZOTTERMANS Untersuchungen auftaucht, ist der, daß Rezeptor-Fasereinheiten stetig (oder tonisch) aktiv sind. Deshalb nehmen die Entladefrequenzen in Abhängigkeit von der Temperaturänderung zu bzw. ab.

Es spricht heute einiges dafür, daß viele Hautrezeptoren mindestens auf zwei Arten von Umweltenergie ansprechen (HUNT und MCINTYRE, 1960; BESSOU und PERL, 1969). Eine große Zahl der Rezeptor-Fasereinheiten sind gleichermaßen druck- und temperaturempfindlich. Einheiten, die auf Haarberührung ansprechen, lassen sich ebenso durch eine Temperaturänderung aktivieren. Dies bedeutet allerdings nicht etwa, daß diese Rezeptoren auf das gesamte Spektrum aller Umweltreize antworten. Vielmehr reagiert der einzelne Rezeptor innerhalb einer eigenen Temperaturbreite. Auch besitzt jeder eine spezifische Druckschwelle. Die physiologischen Besonderheiten, die eine Spezialisierung der Rezeptoren zur Folge haben, scheinen aus diesem Grund höchst kompliziert zu sein. MELZACK und WALL (1962, S. 343) bemerken dazu:

Die spezifischen Eigenarten der Erregungsübertragung bei jedem beliebigen Rezeptor sind als Funktion von mindestens acht physiologischen Variablen aufzufassen: (1) Schwelle der mechanischen Änderung, (2) Schwelle der negativen und positiven Temperaturänderung, (3) Höchstempfindlichkeit für Temperaturänderung, (4) Schwelle der chemischen Veränderungen, (5) Reizstärke-Reaktionskurve, (6) Geschwindigkeit der Anpassung an die Stimulation, (7) Größe des rezeptiven Feldes, (8) Dauer der Nachentladungen. Man vermutet, daß viele dieser Variablen sich gegenseitig beeinflussen.

Da es guten Grund zur Annahme gibt, ... daß jede einzelne Variable eine gleichmäßige Verteilung aufweist, lassen sich genaue Aussagen über den Spezialisierungsgrad eines beliebigen Rezeptors machen, und zwar anhand der Koordinaten, die er hinsichtlich einer Reihe dieser Variablen einnimmt. So wird es möglich, eine einzelne Rezeptor-Fasereinheit zu bestimmen: Man sagt beispielsweise, sie habe eine niedrige Druckschwelle, maximale Empfindlichkeit bei hoher Temperatur, ein kleines rezeptives Feld und eine hohe Anpassungsgeschwindigkeit. Der Spezialisierungsgrad eines bestimmten Hautrezeptors läßt sich also durch seine Position in einem mehrdimensionalen Raum physiologischer Kenngrößen festlegen. Verteilt man die Rezeptoren in dem Raum, der durch diese Variablen definiert ist, so müssen der Spezialisierungsgrad und die Anzahl der verschiedenen Rezeptorarten tatsächlich sehr hoch sein.

Ferner nahmen MELZACK und WALL (1962) an, daß ein Rezeptor eher zeitlich wirksame Nervenimpulsmuster hervorbringt, während Impulse, die spezifisch für eine Sinnesmodalität sind, seltener auftreten. Diese Muster sind dann durch die Auswirkungen des physikalischen Reizes festgelegt – Auswirkungen innerhalb der Grenzen, die aufgrund der Rezeptor-Eigenheiten (wie z.B. dessen Empfindlichkeit oder Anpassungsgeschwindigkeit) vorgezeichnet sind. Da viele Rezeptoren auf mindestens zwei verschiedene Energiearten ansprechen, müssen sie in der Lage sein, mehr als ein einziges zeitlich wirksames Muster zu erzeugen. Tatsächlich wurde auch beobachtet, daß die Rezeptor-Fasereinheiten auf Berührungsreize mit charakteristisch höherer Entladefrequenz als auf Wärmereize antworten (HUNT und Mc INTYRE, 1960).

Hautsensibilität und rezeptive Felder

Neuere Untersuchungen über die Hautsensibilität ergeben ein Bild, bei dem man sich eher überlappende Felder als ein Mosaik von sensiblen Punkten vorstellen muß. Kartographische Darstellungen der Temperaturempfindlichkeit großer Hautflächen (Abb. 8) verdeutlichen die stark empfindlichen Gebiete, die von Zonen abnehmender Sensibilität umgeben sind (MELZACK, ROSE und McGINTY, 1962). Diese ausgedehnten sensiblen Regionen, die mit psychologischen Kartographie-Techniken ausfindig gemacht wurden, spiegeln zweifellos die Aktivität von sich überlagernden rezeptiven Feldern wider, die ihre Informationen an immer höhere Ebenen im Zentralnervensystem weiterleiten.

Die Punkte auf der Haut repräsentieren also höchstempfindliche Zonen, die von »Tälern« geringerer Sensibilität umgeben sind.

Aufgrund der starken Überlagerung von rezeptiven Feldern darf es beinahe als sicher gelten, daß sogar durch einen Nadelstich mehrere Rezeptor-Fasereinheiten aktiviert werden. Deshalb ist es wahrscheinlich, daß der »Hautpunkt« nicht, wie man früher annahm, einem einzigen darunterliegenden Rezeptor entspricht, sondern allein durch die Fähigkeit des Zentralnervensystems zustande kommt, die Impulse vieler Fasern mit sich weit überlagernden rezeptiven Feldern zu vereinigen (TOWER, 1943).

Noch bemerkenswerter sind die Beobachtungen von fortwährenden Verlagerungen der Hautsensibilität (MELZACK, ROSE und McGINTY, 1962). Zu verschiedenen Zeiten angefertigte Karten zeigen, daß großflächige sensible Zonen »zerbrechen« und wieder »zusammenwachsen« können, wobei sie laufend Änderungen im Verteilungsmuster der Sensibilität erzeugen. Wahrscheinlich sind diese Schwankungen der Ausdruck von Wandlungen in der Informationsübertragung, die überall im somatosensiblen Projektionssystem auftreten. Diese können aus den Aktivitätsveränderungen der Rezeptor-Fasereinheiten und der Synapsen des gesamten Übertragungssystems resultieren. NAKAHAMA, NISHIOKA und OTSUKA (1966) beobachteten Veränderungen in den rezeptiven Feldern der Zellen im Zentralnervensystem. Nachdem sie diese Felder einzelner Thalamuszellen kartographisch identifiziert hatten, spritzten sie Lokalanästhetika unter die Haut. Daraufhin ließen sich die Zellen nicht mehr durch eine Stimulation innerhalb der Felder aktivieren. Jedoch mußten sie nach einigen Minuten erkennen, daß diese Zellen nun von benachbarten Hautgebieten gesteuert wurden, die früher keine Wirkung auf sie ausübten (Abb. 9). Offensichtlich ist also einer zentralen Zelle im Normalfall ein weites Hautgebiet zugeordnet, das die zentrale Zelle steuern kann (gemeint sind die rezeptiven Felder von vielen Fasern, die in einer zentralen Zelle enden). Andererseits ist diese Fähigkeit immer nur auf eine bestimmte Anzahl von Fasern beschränkt.

Da die rezeptiven Felder von einem Augenblick zum anderen in Größe und Empfindlichkeit variieren, müssen alle flüchtig ankommenden Nervenimpulse vom Gehirn ständig abgewandelt und gefiltert werden.

Die Gehirnaktivität ermöglicht ebenfalls eine Veränderung der rezeptiven Felder von zentralen Zellen. TAUB (1964) kam zu dem Ergebnis, daß die Reizung von bestimmten Hirnstammregionen die absteigenden Fasern aktiviert. Dies führt zu einer Verkleinerung der rezeptiven Felder der Rückenmarkszellen. Erwähnenswert ist ferner, daß Ausschaltungen identischer Gebiete in Katzenhirnen Verhaltenskorrelate hervorrufen, die einer Schmerzüberempfindlichkeit entsprechen (MELZACK, STOTLER und LIVINGSTON, 1958). Viele Katzen waren extrem anfällig gegenüber schädigender Reizung; bei manchen Tieren mußten aufgrund des Verhaltens auch dann spontane Schmerzen angenommen werden, wenn die äußere Stimulation ausblieb. Möglicherweise war die Schädigung von einer Enthemmung und einer Vergrößerung der rezeptiven Felder gefolgt, so daß nun eine schädigende Stimulation mehr Rezeptor-Fasereinheiten aktivierte als im Normalfall. Folglich führten jetzt bereits kaum schmerzhafte Reize zu einer sehr deutlichen Schmerzintensivierung.

Die Hautrezeptoren dürfen also nicht isoliert gesehen werden; vielmehr ist es zu ihrem Verständnis notwendig, das Zusammenspiel mit angrenzenden Rezeptoren und den Reizübertragungen auf höhere Ebenen im Nervensystem zu betrachten. Ihre Empfindlichkeit ist möglicherweise wegen des Blutstromes oder anderer Hautveränderungen ständigen Wandlungen unterworfen. Ebenso werden die Informationen, die sie durch das Zentralnervensystem tragen, durch andere Mitteilungen abgewandelt, die vom Gehirn absteigen. Dem Gehirn kommen Impulse aus vielen Rezeptoren zu. Sie müssen zusammengefaßt werden, wenn sie nervale Aktivitäten hervorrufen

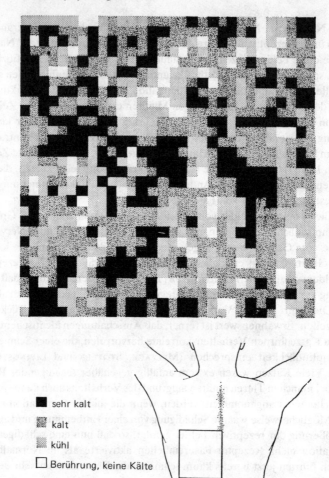

Abb. 8: Verteilung der Kälteempfindlichkeit über ein knappes Viertel der Rücken-
oberfläche. Unten rechts: Ort und Größe des untersuchten Gebietes. Die Verteilung der Sensibilität wurde mittels einer runden Reizspitze festgestellt, deren
Durchmesser 2,5 mm betrug und die eine Temperatur von 10° C hatte. Die Kälteempfindungen sind durch unterschiedliche Schattierungen wiedergegeben.
(Aus MELZACK, ROSE und McGINTY, 1962, S. 300).

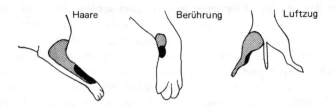

Abb. 9: Das Auftreten von neuen rezeptiven Feldern. Die rezeptiven Felder der Thalamus-Zellen (schwarz) wurden zunächst durch die Anwendung von drei Reizarten ausfindig gemacht: Stimulation der Haare, Berührung, Luftzug. Nachdem sie durch örtliche, unter die Haut gegebene Novocain-Spritzen betäubt waren, wurde ihre Lage erneut festgestellt. Ergebnis: Es tauchten neue rezeptive Felder (gestrichelte Flächen) auf. (Aus NAKAHAMA, NISHIOKA und OTSUKA, 1966, S. 180).

sollen, die schließlich als Schmerz, Berührung oder irgendeine andere kutane Empfindung wahrgenommen werden.

Somatosensible Nerven

Nervenimpulse, die in den Rezeptoren des Körpergewebes entstehen, werden über Nervenfasern den unterschiedlichen Zielorten in Rückenmark und Gehirn zugeleitet. Jeder somatische Nerv enthält Fasern verschiedener Größe; es darf heute als allgemein gültig angesehen werden, daß mit dem Umfang der Nervenfaser die Leitungsgeschwindigkeit der Impulse ansteigt. Grundsätzlich sind zwei Arten von Fasern zu unterscheiden: Markhaltige (myelinisierte) und marklose (nicht-myelinisierte). Im peripheren Nervensystem finden sich drei- bis viermal mehr marklose als markhaltige Fasern (SINCLAIR, 1967). Markhaltige Fasern sind auch als A-Fasern bekannt, marklose als C-Fasern. Ihre Leitungsgeschwindigkeit reicht von 120m/Sek. (bei den dicksten A-Fasern), bis zu ca. 1 m/Sek. (bei den dünnsten C-Fasern). Ferner existieren bei den A-Fasern verschiedene Untergruppen, die als Alpha, Beta, Gamma und Delta bezeichnet werden. Dies ergab sich aus der Beobachtung, daß das Aktionspotential – ein zusammengesetztes elektrographisches Bild sämtlicher Nervenimpulse, die in einem Faserbündel bei elektri-

scher Reizung eines Faserendes weitergeleitet werden – in den Bildern der
A-Fasern deutliche Unterschiede zeigt, die auf bestimmte Neuronengrup-
pen mit spezifischer Leitungsgeschwindigkeit zurückgehen.

Die Entdeckung dieser verschiedenen Fasergruppen führte zu ausgeklügelten Experimenten (referiert von SINCLAIR, 1967), in denen versucht
wurde, jede Fasergruppe für eine spezifische Empfindungsqualität der Haut
verantwortlich zu machen und ihr folglich einen ganz bestimmten Rezeptor-
typ zuzuschreiben. So nehmen beispielsweise viele Forscher an, Schmerz sei
das Ergebnis der spezifischen Aktivierung von Rezeptoren mit hohen
Schwellen gegenüber Druck und Temperatur (»Nocizeptoren«); man wollte
»Schmerzfasern« ausfindig machen, die mit den Nocizeptoren in Verbindung stehen. Bei der Suche nach peripheren Fasern, die ausschließlich auf
starke Reizung ansprechen, entdeckten BURGESS und PERL (1967) eine besondere Gruppe von A-Delta-Fasern, die Impulse nur dann weiterleiten,
wenn die Haut durch Kniffe oder Quetschungen auch tatsächlich geschädigt
wurde. Ähnliche Studien (BESSOU und PERL, 1969) ergaben ebenfalls, daß
viele dünne C-Fasern Informationen übertragen, wenn die Haut durch
starke Druck- oder Hitzereize geschädigt ist. Einige dieser Rezeptor-Fasereinheiten haben hohe Reizschwellen und reagieren nur bei Verletzung der
Haut. Andere dagegen besitzen ein breites Reaktionsspektrum und »senden«
bei ansteigender Reizintensität (von schwach bis schädlich) mit zunehmend
höheren Frequenzen. Ergebnisse wie diese veranlaßten dazu, besondere
Gruppen von A-Delta und C-Fasern als Schmerzfasern zu betrachten.
Gerade sie, und keine anderen, sollten ausschließlich für die Schmerzempfindung verantwortlich sein (PERL, 1971).

Es kann nicht geleugnet werden, daß diesen Fasern hochspezialisierte
Aufgaben zukommen, bzw. daß sie eine wichtige Rolle bei den Schmerzmechanismen spielen. Doch muß aus vielerlei Gründen an ihrer spezifischen
oder ausschließlichen »Schmerzfaser-Funktion« gezweifelt werden (MEL-
ZACK und WALL, 1962, 1965). Es liegt auf der Hand, daß schädigende Stimuli
die Rezeptor-Fasereinheiten eher in ihrer gesamten Breite erregen. Da die
schmerzhafte Reizung gewöhnlich ziemlich intensiv ist, erregt sie eine Vielzahl nieder- und hochschwelliger Rezeptor-Fasereinheiten. COLLINS,
NULSEN und RANDT (1960) reizten periphere Nerven beim Menschen und
kamen zu dem Schluß, daß Schmerzempfindung nur dann auftritt, wenn der
elektrische Reiz stark genug ist, um eine Entladung der Fasern mit geringem
Durchmesser zu bewirken. Dieser Reiz erregte aber auch die dicken Nervenfasern. Infolgedessen steigt die Anzahl der durch einen Reiz aktivierten
Fasern mit der Reizintensität an. Ferner ließen sich bei vielen Rezeptor-

Fasereinheiten erhöhte Entladefrequenzen nachweisen, sobald die Reizstärke von »schwach« bis »schädigend« erhöht wurde (BESSOU und PERL, 1969). Deshalb stellte die Gesamtzahl der aktiven Fasern mit ihren Entladungsfrequenzen ein mindestens ebenso wichtiges Kriterium für die Schmerzempfindung dar wie die aktiven Fasergruppen mit ihrem jeweils spezifischen Durchmesser.

Forscher wie BISHOP (1946) gehen davon aus, daß schädigende Stimulation (wie z.B. ein Hammerschlag auf den Daumen) wegen der jeweils unterschiedlichen Leitungsgeschwindigkeiten der A-Delta und C-Fasern zwei Schmerzarten hervorruft: einen schnellen stechenden Schmerz und einen langsamen, dumpfen Schmerz. Schreibt man die Übertragung des sogenannten »sekundären Schmerzes« den C-Fasern zu, und hält man sich gleichzeitig vor Augen, daß manche C-Fasern ebenso auf leichte Berührung ihrer Rezeptoren ansprechen (DOUGLAS und RITCHIE, 1957; BESSOU und PERL, 1969), so fragt man sich, warum keine Berichte über »sekundäre Berührung« vorhanden sind. Tatsächlich sehen wir uns aufgrund der neueren Ergebnisse (BISHOP, 1959) über den Durchmesser jener Fasern, die durch unterschiedliche Reize erregt wurden, dazu veranlaßt, nach je zwei Arten der Schmerz- und Wärmeempfindung sowie nach drei Berührungsarten zu fahnden. Überdies weisen viele Rezeptor-Fasereinheiten »mannigfaltige Besonderheiten« auf: Jede einzelne reagiert auf taktile, thermische *und* schädigende Reizung. Falls diese sensorischen Fasern reizspezifisch sind, welcher Reizart sind sie dann zuzuordnen?

Kürzlich durchgeführte Untersuchungen über die Eigenheiten von afferenten Fasern (PERL, 1971) zeigen, daß diese von ebenso komplexer Natur sind wie die Rezeptoren, mit denen sie in Verbindung stehen. Es gibt keine eindeutige Beziehung zwischen dem Umfang einer Faser und der Größe des rezeptiven Feldes, dem Ausmaß der tonischen Aktivität oder irgendeiner anderen, bereits untersuchten Besonderheit. Es liegt jedoch auf der Hand, daß der Faserdurchmesser bis zu einem gewissen Grad mit der Reizschwelle der Rezeptor-Fasereinheiten korreliert und mit dem Ort der jeweiligen Faserendigungen im Rückenmark in Beziehung steht. So werden Rezeptoren mit hoher Schwelle den dünnen A-Delta und C-Fasern zugeordnet, während man niederschwellige Rezeptoren mit jenen Nervenfasern in Zusammenhang bringt, die über das gesamte Spektrum unterschiedlicher Durchmesser gehen, nämlich von den dicken A-Beta-Fasern bis zu den dünnen C-Fasern. Schwache oder mäßige Stimulation führt deshalb zu einer Aktivierung von Fasern mit unterschiedlichster Dicke. Steigert sich jedoch die Reizintensität, so werden zunehmend mehr dünne Fasern angeregt. Eine ähnliche Beziehung findet sich im Zentralnervensystem zwischen Faserdurchmesser und dem Endpunkt der Fasern. Lediglich die dicksten A-Fasern ziehen zu den Hintersäulenkernen, während alle anderen Fasern mit den Hinterhornzellen in Verbindung stehen (WALL, 1961).

Die früher geäußerte Erwartung, daß jede kutane Empfindungsqualität auf eine spezifische Fasergruppe mit bestimmtem Durchmesser zurückgeht, hat sich offensichtlich als unrealistisch erwiesen. Es ist vielmehr naheliegend, daß die Fasern innerhalb der A-Delta und C-Gruppe spezialisierte Aufgaben wahrnehmen, die eine wichtige Rolle beim Schmerz spielen. Diese Rolle ist jedoch wesentlich subtiler und komplexer als es die einfache Bezeichnung »Schmerzfasern« zum Ausdruck bringt. Sie läßt sich zum Teil durch die neueren physiologischen Untersuchungen über die Rückenmarkszellen verdeutlichen.

Rückenmark

Die Informationen aus dem Körper werden dem Gehirn über verschiedene Rückenmarksbahnen zugetragen: über die spino-thalamische Bahn, das Hintersäulen-System, Hinterseitenstrang (MORINscher Trakt) und über ein Geflecht kurzer Fasern, rückenmarkseigenes Fasersystem genannt (Abb. 10 und 11). All diese Leitungsbahnen spielen beim Schmerz eine direkte oder indirekte Rolle.

Für die spino-thalamischen Bahnen hat sich die Bezeichnung »Schmerzbahn« eingebürgert, da die Durchtrennung dieser Vorderseitenstrangbahn (Chordotomie; Abb. 4, Seite 49) manches Mal eine Schmerzverminderung mit sich bringt. Trotzdem berechtigt die Tatsache, daß diese Bahn Schmerzinformationen übermittelt, noch nicht zu der Folgerung, sie als »Schmerzbahn« zu bezeichnen, deren einzige Funktion es ist, Impulse zu übertragen, die mit Schmerzprozessen in Zusammenhang stehen. MELZACK und WALL (1962, Seite 341) bemerken dazu:

Die chirurgische Unterbrechung einer Leitungsbahn hat wesentlich größere Auswirkungen als lediglich eine Hemmung der zentralen Übermittlung: (1) Sie senkt die Gesamtzahl der ansprechenden Neuronen; (2) sie verändert die zeitlichen und räumlichen Muster jener Impulse, die schließlich zum Gehirn gelangen; (3) sie wirkt sich auf die absteigenden Rückmeldungen aus, die die Impulsübertragung von peripheren Fasern auf die Hinterhorn-Zellen im Rückenmark kontrollieren; (4) sie verändert die Beziehungen zwischen allen aufsteigenden sensorischen Systemen. Deshalb ist es

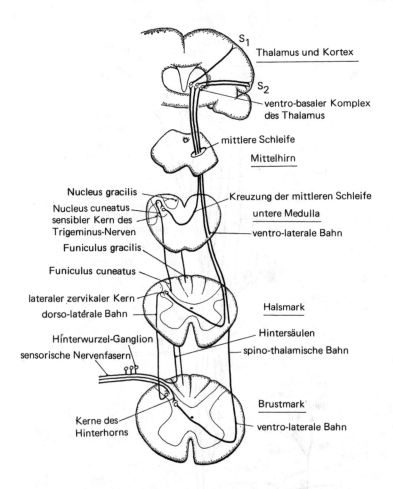

Abb. 10: Die schnelleitenden somatosensiblen Projektionsbahnen. Die drei wichtigsten Projektionsbahnen sind die mittlere obere Schleifenbahn der Hintersäule, die dorso-laterale Bahn (MORIN) und die spino-thalamische Bahn. Die unteren Abschnitte sind im Vergleich zu den oberen vergrößert dargestellt. (Aus MILNER, 1970).

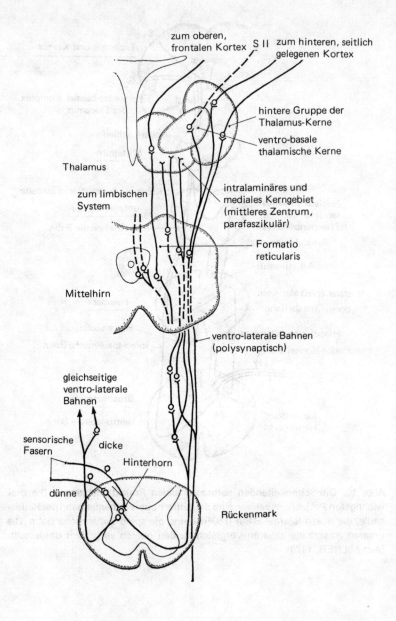

zum oberen, frontalen Kortex

S II zum hinteren, seitlich gelegenen Kortex

hintere Gruppe der Thalamus-Kerne

ventro-basale thalamische Kerne

Thalamus

zum limbischen System

intralaminäres und mediales Kerngebiet (mittleres Zentrum, parafaszikulär)

Formatio reticularis

Mittelhirn

ventro-laterale Bahnen (polysynaptisch)

gleichseitige ventro-laterale Bahnen

sensorische Fasern

dicke

Hinterhorn

dünne

Rückenmark

wohl falsch, die nach einer lateralen Bahndurchtrennung auftretende Schmerzlinderung lediglich der Blockierung von Nervenimpulsen zuzuschreiben, die spezifisch auf eine Reizmodalität ansprechen, und gleichzeitig all die anderen Konsequenzen der chirurgischen Intervention außer acht zu lassen.

Ebenso berechtigt die Tatsache, daß das Hintersäulensystem, das bei Hautberührungen zur Informationsübertragung angeregt wird (ROSE und MOUNTCASTLE, 1959), noch nicht dazu, dieses als »Berührungsbahn« zu bezeichnen. Es spricht vielmehr einiges für die Annahme, daß es auch beim Schmerz eine Rolle spielt. Schädigung der Hintersäulen führt gelegentlich zu einer Berührungsüberempfindlichkeit (NOORDENBOS, 1959). Es kann zu einer Umwandlung von krankhaftem Juckreiz in offene Schmerzen kommen (ROTHMAN, 1943). Ferner bringt die elektrische Reizung der Hintersäulen ab und zu eine Schmerzlinderung mit sich (SHEALY, MORTIMER und HAGFORS, 1970; NASHOLD und FRIEDMAN, 1972). Zudem war NOORDENBOS (1959) der Auffassung, daß das rückenmarkseigene System noch eine andere, mit Schmerz in Zusammenhang stehende Leitungsbahn bereitstellt. Demnach dürften die Nervenimpulse, die das Schmerzempfinden und die Reaktion darauf vermitteln, über mehrere Leitungsbahnen im Rückenmark hochsteigen.

Die Hinterhörner (Abb. 11), von denen Fasern aus dem Körper in das Gehirn ziehen, geben uns wichtige Hinweise auf den Informationsfluß im Rückenmark. Sie sind in mehreren Schichten oder Laminae aufgebaut, von denen man weiß, daß jeder einzelnen besondere Funktionen zukommen. Die Funktionsweise der Eingangs- und Ausgangsreize einer Schicht ist heute noch nicht völlig geklärt. Doch das Gesamtbild, das zum Vorschein kommt und im wesentlichen auf der Arbeit von WALL und seinen Mitarbeitern basiert (siehe HILLMAN und WALL, 1969), verdeutlicht, daß die Eingangsreize in den Hinterhörnern abgewandelt werden, bevor sie zum Gehirn aufsteigen.

Von den Lamina 1-Zellen ist bekannt (CHRISTENSEN und PERL, 1970; PERL, 1971), daß ihnen, im Falle einer Quetschung oder Verbrennung der

Abb. 11: Die langsam leitenden somatosensiblen Projektionsbahnen. Die Unterbrechung in den Projektionslinien weisen auf multi-synaptische Verbindungen hin. Die rückenmarkseigenen (propriospinalen) Fasern sind nicht dargestellt; sie bestehen aus kurzen Fasern, die über das Rückenmark verteilt sind. (Nach MILNER, 1970).

Haut, Informationen aus den A-Delta und den C-Fasern zugetragen werden, und daß von dort eine direkte Faserverbindung zu höheren Rückenmarksebenen besteht. Folglich spielen sie wahrscheinlich bei Schmerzprozessen eine Rolle. Andererseits sind die Vorgänge wesentlich komplizierter als in dieser Darstellung. Unmittelbar unterhalb der Lamina 1 sind jene Zellen gelegen, die die Substantia gelatinosa bilden (die Schichten 2 und 3). Diese Region interessiert besonders, da sie ein einzigartiges System darstellt, welches die Eingangsreize abzuwandeln scheint (WALL, 1964). Eine Vielzahl an afferenten Fasern, die von der Haut ausgehen, enden in der Substantia gelatinosa. Ebenso befinden sich die Dendriten vieler Zellen aus tieferen Schichten, deren Axone zum Gehirn ziehen, innerhalb der Substantia gelatinosa. Dieses Gebiet liegt also zwischen den Endigungen der meisten peripheren Nervenfasern und den zum Gehirn ziehenden Rückenmarksneuronen. Nach MELZACK und WALL (1965) hat die Substantia gelatinosa auf der Erregungsübertragung von peripheren Fasern zu Rückenmarkszellen einen modulierenden Einfluß.

Die Zellen in Schicht 4, unterhalb der Substantia gelatinosa gelegen, besitzen kleine rezeptive Felder, münden in die dorso-laterale Bahn auf der gleichen Seite und wahrscheinlich auch in die Lamina 5-Zellen ein (HILLMAN und WALL, 1969). Die Lamina 4-Zellen sprechen an, wenn leichter Druck auf die Haut ausgeübt wird oder wenn man die dicken, markhaltigen A-Beta Fasern elektrisch reizt. Andererseits steigert sich die Häufigkeit ihrer Reizantwort dann nicht, wenn man die Haut quetscht oder zwickt bzw. die A-Delta und C-Fasern aktiviert. Die fraglichen Zellen sind spezifisch auf schwachen Druck innerhalb der Grenzen ihrer rezeptiven Felder eingestellt.

Im Gegensatz dazu besitzen die Zellen in Lamina 5 einen weiten dynamischen Reaktionsbereich und sprechen besonders auf schädigende Reize innerhalb ihrer rezeptiven Felder an (HILLMAN und WALL, 1969). Diese Felder sind erstaunlich komplex organisiert und reagieren mit charakteristischen Entladungsmustern auf Stimulationen innerhalb eines breiten Intensitätsspektrums. Darüberhinaus kommen den Lamina 5-Zellen vielfältige Reize zu. Sie werden wahrscheinlich von den Lamina 4-Zellen stimuliert. Zudem nehmen sie auch Reize von den dünnen markhaltigen und marklosen Nervenfasern der Haut auf sowie solche aus tieferen Regionen wie Blutgefäßen, Muskeln und Eingeweiden (POMERANZ, WALL und WEBER, 1968). Weiter gibt es überzeugende Belege für die Kontrolle der Lamina 5-Zellen durch Fasern, die vom Gehirn absteigen. Ebenso sind den Lamina 5-Zellen umfassende, dem Gehirn zugehende Faserverbindungen eigen. Sie laufen in der Mehrzahl in der spino-thalamischen Bahn, während einzelne auch über die dorso-lateralen Systeme und die der Hintersäule ihren Weg zum Gehirn finden.

HILLMAN und WALL (1969) wiesen bei jeder Lamina 5-Zelle eine Gliederung des rezeptiven Feldes in drei Zonen nach (Abb. 12). Die Zelle ist durch alle Arten mechanischer Reize, die auf das Zentrum des Feldes einwirken, erregbar (Zone 1); die Entladefrequenz steigt mit zunehmender Reizstärke an. Starke Reize erzeugen sehr langfristige Entladungssequenzen. Genauere

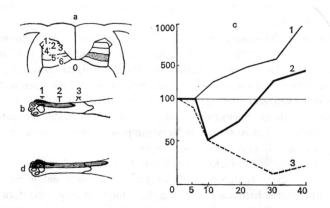

Abb. 12: Die rezeptiven Felder einer einzelnen Lamina 5-Zelle des Hinterhorns. a zeigt den Ort der Lamina. Zeichnung b illustriert die rezeptiven Zellfelder bei einer enthirnten Katze. Ein Streifen, Berühren oder Quetschen der Haut in *Zone 1* erregte die Zelle; strich man über die *Zone 2,* so trat eine Hemmung der Zelle auf; ließ man alle Reize auf *Zone 3* einwirken (die äußeren Grenzlinien sind nicht exakt auszumachen), so hemmten sie die Zelle und führten in keinem einzigen Fall zu einer Erregung. Abb. c zeigt die Auswirkungen der elektrischen Reizung in den Zonen 1, 2 und 3: Die unter Ruhebedingungen zu messende Entladefrequenz der Zelle wird als hundert Prozent gesetzt; die Reizstromstärken sind unten aufgeführt. Kurve 1 verdeutlicht die Auswirkung der Stimulation in Zone 1: Sämtliche effektive Stromstärken bedingten einen Anstieg der Entladefrequenz. Kurve 2 spiegelt die Folgen der Reizung innerhalb von Zone 2 wider. Schwache Spannung führte zur Verminderung, starke zur Erhöhung der Entladefrequenz. In Kurve 3 ist abzulesen, daß eine Stimulation innerhalb von Zone 3 in einer Hemmung der Zellaktivität resultierte. In Abb. d sind die Auswirkungen auf die Zelle dargestellt, nachdem die Beeinflussung durch das Stammhirn ausgeschaltet ist (durch Abkühlung der oberen Rückenmarksabschnitte): Die Zonen 1 und 2 vergrößerten sich, Zone 3 verschwand. (Aus HILLMAN und WALL, 1969, Seite 284).

Untersuchungen zeigen, daß der schwachen Stimulation eine Hemmung folgt, und daß intensiver Reizung innerhalb der Grenzen dieser zentralen Region eine Bahnung vorausgeht. Rings um diese Zone läßt sich ein Gebiet ausfindig machen (Zone 2), das durch zarte Berührungsreize oder elektrische Stimulation der dicken Nervenfasern gehemmt wird, während starke Reizung – bzw. die Erregung der dünnen Fasern – eine Aktivierung und eine gewisse Impulszunahme auslöst. Diese beiden erregenden Felder sind umgeben von einem noch größeren Gebiet (Zone 3), in dem natürliche Reize nicht zu einer Erregung führen, sondern ein »Feuern« der Lamina 5-Zellen verhindern.

Der Hemmechanismus, welcher von den dicken Fasern verursacht wird, und die auf die dünnen Fasern zurückgehende Bahnung, sind von unbekannter Natur. Doch gehen HILLMAN und WALL (1969) davon aus, daß die Ursache dieser Hemmung und Bahnung in den prä- und postsynaptischen Effekten der kleinen Lamina 2- und 3-Zellen zu suchen ist. Ihren Versuchsergebnissen zufolge bewirkt eine einzige elektrische Reizung der dünnen Fasern einen wahren Ausbruch an Nervenimpulsen, dem wiederholte Entladungen in den Rückenmarkszellen folgen.

Aufeinanderfolgende (sukzessive) Stromstöße verursachen einen »Aufzieheffekt« – einen Impulsausbruch, dem nach jeder Stimulation eine zunehmend länger anhaltende Entladungsphase folgt. Im Gegensatz dazu bewirken sukzessive Stromstöße, die den dicken Fasern zugeführt werden, einen Impulsausbruch, dem sich nach jeder Reizung eine »Abschalt«- oder Ruhephase anschließt. Die konträren Bahnungs- und Hemmungseffekte nach der Reizung von dicken und dünnen Fasern werden auf den vermittelnden Einfluß der Substantia gelatinosa zurückgeführt (WALL, 1964). Sie bilden gleichzeitig die Grundlage für die »Gate-Control«-Theorie, die in Kapitel 6 beschrieben wird.

Funktionssysteme des Gehirns

Seit langer Zeit wird angenommen, daß hinter der Schmerzempfindung und der Schmerzreaktion ein »Schmerzzentrum« im Gehirn steht. Dieses Konzept ist jedoch völlig unangemessen, wenn es der Komplexität des Phänomens Schmerz gerecht werden soll. Tatsächlich stellt diese Auffassung eine reine Spekulation dar – es sei denn, man betrachtet das ganze Gehirn als Schmerzzentrum, da sowohl Thalamus, Hypothalamus, Formatio reticularis des Hirnstammes, limbisches System als auch die seitliche und frontale Hirnrinde an der Schmerzwahrnehmung beteiligt sind. Andere Hirngebiete stehen offensichtlich mit der emotionellen und der motorischen Ebene des Schmerzes in Beziehung. Die Vorstellung eines Zentrums im Gehirn, das ausschließlich für Schmerz verantwortlich ist, muß deshalb bedeutungslos werden. Anatomie und Physiologie der somatosensiblen Projektionssysteme des Gehirns sind höchst komplex (Abb. 13). In die Schmerzprozesse sind sehr viele Hirngebiete miteinbezogen, die sich gegenseitig stark beeinflussen. Deshalb bringen Versuche, sie in ihrer Gesamtheit zu beschreiben, gewöhnlich eher Verwirrung als Klarheit mit sich. Statt dessen ist es aber möglich, zunächst die wichtigsten psychologischen Schmerzdimensionen darzustellen und diese auf bestimmte Hirnstrukturen und deren Funktionen zu beziehen.

Die Schmerz-Dimensionen

Das Problem Schmerz wurde seit Anfang dieses Jahrhunderts von der Vorstellung beherrscht, Schmerz sei lediglich eine sensorische Erfahrung. Dennoch kommt ihm eine einzigartige, deutlich unangenehme, affektive Wesensart zu, die ihn von anderen sensorischen Erfahrungen wie Sehen, Hören oder Berühren unterscheidet. Er ist überwältigend, fordert unmittelbare Aufmerksamkeit und unterbricht den Verhaltensablauf und auch den Gedankenstrom. Schmerz motiviert oder steuert den Organismus in Richtung einer Aktivität, die darauf abzielt, dem Schmerz schnellstens Einhalt zu gebieten. Betrachtet man nur die sensorischen Aspekte von Schmerz und läßt dessen motivierend-affektive Eigenheiten unbeachtet, so sieht man nur Teilaspekte des Gesamtproblems. Sogar jene Auffassung, die Schmerz als eine Wahrnehmung begreift und der vergangenen Erfahrung, der Aufmerksamkeit und anderen kognitiven Einflüssen einen wesentlichen Stellenwert zuschreibt, berücksichtigt immer noch nicht die entscheidende motivierende Dimension.

Klinische Studien über die Ausschaltung des Frontallappens, über angeborene Schmerzunempfindlichkeit und Schmerz-Asymbolie[1], stellen ganz deutlich die motivierend-affektive Schmerzdimension in den Vordergrund. Patienten, die sich einer frontalen Lobotomie unterzogen haben (dabei werden die Verbindungen zwischen Frontallappen und Thalamus durch-

---

[1] Schmerz-Asymbolie: Die Unfähigkeit, Schmerz über die Zeichen- und Gebärdensprache zum Ausdruck zu bringen. (Anmerkung des Übersetzers).

trennt), beklagen sich selten über schwere Schmerzen bzw. verlangen fast nie Medikamente (FREEMAN und WATTS, 1950). Im typischen Fall berichten die Patienten nach der Operation, daß sie zwar noch Schmerzen hätten, sich aber von diesen nicht gestört fühlten. Fragt man dann genau nach, so reden sie oft von »geringen« Schmerzen; – dagegen sei der »große« Schmerz, das Leiden und die Qual, verschwunden. Mit Sicherheit ist die sensorische Komponente des Schmerzes noch vorhanden, da sich diese Kranken über Nadelstiche und leichte Verbrennungen beklagen. Möglicherweise senken

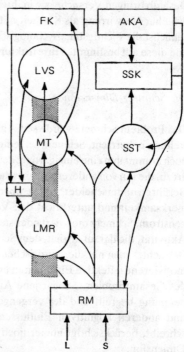

Abb. 13: Schematische Darstellung der wichtigsten Beziehungen zwischen den Strukturen im Zentralnervensystem, die mit Schmerz in Zusammenhang stehen. Rechts: Thalamische und neokortikale Strukturen-Grundlage für die Unterscheidungsfähigkeit. Links: Retikuläre und limbische Systeme, von denen motivierend-affektive Funktionen ausgehen. Zu den aufsteigenden Leitungsbahnen des Rückenmarks (RM) zählen die folgenden: (1) die hinteren Schleifenbahnen, die Hinter- und Seitenstrangbahnen (rechter, aufsteigender Pfeil); sie ziehen zum somatosensiblen Thalamus (SST) und Kortex (SSK). (2) die Bahnen des Vorderseitenstranges (linker, aufsteigender Pfeil) gehen über die spino-thalamische Bahn zum somatosensiblen Kortex, zur Formatio reticularis (gestrichelte Fläche), sowie über das paramediale aufsteigende System zur limbischen Mittelhirnregion (LMR) und zum mittleren Thalamus (MT). Die zum Rückenmark absteigenden Bahnen nehmen ihren Ursprung im somatosensiblen Kortex und den angegliederten Kortex-Arealen (AKA), sowie in der Formatio reticularis. Polysynaptische und sich gegenseitig beeinflussende Verbindungen im limbischen System und der Formatio reticularis sind angedeutet. Weitere Abkürzungen: FK – frontaler Kortex; LVS – limbische Vorderhirnstrukturen (Hippocampus, Septum, Mandelkerngebiete und die angegliederte Hirnrinde); H – Hypothalamus. (Aus MELZACK und CASEY, 1968).

sich die Wahrnehmungsschwellen für Schmerz (KING, CLAUSEN und SCARFF, 1950). Die Hauptwirkung der Lobotomie dürfte, betrachtet man das gesamte Spektrum der Schmerzerfahrung, in der motivierend-affektiven Dimension zu suchen sein. Es sieht so aus, als ob sich die aversiv erlebte Schmerzempfindung und das Bedürfnis nach Schmerzlinderung abschwächt.

Menschen mit angeborener Schmerzunempfindlichkeit zeigen kaum sensorische Ausfallserscheinungen und sind in der Lage, stechenden Schmerz, Kälte und Druck wahrzunehmen. Sie machen zwar genaue Angaben über den Anstieg der Reizintensität, dennoch scheint sich selbst ein starker, schädigender Eingangsreiz in keinem Fall in offenen Schmerz zu verwandeln. Es liegt auf der Hand (STERNBACH, 1968), daß nicht die sensorischen Eigenheiten der Eingangsreize fehlen, sondern vielmehr die motivierend-affektiven Komponenten. Ähnlich sind auch Patienten mit »Schmerzasymbolie« (RUBINS und FRIEDMAN, 1948) nach Ausfall von Teilen des Schläfenlappens oder der frontalen Hirnrinde in der Lage, die räumlichen und zeitlichen Eigenschaften schädigender Reize abzuschätzen (sie erkennen z.B. das Stechen einer Nadel), versuchen jedoch nicht, diese zu meiden bzw. beklagen sich nicht darüber. Der sensorische Eingangsreiz ruft niemals jene starke Vermeidungstendenz und jene negativen Affekte hervor, die für das Schmerzerleben und die darauffolgende Reaktion charakteristisch sind.

Diese Ausführungen legen die Existenz von drei wichtigen psychischen Dimensionen des Schmerzes nahe: einer sensorisch-unterscheidenden, einer motivierend-affektiven und schließlich einer kognitiv-abwägenden Dimension. MELZACK und CASEY (1968) gingen davon aus, daß ihnen physiologisch spezialisierte Systeme im Gehirn zugrunde liegen.

Die sensorisch-unterscheidende Dimension

Die Studien über Physiologie und Verhalten deuten darauf hin, daß die sensorisch-unterscheidende Schmerzdimension zumindest teilweise auf der spino-thalamischen Übertragung der Nervenimpulse zum ventro-basalen Thalamus und zur somatosensiblen Rinde beruht (Abb. 10, Seite 85). Die Neuronen im ventro-basalen Thalamus, die einen wesentlichen Anteil ihrer afferenten Eingangsreize vom spino-thalamischen Projektionssystem erhalten, weisen sogar noch nach Entfernung der Hintersäulen eine gesonderte somatotopische Gliederung auf. Untersuchungen bei Mensch und Tier (siehe WALL, 1970) ergaben, daß die chirurgische Ausschaltung der Hintersäulen – von denen man lange annahm, sie würden tatsächlich der gesamten

Unterscheidungsfähigkeit des sensorischen Systems der Haut zugrunde liegen – nicht oder kaum die Fähigkeit reduziert, feine Berührungsreize zu unterscheiden und zu lokalisieren. Ferner kamen SEMMES und MISHKIN (1965) zu dem Ergebnis, daß das deutliche Nachlassen der taktilen Unterscheidungsfähigkeit einer Schädigung der kortikalen Übertragung im spino-thalamischen System zuzuschreiben ist. Faßt man diese Daten zusammen, so liegt die Vermutung nahe, daß das spino-thalamische Projektionssystem Informationen über räumliche, zeitliche und quantitative Eigenheiten der Eingangsreize weiterleiten kann.

Die motivierend-affektive Dimension

Es lassen sich überzeugende Hinweise (MELZACK und CASEY, 1968) darauf finden, daß die Formatio reticularis des Hirnstamms und das limbische System, denen Impulse aus den spino-retikulären und den paläo-spino-thalamischen Anteilen im Vorderseitenstrang zukommen, eine besonders wichtige Rolle im Rahmen der motivierend-affektiven Schmerzdimension spielen. Diese in der Mitte verlaufenden Fasern, die ein »paramedianes aufsteigendes System« umfassen (MELZACK und CASEY, 1968), sind eher kurz und gehen untereinander diffuse Verbindungen ein während sie vom Rückenmark zum Gehirn aufsteigen. Sie sind nicht zur Übertragung von gesonderten räumlichen und zeitlichen Informationen angelegt. Ihre »Zielzellen« im Gehirn besitzen gewöhnlich ausgedehnte rezeptive Felder, die manches Mal die Hälfte der Körperoberfläche oder sogar noch mehr abdecken. Neben den zusammenlaufenden somatosensiblen Fasern gelangen noch Reize aus anderen sensorischen Systemen, wie z.B. Gehör und Lichtsinn, zu vielen dieser Zellen.

Formatio reticularis

Es ist heute gut belegbar, daß die Formatio reticularis mit aversiven Trieben und ähnlichen schmerzverwandten Verhaltensweisen in Zusammenhang steht. Die Stimulation des riesenzelligen Kerns im verlängerten Mark (CASEY, 1971) sowie des zentralen Graus und der angrenzenden Gebiete des Mittelhirns (SPIEGEL, KLETZKIN und SZEKELEY, 1954; DELGADO, 1955) ruft einen stark aversiven Trieb hervor und läßt Verhaltensweisen entstehen, die für Reaktionen auf gewöhnliche Schmerzreize

typisch sind. Dagegen verursachen Lähmungen des zentralen Graus oder
der spino-thalamischen Bahn eine deutliche Abnahme der Ansprechbarkeit
auf schädigende Reize (MELZACK, STOTLER und LIVINGSTON, 1958). Ähnlich wurden auf Thalamus-Ebene »furchtverwandte« Reaktionen, die mit
Fluchtverhalten verbunden sind, durch Stimulation der medialen und der
angrenzenden, intralaminär gelegenen Kerne des Thalamus hervorgerufen
(ROBERTS, 1962). Beim Menschen bewirken Eingriffe in das mittlere Thala-
musgebiet (para-fasciculärer und zentro-medianer Komplex) sowie in die
intralaminären Kerne eine Linderung der hartnäckigen Schmerzen (MARK,
ERVIN und YAKOVLEV, 1963; WHITE und SWEET, 1969).

In der Formatio reticularis findet man eine beträchtliche Spezialisierung,
und die Auswirkungen der Eingriffe ändern sich von einem Areal zum
anderen. Im Bereich des Mittelhirns wirken analgetische Substanzen auf die
spino-thalamische Bahn, den Tractus tegmentalis und die Bahn des zentralen
Graus. Reaktionen, die über die Bahn des Nervus trigeminus durch Stimulation der Zahnpulpa hervorgerufen werden, können zu einem beträchtlichen Teil durch Lachgas unterdrückt werden, und zwar in einem solchen
Ausmaß, daß dem Menschen das Schmerzbewußtsein verlorengeht
(Abb. 14). Doch haben Eingriffe in unterschiedlichen Gebieten auch unterschiedliche Auswirkungen. MELZACK, STOTLER und LIVINGSTON (1958)
zeigten, daß Katzen, bei denen die spino-thalamische Bahn ausgeschaltet
war, eine signifikante Verminderung der Fähigkeit aufwiesen, schädigende
Wärmeeinwirkung und Nadelstiche wahrzunehmen und entsprechend darauf zu reagieren. Sie antworteten während der fünftägigen Testzeit lediglich
auf ca. 50 % der Reizdarbietungen. Katzen mit zerstörtem zentralen Grau
nahmen am ersten Tag lediglich ca. 30 % aller Reize wahr und reagierten
entsprechend darauf. Die Tiere steigerten sich jedoch täglich, bis sie schließlich am fünften Tag auf etwa 70 % der Reize ansprachen. Da die Tiere erst
lange Zeit nach Heilung der Operationswunden getestet wurden, kann aus
dieser Verhaltensänderung geschlossen werden, daß eine Reorganisation
der Faserverbindungen im Nervensystem stattgefunden hatte: Die Eingangsreize, die normalerweise über einen bestimmten Kanal laufen, werden nun
in anderen Bahnen weitergeleitet. Die erstaunlichsten Verhaltensänderun-
gen traten aber bei Katzen mit ausgefallenem Tractus tegmentalis auf. Sie
wurden überempfindlich gegenüber Nadelstichen und versuchten, diesen
mit einem solchen Drang auszuweichen wie es bei keinem anderen Tier zu
beobachten war. Sie scheuerten und bissen sich die Pfoten wund und schrien
häufig, auch ohne vorausgegangene Stimulation.

Angesichts dieser Folgen liegt es nahe, daß die zentrale Haubenbahn

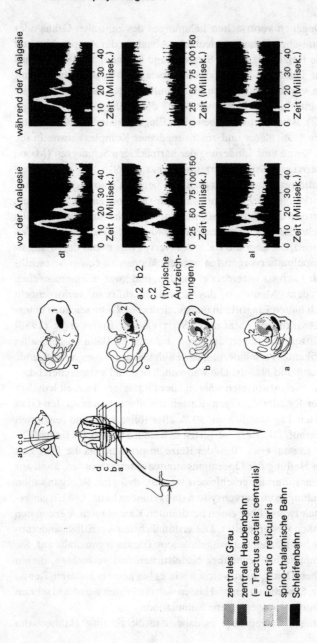

zentrales Grau
zentrale Haubenbahn
(= Tractus tectalis centralis)
Formatio reticularis
spino-thalamische Bahn
Schleifenbahn

Abb. 14: Fünf Leitungsbahnen im Hirnstamm der Katze übertragen die Signale, die durch Stimulation der Zahnnerven entstehen. Die Darstellungen a, b, c und d zeigen den Verlauf der Bahnen durch Mittelhirn und Thalamus. Ein kombiniertes Schmerzmittel-Gemisch aus Lachgas und Sauerstoff unterbricht die Signalübermittlung in vier (2) der fünf Leitungsbahnen. Das Signal wird jedoch nicht in der Schleifenbahn blockiert (1). (Aus HAUGEN und MELZACK, 1957, Seite 183).

einen hemmenden Effekt auf die Eingangsreize hat. Es wurde bereits erwähnt, daß elektrische Stimulation in diesem Gebiet oder in dessen Umgebung eine Verkleinerung der rezeptiven Felder der Rückenmarkszellen hervorruft. Tatsächlich ist diese Region der Ursprungsort eines beträchtlichen Anteils der absteigenden retikulo-spinalen Fasern (ebenso Anfangspunkt der aufsteigenden thalamischen und kortikalen Fasersysteme). Dieser hemmende Einfluß hilft, eine vor kurzem gemachte Entdeckung zu klären: REYNOLDS (1969, 1970) beobachtete, daß elektrische Stimulation in der Gegend des zentralen Graus und die Reizung der zentralen Haubenbahn bei Ratten eine deutliche Verminderung der Schmerzempfindlichkeit bewirkt, so daß sie nun gegenüber Stichen, Verbrennungen, ja sogar Bauchoperationen gleichgültig blieben. Diese Tiere waren nicht gelähmt – statt dessen schienen sie aber völlig unempfindlich gegenüber normalerweise schmerzhaften Reizen zu sein. Neulich trat in den Experimenten von MAYER, WOLFLE, AKIL, CARDER und LIEBESKIND (1971) dieselbe Erscheinung auf. Darüber hinaus kamen die Autoren zu dem Schluß, daß in diesem System eine gewisse somato-topische Organisation vorhanden sein muß. Infolgedessen führt die Reizung eines spezifischen Punktes nur an bestimmten Körperstellen, wie z.B. an der unteren Körperhälfte oder innerhalb eines Quadranten, zu einer Aufhebung der Schmerzempfindung. Weiter muß, den Ergebnissen zufolge, eine elektrische Reizung dieser Gebiete von den Tieren als angenehm empfunden werden; sie demonstrierten aktives Suchverhalten, indem sie einen Hebel drückten um sich selbst zu stimulieren. Wie wir in Kapitel 6 sehen werden, sind diese Beobachtungen von großer theoretischer Bedeutung, da sie auf die Existenz eines Systems hinweisen, das einen tonischen und weitverzweigten hemmenden Einfluß auf die Impulsübertragung durch das somatosensible Projektionssystem ausübt.

Obwohl diese retikulären Gebiete eine eindeutige Beziehung zum Schmerz aufweisen, können sie ebenfalls bei anderen somatosensiblen Abläufen eine Rolle spielen. Nach CASEY (1971) sprechen sechzehn von zwanzig Zellen des großzelligen Kerns (Nucleus gigantocellularis) auf Klopfen bzw. leichten Druck auf die Hand an. Ferner stellt das Antwortmuster der Zellen eine Funktion der Reizintensität dar; die Zellen reagieren stärker und mit mehr Entladungen auf jene Reize (Kniffe, Nadelstiche), die ein Zurückziehen der untersuchten Gliedmaßen auslösen. Zu einem ähnlichen Ergebnis kamen BECKER, GLUCK, NULSEN und JANE (1969): Viele Zellen des zentralen Graus im Mittelhirn und im Tegmentum reagierten, wenn man die dicken, unterschwelligen Fasern elektrisch reizte. Ein Anstieg der Reizstärke mit dem Ziel der Aktivierung von dünnen, hochschwelligen Fasern, führte zu

charakteristischen Antwortmustern mit hoher Entladefrequenz sowie über
mehrere Sekunden zu verlängerten Nachentladungen und zum »Aufzieheffekt« (Steigerung der nervalen Reaktion bei wiederholter intensiver Reizdarbietung).

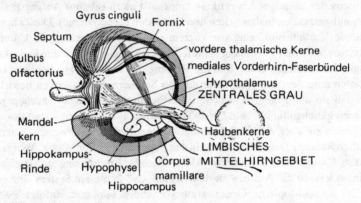

Abb. 15: Schematische Zeichnung des limbischen Systems, das eine wichtige
Rolle bei emotionalen und motivierenden Abläufen spielt. Die Pfeile deuten den
Verlauf der Nervenimpulse durch das System an. (Nach McLEAN, 1958, Seite
1723).

Das limbische System

Den wechselseitigen Verbindungen zwischen der Formatio reticularis und
dem limbischen System kommt im Rahmen der Schmerzprozesse eine besondere Bedeutung zu (MELZACK und CASEY, 1968). Das zentrale Grau des
Mittelhirns, Teil der Formatio reticularis, stellt gleichzeitig eine Hauptver-
bindung zum limbischen System dar (Abb. 15). Es ist Teil des »Limbischen
Mittelhirngebiets« (NAUTA, 1958), das sich bis zum mittleren Thalamus und
zum Hypothalamus erstreckt. Diese beiden Anteile wiederum reichen bis zu
den limbischen Vorderhirn-Strukturen. Viele dieser Areale stehen auch mit
bestimmten Regionen der frontalen Hirnrinde in Verbindung, die gelegentlich als funktionelle Anteile des limbischen Systems angesehen werden. So
schaltet sich das entwicklungsgeschichtlich alte paramediane aufsteigende
System, das zwar vom neuen spino-thalamischen Projektionssystem getrennt ist, zu diesem jedoch parallel läuft, in den komplexen Kreislauf des
limbischen Systems ein.

Heute bestehen keine Zweifel an der wichtigen Rolle, die das limbische System in bezug auf Schmerzprozesse einnimmt. Die elektrische Reizung von Hippokampus, Mandelkern oder anderen limbischen Strukturen ruft möglicherweise Fluchtverhalten bzw. den Versuch, dem Reiz auszuweichen, hervor (DELGADO, ROSVOLD und LOONEY, 1956). Nach Abtragung des Mandelkerns und der darüberliegenden Hirnrinde verändert sich das affektive Verhalten von Katzen beträchtlich, die herabgesetzte Ansprechbarkeit auf schädigende Reize eingeschlossen (SCHREINER und KLING, 1953). Die chirurgische Entfernung des Cingulum-Faserbündels, das die frontale Hirnrinde mit dem Hippocampus verbindet, ruft ebenfalls den Verlust »negativer Affekte« hervor; für den Menschen ist dies mit hartnäckigen Schmerzen verbunden (FOLTZ und WHITE, 1962). Die vorliegenden Anhaltspunkte deuten darauf hin, daß die limbischen Strukturen, obwohl sie bei vielen anderen Funktionen eine Rolle spielen, eine nervale Basis für aversive Triebe und Affekte schaffen, welche die motivierenden Komponenten des Schmerzes darstellen.

Eng verwandt mit jenen Hirnarealen, die mit den aversiven Trieben zusammenhängen, sind die hypothalamischen und limbischen Strukturen. Sie überschneiden sich teilweise mit diesen und sind mit Annäherungsreaktionen sowie anderen Verhaltensweisen, die auf eine Aufrechterhaltung und Verlängerung der Reizeinwirkung abzielen (OLDS und OLDS, 1963), verknüpft. Eine elektrische Reizung der Strukturen bringt oft Verhaltensweisen zum Vorschein, bei denen das Tier eine Stimulationstaste drückt und im Anschluß daran eine zweite betätigt, die die Reizeinwirkung beendet. Derartige Effekte, die wohl auf die Überlappung von »aversiven« und »belohnenden« Zentren zurückgehen, stellen manches Mal lediglich eine Funktion der Reizintensität dar, so daß schwache Stimulation Annäherung bewirkt, starke dagegen zu Vermeidungsverhalten führt. Aus den komplizierten Wechselwirkungen zwischen diesen Gebieten (OLDS und OLDS, 1962) läßt sich ableiten, warum nach schädigender Reizeinwirkung die aversiven Triebe durch Stimulation der Belohnungszentren im lateralen Hypothalamus unterdrückt werden können (COX und VALENSTEIN, 1965).

Aus dem vorliegenden Tatsachenmaterial ist ganz klar ersichtlich, daß jene Regionen, die die paramedianen, retikulären und limbischen Fasersysteme umfassen, auf die motivierenden und affektiven Schmerzmechanismen einwirken. Auf welche Art und Weise diese Areale ins Spiel gebracht werden, erfahren wir in Kapitel 6.

Die kognitiv-abwägende Dimension

Wie wir bereits sahen (Kapitel 2), haben kognitive Aktivitäten, die sich beispielsweise in kulturellen Wertvorstellungen, Angst, Aufmerksamkeit und Beeinflussung manifestieren, tiefgreifende Auswirkungen auf die Schmerzerfahrung. Diese Funktionssysteme, denen zumindest zum Teil kortikale Prozesse zugrunde liegen, wirken auf die sensorisch-unterscheidende bzw. die motivierend-affektive Dimension ein. So führt die Aufregung im Spielgeschehen oder während des Krieges zur Hemmung dieser beiden Schmerzdimensionen, während starke Beeinflussung und Placebomittel einen Wandel der motivierend-affektiven Dimension mit sich bringen können. Möglicherweise bleibt die sensorisch-unterscheidende Dimension davon relativ unbeeinflußt.

Kognitive Funktionen sind also in der Lage, spezifisch auf sensorische Vorgänge oder motivierende Prozesse einzuwirken. Darüberhinaus spricht einiges für die Annahme, daß die sensorische Eingangsstimulation aufgrund ihrer physikalischen Besonderheiten geortet und identifiziert, sowie gleichzeitig auf dem Hintergrund vorausgegangener Erfahrungen beurteilt wird. All dies geschieht noch *vor* der Aktivierung unterscheidender bzw. motivierender Systeme durch eben diese Eingangsreize. Kriegsverletzte Soldaten empfinden angesichts ihrer Wunden vielleicht wenig oder überhaupt keine Schmerzen, jammern aber trotzdem bei einer ungeschickt durchgeführten Venenpunktion (BEECHER, 1959). Hunde, die mehrmals unmittelbar nach einem Elektroschock, einer Verbrennung oder Schnittverletzung der Haut, Futter bekommen, nehmen diese Reize bald als Signale für Nahrung wahr und fangen zu speicheln an, ohne dabei irgendwelche Anzeichen von Angst zu zeigen. Sie winseln aber, genau wie normale Hunde auch, sobald man andere Körperstellen reizt (PAVLOV, 1927, 1928).

Das neurale System, das diese komplexen Funktionen der Identifikation, Bewertung und wahlweisen Veränderung der Eingangsreize erfüllt, muß schnelle Verbindungen zur Hirnrinde herstellen, damit es den somatosensiblen Informationen ermöglicht wird, sich weiterer Analyse zu unterziehen, mit anderen sensorischen Eingangsreizen in Wechselwirkung zu treten sowie Gedächtnisspeicher und die im voraus festgelegten Reiz-Beantwortungsstrategien abzurufen. Zudem muß das neurale System in der Lage sein, spezifisch auf die sensorischen und motivierenden Systeme einzuwirken, um dadurch deren Reaktion auf Informationen, die in langsamer leitenden Bahnen übermittelt werden, zu beeinflussen. MELZACK und WALL (1965) sind der Auffassung, daß die Hintersäulenbahnen und die dorso-lateralen Projektionswege (Abb. 10, Seite 85) als Glieder der »Vorwärts-koppelung« in dieser Leitungsschleife wirken. Besonders die Hinterstrang-bahn wuchs schnell mit der Hirnrinde heran (BISHOP, 1959). Sie übermittelt genaue Informationen über Art und Ort der Reizeinwirkung, paßt sich schnell an, gibt phasischen Reizschwankungen (im Vergleich zu dauernder tonischer Aktivität) den Vorrang und leitet die Erregungen rasch zum Kortex weiter, so daß die Neuronen mit der Aktivierung zentraler Kontrollprozesse beginnen können. Bekanntlich wirken die von der Hirnrinde absteigenden Impulse über pyramidale und andere zentrale Kontrollfasern auf bestimmte Anteile des sensorisch-unterscheidenden Systems, wie z.B. den ventro-basalen Thalamus ein (SHIMAZU, YANAGISAWA und GAROUTTE, 1965). Darüber hinaus sind die stark hemmend wirkenden Einflüsse der absteigen-den Bahnen, die die Hinterhornzellen des Rückenmarks beeinflussen (HAGBARTH und KERR, 1954; HILLMAN und WALL, 1969) in der Lage, den Eingangsreiz zu verändern, und zwar noch bevor dieser den unterscheiden-den und motivierenden Systemen zugeleitet wird (Abb. 16). Diese schnellei-tenden auf- und absteigenden Fasersysteme sind also dafür verantwortlich, daß psychische Prozesse bei der Festlegung von Schmerzqualität und Schmerzintensität eine wesentliche Rolle spielen.

Der frontalen Hirnrinde kommt bei der Vermittlung zwischen den kogni-tiven Aktivitäten und der motivierend-affektiven Bedeutung des Schmerzes ein besonders wichtiger Stellenwert zu (MELZACK und CASEY, 1968). Ihr werden über das in der Hirnrinde liegende Fasersystem Informationen aus eigentlich allen sensorischen und assoziativen Hirnrindengebieten zugelei-tet, die sie dann gezielt auf retikuläre und limbische Strukturen überträgt. Die Auswirkungen der Lobotomie lassen sich durch gedämpften Affekt und ein abgeschwächtes Verlangen nach Narkotika und anderen Schmerzmitteln charakterisieren. Sie gehen möglicherweise auf eine Unterbrechung der Regulationsmechanismen zentraler Kontrollprozesse zurück, die die Aktivi-tät des retikulären und limbischen Systems steuern.

Räumliche und zeitliche Strukturierung

Wie bereits erwähnt, wirkt die somatosensible Eingangsstimulation auf einen Organismus ein, dem zur Auswahl und Abstraktion dieser Reize so-wohl angeborene als auch erworbene Mechanismen zur Verfügung stehen. Wahrnehmung und Reizbeantwortung schließen die Einordnung der un-zähligen Nervenimpulsmuster aus dem gesamten Körper ein und sind gleich-

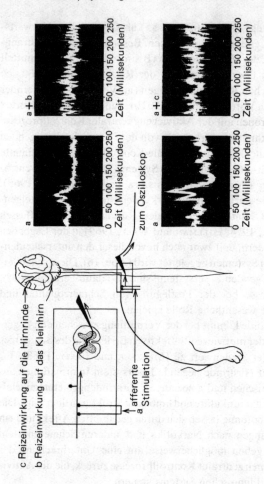

Abb. 16: Die Auswirkungen der Stimulation von Hirnstrukturen auf die Übertragungsvorgänge im Rückenmark. Ein afferenter, ins Rückenmark eintretender Nerv wird elektrisch direkt gereizt (a). Das Signal passiert die Hinterhornzellen und läßt sich nach Übertritt auf die andere Rückenmarkseite (wie es zum Gehirn aufsteigt) aufzeichnen. Dabei entsteht Kurve a. Reizt man gleichzeitig das Kleinhirn (b) oder die Hirnrinde (c), so wird das afferente Signal nahezu vollständig unterdrückt. Dies ist in den Kurven a und b sowie a und c zu sehen. (Aus: HAGBARTH und KERR, 1954, Seite 295).

zeitig als Funktion der Fähigkeit des Gehirns zu betrachten, aus dem Gesamt der Informationen, die ihm aus dem somatosensiblen System zugehen, die richtigen auszuwählen und zu abstrahieren (HEAD, 1920). »Reizmodalitätsklassen« repräsentieren beispielsweise derartige Abstraktionen aus den Mitteilungen, die über das gesamte somatosensible System laufen.

Die Aussage, eine Information werde in Form räumlicher und zeitlicher Nervenimpulsmuster verschlüsselt, ist als solche unvollständig. Wir müssen vielmehr über die spezifischen Informations-Codes, die bei einer Hautstimulation an das Gehirn weitergeleitet werden, Bescheid wissen. Ebenso sollten wir wissen, wie die zentralen Zellen aus diesen Informationen ihre Auswahl treffen, um schließlich die zahlreichen unterschiedlichen sensorischen Erfahrungsqualitäten entstehen zu lassen. Es wird angenommen, daß auf allen Ebenen des Zentralnervensystems Mechanismen zur Entschlüsselung der *räumlichen und zeitlichen* Eigenheiten der Eingangsreize vorhanden sind, so daß auf manchen Ebenen die Informationen nacheinander – in parallelen Systemen sogar gleichzeitig – ausgewählt werden (MELZACK und WALL, 1962).

Räumliche Strukturierung

Die Information wird von den räumlichen Mustern der Nervenimpulse weitergeleitet, das heißt durch die spezifischen Aktivitätsmuster vieler Neuronen. Zwei Aspekte der räumlichen Muster sind für das Verhältnis von Schmerz von besonderer Bedeutung: *Konvergenz* vieler Neuronen auf eine einzige Zelle und *Divergenz* der Neuronen zu verschiedenen Strukturen hin.

Beim Schmerz spielt die *Konvergenz* eine besonders wichtige Rolle. Viele Rezeptor-Fasereinheiten aus der Haut können auf eine einzige Rückenmarkszelle zulaufen. Andererseits ist es möglich, daß viele dieser Zellen wiederum auf eine einzige Gehirnzelle konvergieren. Ein derartiges Zusammenlaufen von Eingangsreizen ermöglicht später eine räumliche Summation. Wie wir bereits erwähnt haben, wächst die Zahl der durch einen Reiz aktivierten Fasern mit zunehmender Reizintensität an. Starker Druck, thermische oder chemische Reizung resultieren nicht nur in einer Entladung der hochschwelligen Fasern, sondern diese Stimuli aktivieren auch zahlreiche Fasern im niederschwelligen Bereich. Experimente, die den Verlust der Schmerzempfindung mit der spezifischen C-Faser-Blockierung in Beziehung setzen, werden gewöhnlich dahingehend interpretiert, daß man die C-Fasern mit Schmerzfasern gleichsetzt (BISHOP, 1959). Es ist jedoch wahrscheinlicher (MELZACK und WALL, 1965), daß Schmerz dann auftritt, wenn in allen Fasern die gesamte Reizmenge über einen kritischen Grenzwert ansteigt. Diese Schwelle kann aber nur durch eine Aktivierung der dünnen Fasern überschritten werden. In Übereinstimmung mit vielen anderen Autoren (LIVINGSTON, 1943; HEBB, 1949; NOORDENBOS, 1959) läßt sich Schmerz als spezifische Reaktionsweise zentraler Zellen auf die Anzahl der aktivierten Fasern und die Impulsfrequenz in jeder einzelnen Faser betrachten.

Außer der Konvergenz ist auch noch eine Faser-*Divergenz* zu verschiedenen Hirnarealen mit spezialisierten Funktionen festzustellen. Wie wir bereits sahen, scheinen manchen Gebieten des Zentralnervensystems besondere sensorisch-unterscheidende Funktionen zuzukommen, während andere Areale in motivierend-affektive Prozesse verstrickt sind. Die Divergenz der afferenten, zu den Hinterhornzellen und den Kernen der Hintersäule führenden Fasern stellt lediglich die erste Stufe im Prozeß der Informationsauswahl dar. Jene Fasersysteme, die in den Hinterhörnern hochsteigen, divergieren nochmals auf höheren Ebenen des Zentralnervensystems und erregen aufsteigende Fasern mit unterschiedlichen Funktionen. Tatsächlich vereinigen sich die Leitungsbahnen mehrmals und laufen anschließend wieder auseinander, um auf diese Weise eine genauere Analyse der Eingangsreize zu gestatten. Ferner kann diese Analyse durch die Aktivität der absteigenden Fasern beeinflußt werden, die in unterschiedlichen Ebenen auf zentrale Zellen einwirken. Alle diese Vorgänge müssen sich zur selben Zeit abspielen und unterliegen dennoch der bemerkenswerten Einheit von Erfahrung und Antwortverhalten.

Zeitliche Strukturierung

Die Informationsübertragung geschieht durch zeitliche Strukturierung der Nervenimpulse in den einzelnen Neuronen. Manche Zellen im Rückenmark zeigen beispielsweise ein charakteristisches Entladungsmuster wenn sie durch Reize auf die entsprechenden rezeptiven Hautfelder aktiviert werden. WALL (1960) sowie WALL und CRONLY-DILLON (1960) konnten bei Haarbewegung, Berührung, Hitzeeinwirkung und Hautverletzung Muster aufzeichnen, die sich grundsätzlich voneinander unterschieden und zeitlich verschlüsselt waren (Abb. 17). Der Code mußte natürlich in späteren Stadien der Informationsauswahl von den Zellen »gelesen« werden können. MELZACK und WALL (1962) stellten Vermutungen über die Art des zeitlichen Musters an, das von zentralen Zellen entschlüsselt werden kann.

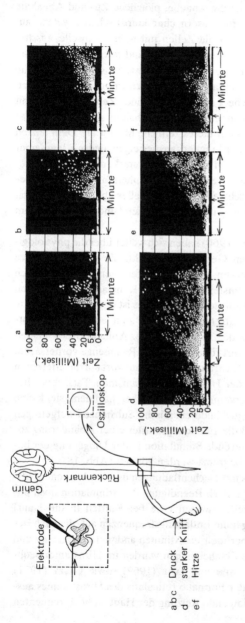

Abb. 17: Neurale Entladungsmuster, aus einzelnen Rückenmarkszellen der Katze abgeleitet. Sie verdeutlichen die Anfangsreaktion des Zentralnervensystems auf verschiedene, am Bein des Tieres einwirkende Reize. Das Muster wurde durch ein Zweigrammgewicht erzeugt, welches an einem einzelnen Haar hing; b zeigt die Auswirkungen eines Zwanziggrammgewichts, die über die Dauer der Aufzeichnung anhielt; Abb. d zeigt die Entladungsmuster bei starken Kniffen über die Dauer von einer Minute; bei e und f wurde während der ersten 15 Sek. nach der Pfeilmarkierung eine Heizlampe auf die Hautoberfläche gerichtet, so daß die Hauttemperatur um 4° bzw. 12° anstieg. Jeder Punkt auf den verschiedenen Abbildungen repräsentiert einen einzelnen Nervenimpuls; die Höhe über der Grundlinie entspricht dem Zeitintervall zwischen dem aufgezeichneten Impuls und dem vorangegangenen. (Aus WALL, 1960, und WALL und CRONLY-DILLON, 1960, Seite 365).

Das erste zeitliche Muster ist die schnelle, plötzliche Zu- und Abnahme der Entladungsfrequenz, die für Fasern charakteristisch ist, welche auf leichten Druck ansprechen. Zentrale Zellen mit hoher Schwelle, rascher Anpassung oder post-exzitatorischer Hemmung sind so eingestellt, daß sie nur auf dieses zeitliche Muster reagieren. Das nächste Muster wird durch die andauernden, relativ stabilen und niederfrequenten Impulse repräsentiert, die für temperaturempfindliche Fasern typisch sind. Zentrale Zellen mit niedriger Schwelle und langsamem Reaktionsverhalten sowie mangelnder Anpassungsfähigkeit sprechen auf dieses zeitliche Muster an. Dem letzten zeitlichen Muster ist ein schneller Frequenzanstieg eigen, dem ein langsamer Abfall folgt. Gerade dieser Abfall ist für die auf starken Druck oder Gewebsverletzungen reagierenden Rezeptor-Fasereinheiten typisch. Auf dieses zeitliche Muster sind hochschwellige zentrale Zellen abgestimmt, die erst durch längerfristige Impulseinwirkung aktivierbar sind und sich nur langsam anpassen.

Wall und Cronly-Dillon (1960) haben sich weiter über die physiologischen Eigenheiten von Zellen Gedanken gemacht, die auf starke Reize reagieren. Die Autoren bemerken, daß mit der afferenten Reizmenge auch die Zahl der Reizantworten ansteigt. Zwei Zeit-Konstanten beeinflussen allerdings die Entladungsmuster dieser Zellen: Das ist einmal die Erregung und Nachentladung aus den afferenten Fasern; zum anderen die post-exzitatorische Hemmung aus der zentralen Zelle. Anhand dieser beiden Faktoren läßt sich ein Grenzwert für die afferente Reizmenge vorhersagen. Die Zelle schwankt zwischen hochfrequenter Reizantwort auf die afferenten Impulse und Ruhe aufgrund der Hemmungsmechanismen. Tatsächlich beobachteten die Autoren Nervenimpuls-Ausbrüche, nachdem sie kleine Hautregionen zerstört oder juckende chemische Substanzen aufgetragen hatten. Sie zeigten auch, daß die Entladungsmuster einer Abänderung zugänglich sind und durch vibrierende Stimulation in der Umgebung der betroffenen Hautstelle zeitlich begrenzt werden können (Abb. 18).

Schmerz scheint besonders mit Nachentladungen und mit Nervenimpuls-Salven verbunden zu sein, die nach Beendigung der Stimulation noch andauern. Die Rückenmarkszellen weisen (wie bei Kniffen in die Haut) während der Reizeinwirkung hohe Entladungsfrequenzen auf, die nach Beendigung des Reizes noch über mehrere Minuten andauern (Hillman und Wall, 1969). Vergleichbare Erscheinungen wurden im Hirnstamm beobachtet. Becker, Gluck, Nulsen und Jane (1969) sowie Casey (1971) stellten – von den Zellen in der Formatio reticularis des Hirnstammes ausgehend – fest, daß eine schädigende Reizung der Haut zu hochfrequenten

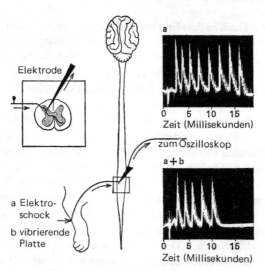

Abb. 18: Veränderung der Nervensignale durch Vibration. Ein einzelner elektrischer Reiz auf die Haut ruft eine Folge von Nervenimpulsen (a) in einem Rückenmarks-Neuron hervor. Die Impulsfolge wird verkürzt, wenn man das um die elektrisierte Region gelegene Hautgebiet mittels einer Metallplatte vibrieren läßt (b). Aus WALL und CRONLY-DILLON, 1960, Seite 365).

Entladungen führte, denen sich im Anschluß an die Stimulation über mehrere hundert Millisekunden Ausbrüche an Nachentladungen anschlossen.

Ein weiteres Muster läßt sich mit Schmerz in Beziehung bringen. In Kapitel 3 wurde erwähnt, daß verschiedene pathologische Schmerzzustände mit der teilweisen Zerstörung peripherer sensorischer Nerven verbunden sind. Viele Neuralgien treten nach unvollständiger Nervenschädigung auf; auch Kausalgie kommt häufiger im Anschluß an partielle Schädigungen vor und ist selten Folge einer totalen peripheren Nervenschädigung (SUNDERLAND, 1968). Sogar der Phantomschmerz geht mit einer partiellen Verletzung der Nerven einher, da nach vollständiger Abtrennung nur ein Teil der Fasern eines Nervenbündels zugrunde geht, während die restlichen wieder in das Stumpfgewebe einwachsen. Deshalb muß es von Interesse sein, die Auswirkungen zu betrachten, die eine unvollständige Unterbrechung der afferenten Fasern auf die Aktivität der Rückenmarkszellen hat.

WARD (1969) kam zu dem Ergebnis, daß bei der Katze die Durchtrennung einer oder mehrerer sensorischer Spinalwurzeln zu abnormen rhythmischen Entladungsausbrüchen in den Hinterhornzellen führt, die länger als dreißig Tage nach der Wurzelresektion noch anhalten. Darüber hinaus bewirkten einzelne Stromstöße in die benachbarten intakten Wurzeln eine verlängerte, sich auf mehrere hundert Millisekunden ausdehnende Entladungszeit. Diese aus der Norm fallenden Muster sind nur bei einer unvollständigen Unterbrechung der Afferenzen festzustellen. Mit anderen Worten: Für die Auslösung rhythmischer Entladungsausbrüche ist eine bestimmte Eingangsreizstärke notwendig. Ähnlich abnorme Aktivitäten lassen sich auch in Trigeminus-Zellen von Katzen nach einseitiger Extraktion aller Zähne beobachten. Dieselbe Erscheinung tritt bei Menschen in jenen Rückenmarkszellen auf, von denen nach einer Hinterwurzel-Durchtrennung die Impulse elektrisch abgeleitet werden. Von besonderem Interesse ist die Tatsache, daß die fragliche abnorme Aktivität ebenso in den Hinterhörnern, wo sich auch die Lamina 5-Zellen befinden, gefunden wurde. Wie wir wissen, sind die Lamina 5-Zellen wahrscheinlich in sensorische Übertragungsprozesse verwickelt, die mit der Schmerzerfahrung und der sich anschließenden Reaktion zusammenhängen. Ob diese Ausbrüche nun tatsächlich mit Schmerz in Beziehung stehen oder nicht, ist ungewiß. Dennoch enthalten sie ein verlockendes Quäntchen an Information, das möglicherweise mit jenen Schmerzzuständen in Zusammenhang gebracht werden kann, die sich durch Degeneration der sensiblen Nervenfasern bzw. durch Hinterwurzel-Erkrankungen beschreiben lassen.

Strukturierung und Schmerz

Der Gedanke, Schmerz sei mit bestimmten sensorischen Eingangsreizmustern verbunden, führte die Forscher zu der Frage, ob Veränderungen dieser Muster auch Veränderungen der Schmerzerfahrung mit sich bringen.

Schmerz und Vibration

Weiter oben wurde ausgeführt, daß Vibrationen der Haut eine Veränderung jener Entladungsmuster in den Rückenmarkszellen hervorrufen, die durch schädigende Reize auf angrenzende Hautgebiete entstehen. Es gibt heute vielerlei Belege (WALL und CRONLY-DILLON, 1960; MELZACK, WALL und

WEISZ, 1963; MELZACK und SCHECTER, 1965) dafür, daß sich durch die Vibration auch das Ausmaß des Schmerzes nach schädigender Stimulation der Haut bei normalen Versuchspersonen verändert. Im allgemeinen verringert sich durch Vibration die wahrgenommene Intensität leichter Schmerzen, während starker Schmerz noch mehr zunimmt. Andererseits scheint bei pathologischen Schmerzsyndromen vielmehr das Gegenteil zuzutreffen: Kausalgie- und Neuralgieschmerzen nehmen bei leichter Stimulation zu, so daß sogar durch zarte Berührungen ein quälender Schmerz ausgelöst wird. Stärkere Reize, wie z.B. ein Zwicken, großer Druck oder kräftiges Massieren, rufen gewöhnlich keine Schmerzen hervor, sondern können statt dessen sogar eine Schmerzlinderung mit sich bringen. Selbst schmerzerzeugende Reize bringen möglicherweise die pathologischen Schmerzen zum Verschwinden. Die Wirkung eines Eingangsreizmusters auf ein anderes hängt anscheinend von allen beteiligten spezifischen Mustern ab.

Von besonderem Interesse ist die zeitliche Koordination dieser Wechselwirkung. Nach MELZACK, WALL und WEISZ (1963) vermindert ein Schlag auf die Haut dann das Ausmaß des wahrgenommenen Schmerzes, wenn dieser Schlag einem elektrischen Reiz von 50 msek. Dauer entweder vorausgeht oder nachfolgt. Ferner fanden HALLIDAY und MINGAY (1961) heraus, daß sich die Reizschwelle in einem Arm erhöht, wenn der andere Arm etwa 100 msek. später elektrisch gereizt wird. Dieses Phänomen, als »Metakontrast« bekannt, beweist deutlich, daß das den Schmerz hervorrufende Eingangsreizmuster für längere Zeit von den zentralen Zellen überwacht wird. Möglicherweise dauert diese Überwachung bei pathologischen Schmerzsyndromen sogar noch länger (Kapitel 3), da die Schmerzen im Anschluß an eine Stimulation oft erst nach einer Verzögerung von 30 Sek. oder mehr auftreten. Derartig lange Verzögerungen sind nicht einfach durch langsam leitende Fasern zu erklären.

Diese Fakten weisen auch darauf hin, daß sich das Muster des Schmerzsignals durch Stimulation entfernter Körperstellen beeinflussen läßt. Reizt man einen Arm, so wird dadurch der Schmerz im anderen beeinflußt (HALLIDAY und MINGAY, 1961). Die vibrierende Stimulation eines Handgelenks wirkt sich auf die Stärke des Juckens im Gelenk der anderen Hand aus (MELZACK und SCHECTER, 1965). Ablenkung der Aufmerksamkeit als Ursache für den Effekt konnte in beiden Experimenten ausgeschlossen werden; Veränderungen der Schmerzwahrnehmung oder des Juckempfindens sind vielmehr eher Ausdruck zeitlicher und räumlicher Wechselwirkungen zwischen den somatischen Eingangsreizen im Zentralnervensystem.

Schmerz und Reizumfang

Aus der Untersuchung pathologischer Schmerzsyndrome wird deutlich, daß die Schmerzintensität mit der Größe des gereizten Gebietes zunimmt (NOORDENBOS, 1959). Merkwürdigerweise lassen sich derartige Summationseffekte bei normaler Haut nur schwer demonstrieren; vielleicht liegt dies daran, daß durch eine größere Reizfläche jene hemmenden Felder aktiviert werden, die um das Zentrum der erregenden Areale liegen, und somit zusätzliche Erregung über einen gleichzeitigen Anstieg der Hemmung ausgeglichen wird. Gelegentlich ist das paradoxe Phänomen zu beobachten, daß Schmerzen eher im Anschluß an die Stimulation kleiner Hautgebiete und nicht so sehr nach einer Reizung größerer Areale auftreten. HEAD (1920) stellte fest, daß das Eintauchen der Penisspitze in ein Wasserbad von 45 Grad Schmerz verursacht, dieser jedoch dann vollständig verschwindet, wenn der Penis tiefer eingetaucht wird. Ähnlich verursacht auch die Hautreizung mit einem kleinen warmen Stimulator (Durchmesser an der Spitze: 1 – 2 mm) häufig stechenden Schmerz, obwohl die Reizung einer größeren Hautfläche bei konstanter Temperatur lediglich eine Wärmeempfindung auslöst (MELZACK, ROSE und MCGINTY, 1962). Diese Beobachtungen zeigen, daß die räumlichen Erregungsmuster, die durch Stimulation erzeugt werden, eine wichtige Rolle bei der Bestimmung des Charakters der über die Haut wahrnehmbaren Sinneserfahrung spielen.

Diesem Effekt kommt eine wesentliche Bedeutung zu. Werden die Haut, insbesondere die Lippen, mit einem Haar oder einem Faden berührt, so verursacht dies ein Kribbeln oder »Nachglühen«, das mehrere Minuten lang anhalten kann (MELZACK und EISENBERG, 1968). Das »Nachglühen« geht gelegentlich über den eigentlichen Reizort hinaus; ab und zu setzt das Kribbeln auf der spiegelbildlichen Lippenseite ein. Charakteristisch ist ferner der verzögerte Beginn des »Nachglühens«. Noch ausgeprägter sind die Auswirkungen, wenn zur Stimulation der Haut eine warme Sonde mit geringem Durchmesser verwendet wird. Das »Nachglühen« tritt nach einem Verzögerungsintervall auf, verwandelt sich in scharfen, stechenden Schmerz und hält noch lange nach der Stimulation an. Derartige Wirkungen sind nicht einheitlich auf der gesamten Haut anzutreffen, sondern beschränken sich vielmehr auf bestimmte Regionen, deren Lokalisation sich von einer Untersuchung zur anderen verschieben kann. Verzögerung, Ausbreitung, Nachempfindungen und die unangenehmen Empfindungsqualitäten erinnern an die Merkmale der Neuralgien.

Eine weitere Beobachtung ist für den Schmerz besonders bedeutsam:

Viele Versuchspersonen berichten, daß sie das Hautgebiet auch ohne
»Nachglühen« oder nach dessen Beendigung auf einzigartige Weise »bewußt« wahrnehmen. Manche berichten lediglich von einer Zone erhöhten
Bewußtseins, während andere ein Pochen in diesem Gebiet empfinden, das
ihrer Meinung nach der Atemfrequenz oder den Pulsationen der Hautgefäße
entspricht. Die Versuchspersonen geben an, daß diese »Bewußtheitszone«
langsam verblaßt, obwohl sie von manchen durch starke Konzentration
später wieder ins Bewußtsein gerufen werden kann. Aus diesem verblüffen-
den Bericht über die »Bewußtheitszone« läßt sich schließen, daß durch
kognitive Prozesse (z.B. Aufmerksamkeit) die Übermittlung aller Eingangsreize aus einem bestimmten Hautbezirk wahlweise gebahnt werden kann.
Die Eigenart des Pochens, das von einigen Versuchspersonen angeführt
wurde, läßt den Schluß zu, daß dieses zum Teil als Abbild der Eingangsreize
aus den Blutgefäßen bzw. dem umgebenden Gewebe aufzufassen ist.

Zwei mögliche Funktionssysteme liegen jenen stechenden Schmerzen zugrunde, die gelegentlich mit einer dünnen warmen Sonde hervorgerufen
werden. Einmal kann die kleine Oberfläche des Stimulators die Erregungs-
zentren der rezeptiven Felder zur Tätigkeit anregen, während die hemmende
Umgebung nur minimal aktiviert wird. Die verminderte Hemmung gestattet
maximale Durchlässigkeit der Impulse ohne das gleichzeitige inhibitorische
»Abschalten«. Die sich anschließende verlängerte Summation bewirkt möglicherweise langfristigen stechenden Schmerz. Zum zweiten ist es möglich,
daß bei Einwirkung ungenügender bzw. zweideutiger Information auf die
Haut, die vom Gehirn ausgeübte tonische Hemmungskontrolle nachläßt, so
daß die Eingangsreize größtmögliche Summation erfahren und als Schmerz
wahrgenommen werden. Von welcher Art diese Mechanismen auch immer
sein mögen – es ist jedenfalls offensichtlich, daß eine kurzfristige Reizung
kleiner Hautbezirke zu Veränderungen der zentralnervösen Aktivität führen
kann, die noch einige Minuten nach Beendigung der Stimulation bestehen
bleiben.

Verlängerte Aktivität im Nervensystem

Das Fortbestehen pathologischer Schmerzen (wie in Kapitel 3 beschrieben)
bei gleichzeitig fehlender deutlicher somatischer Reizung, weist auf anhaltende Veränderungen im Zentralnervensystem hin. NATHAN (1962)
überprüfte mehrere Fälle, die darauf hindeuten, daß somato-sensible Ein-

gangsreize zeitstabile Auswirkungen haben, die Gedächtnisinhalten gleichen, welche im Anschluß an akustische und visuelle Stimulation gespeichert werden. In einem Fall führte die Reizung des Beinstumpfes eines Amputierten, der sich fünf Jahre vor der Amputation beim Schlittschuhlaufen eine schwere Fleischwunde zugezogen hatte, später zu lebhaften, auf den Unfall bezogenen Schmerzvorstellungen: »Er erinnerte sich nicht so sehr an diese Verletzung selbst, sondern er erlebte nun vielmehr alle Empfindungen von damals nach«.

Für die Vorstellung von gedächtnisähnlichen Mechanismen beim Schmerz spricht auch das überzeugende experimentelle Datenmaterial, das bei Mensch und Tier gewonnen wurde. Zahnschmerzen ließen sich noch siebzig Tage nachdem die Zähne beidseits ohne Betäubung ausgebohrt und plombiert waren, durch Nadelstiche in die Nasenschleimhaut in den behandelten Zähnen auslösen. Die Schmerzen konnten einseitig durch eine einzige Novocain-Blockade des Trigeminus-Nerven aufgehoben werden, blieben aber auf der anderen, nicht blockierten Seite dauerhaft bestehen (HUTCHINS und REYNOLDS, 1947; REYNOLDS und HUTCHINS, 1948). Diese fortgeleiteten Schmerzen führen zwangsläufig zu der Annahme von langfristigen zentralnervösen Veränderungen. Die Ergebnisse deuten darauf hin, daß durch die Zahnbehandlung Eingangsreize entstanden sind, die ihrerseits Veränderungen der Entladungsmuster im Zentralnervensystem mit sich brachten. Waren diese Veränderungen erst einmal eingeleitet, so konnten sie auf irgendeine Weise die fortlaufende niederschwellige Eingangsstimulation aus den benachbarten Zähnen und die Reize aus entfernteren Quellen summarisch zusammenfassen. Die einfache Blockade eines peripheren Nervs, die die Zähne nicht betroffen haben konnte, gestattete die Wiederaufnahme normaler nervaler Aktivität und bedingte ein Ende der Schmerzen. Die *Eingangsstimulation* an sich, eher noch als die bewußte Wahrnehmung, spielt bei der Einleitung abnormer zentraler Aktivität eine wesentliche Rolle. Dies wurde durch die Beobachtung deutlich, daß eine Versuchsperson, der unter Lachgas-Narkose vier Zähne gezogen wurden, noch 33 Tage nach der Behandlung in den Kiefer ausstrahlende Schmerzen hatte, als man in die Nasenschleimhaut einstach.

Ähnliche Beobachtungen werden von COHEN (1944) referiert, der Patienten untersuchte, die unter einem »Da COSTA-Syndrom« (Da COSTA-Syndrom: körperliche Anstrengung führt zu Herzstichen, Tachykardie ohne pathologische Ursache) litten. Die Schmerzen strahlten ausschließlich auf die linke Seite aus. Er spritzte auf der rechten Seite des Rückens eine geringe Menge hypertoner Kochsalzlösung unter die Haut, was diffusen, tiefsitzenden Schmerz auslöste, der alsbald wieder verschwand. Zwei Stunden später, lange nachdem die Schmerzen abgeklungen waren, wurden diese wieder durch körperliche Anstrengung und Herzstiche hervorgerufen. Aus Tierexperimenten lassen sich vergleichbare Schlußfolgerungen ziehen. Terpentin-Spritzen unter die Haut einer Katzenpfote verursachen eine vorübergehende Entzündung und das Bestreben, diese Pfote in Beugestellung zu halten. Wenn die Entzündung vollständig abgeheilt ist und das Tier wieder normal laufen kann, prägt sich ein abnormes Beuge-Streckmuster in den Gliedmaßen aus, sobald das Gehirn des Tieres chirurgisch ausgeschaltet wird (FRANKSTEIN, 1947). Ähnlich bleiben Stellungsasymmetrien, die auf Eingriffe im Kleinhirn zurückgehen, nach Durchtrennung des Rückenmarks nur dann bestehen, wenn sie vor dem Eingriff mindestens 45 Min. lang aufgetreten waren (CHAMBERLAIN, HALICK und GERARD, 1963). Impulse, die länger als 45 Min. vom Kleinhirn gesendet werden, bringen demzufolge eine dauerhafte Veränderung im Netzwerk der Spinalneuronen mit sich.

Verlängerte Rückenmarksaktivität

Es liegen uns heute ganz konkrete Hinweise auf länger anhaltende Veränderungen der Rückenmarksaktivität vor. SPENCER und APRIL (1970) zeigten, daß eine siebenminütige intensive und hochfrequente »tetanische« elektrische Reizung der sensorischen Fasern noch 10 Min. nach Ende der Stimulation zur Abwandlung eines einfachen Rückenmarkreflexes führt – »posttetanische Potenzierung« genannt (Abb. 19). Eine zwanzigminütige Stimulation bewirkt eine Potenzierung, die länger als zwei Stunden anhält; Potenzierungen über eine Stunde oder länger treten sogar dann noch auf, wenn die Stimulationsfrequenz während 20 bis 30 Min. 100 Impulse pro Sekunde beträgt. Da Verletzungen starke, hochfrequente sensorische Eingangsreize erzeugen, die über mehrere Stunden oder Tage andauern, kann die zentrale neurale Aktivität eine noch wesentlich längere Veränderung erfahren.

Verlängerte Gehirnaktivität

Auch die anhaltende Aktivität des Hirngewebes läßt sich belegen. MELZACK, KONRAD und DUBROVSKY (1968, 1969) fanden heraus, daß sich kurze (10 bis 20 Sek. dauernde) Stimulation der Haut oder des Ischias-Nervs bei leicht betäubten Katzen folgendermaßen auswirkt: Es treten auf verschiedenen synaptischen Ebenen längerwirkende Veränderungen der tonischen spontanen Aktivität auf: im sensiblen System der Haut, in der Formatio reticularis des Hirnstamms und in anderen speziellen Hirnbereichen (Abb. 19). Diese Variationen dauern gewöhnlich 5 bis 10 Min.; es können aber auch 30 oder 40 Min. vergehen, bis die Aktivität wieder die Norm erreicht hat. Zusätzliche kurzfristige Reizung verursacht schließlich wieder eine längere

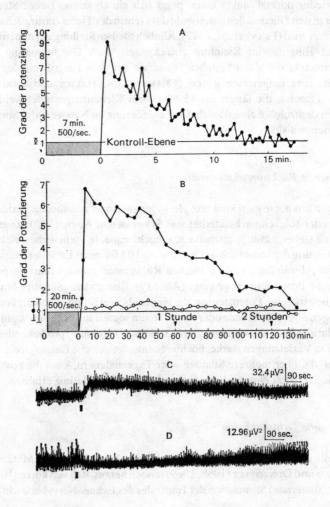

Veränderung. Solche dauernden Aktivitätsänderungen treten nur dann auf, wenn das Tier mäßig betäubt ist, d.h. nicht zu oberflächlich und nicht zu tief. Diese Ergebnisse deuten auf die wichtige Rolle der Formatio reticularis bei einigen Mechanismen hin, die den oben beschriebenen Veränderungen zugrunde liegen. Die vernünftigste Erklärung für diese Vorgänge ist die, daß ein hemmender Einfluß auf die Nervenentladung nach Ende des Reizes von dem Betäubungsmittel ausgeschaltet wird. Beseitigt man die Hemmung, so ist nun ein Stimulus, der sonst nur vorübergehend wirkt, ständig aktiv.

Mögliche neurale Funktionssysteme

Die Mechanismen, auf die die eben beschriebenen anhaltenden Veränderungen zurückgehen, sind nicht bekannt. Trotzdem gibt es anatomische und physiologische Anhaltspunkte, die es uns gestatten, Vermutungen über zwei in Frage kommende Mechanismen anzustellen:
1. Der geschlossene, sich selbst steuernde Regelkreis (Abb. 20), den LORENTE DE NÓ (1938) auf anatomischer Basis beschrieb, war Grundlage für die Konzeptionen von LIVINGSTON (1943) und HEBB (1949). Sie gin-

Abb. 19: A, B: Die Beobachtungen von SPENCER und APRIL (1970): Auswirkungen von länger anhaltenden tetanisierenden Elektroschocks des Tibialis-Nerven auf die post-tetanische Potenzierung eines monosynaptischen Reflexes in der lumbalen (L 7) Vorderwurzel einer frisch am Rückgrat operierten Katze. Schockdauer: 7 Min. (A) bzw. 20 Min. (B). Jeder Punkt der Kurve in Diagramm A stellt die Amplitude (als ein Vielfaches des Kontrollniveaus) der monosynaptischen Reflexantwort auf die Testreize dar; gemessen wurde in Intervallen von jeweils 20 Sek. Jeder Punkt der Kurve in Diagramm B spiegelt die aus 10 bis 20 Antworten ermittelte durchschnittliche Reaktionsstärke auf Testreize wider, die im Abstand von jeweils 10 Sek. dargeboten wurden. Die hellen Punkte in B repräsentieren das Antwortverhalten bei der Kontrollableitung auf der Gegenseite. C, D: Die Beobachtungen von MELZACK, KONRAD und DUBROVSKY (1969, Seite 416) über längerfristige Veränderungen der zentralnervösen Aktivität, hervorgerufen durch kurze Stimulation. Die Dauer der Reizung wird durch den schwarzen Strich unter jeder Aufzeichnung verdeutlicht. Abb. C zeigt die anhaltende Aktivitätsveränderung einer Mehrfach-Einheit (Quadratwurzel aus den Durchschnitten aller quadrierten Werte) der mittleren Schleife. Ursache: elektrische Reizung der Formatio reticularis des Mittelhirns. In Abb. D ist die zeitstabile Aktivitätsveränderung im ventro-basalen Kern des Thalamus dargestellt, die auf Kniffe in eine Hinterpfote zurückgeht.

gen von einer ständig vorhandenen Erinnerung an früher gemachte sensorische Erfahrungen aus. Obwohl die genannten Autoren unabhängige Regelkreise von enormer Komplexität beschreiben, ist es fraglich, ob die Nervenimpulse während des ganzen Zeitraums, in dem Gedächtnisinhalte aktiviert werden – nämlich über ein halbes Jahrhundert oder sogar noch länger –, tatsächlich über die Schleifenbahnen »zurückwandern« können. Aus diesem Grund war HEBB (1949, 1972) der Auffassung, daß in den Synapsen dieser Regelkreise laufend Wandlungsprozesse in Gang sind, die das Gedächtnis »festigen«. So wird es möglich, daß länger einwirkende, intensive oder in anderer Hinsicht abnorme sensorische Eingangsreize dauerhafte Gedächtnisspuren im Nervensystem hinterlassen. Die hemmenden Mechanismen stehen im Normalfall der Aktivierung dieser Gedächtnisinhalte entgegen, während eine Enthemmung sie an die Oberfläche bringen kann.

2. Neuere physiologische Untersuchungen verweisen auf einen einfacher gebauten neuralen Regelkreis, der langanhaltende Aktivität hervorrufen kann. ANDERSEN und ECCLES (1962) sowie BURKE und SEFTON (1966) fanden Hinweise auf einen geschlossenen Zwei-Neuronen-Regelkreis. Diesem Gedanken zufolge ist eine einzige »Impulssalve« in der Lage, rhythmische, anhaltende Entladungen zu verursachen, die über längere Zeit andauern (Abb. 20). Nach ANDERSEN und ECCLES sind den hemmenden Zellen, die für die Erhaltungsaktivität verantwortlich sind, möglicherweise weitverzweigte Verbindungen eigen, die in benachbarten Neuronenverbänden rhythmische Entladungen hervorrufen und auf diese Weise im Lauf der Zeit die Zahl der sich regelmäßig entladenden Neuronen erhöhen. Außerhalb der rhythmischen Phase ankommende Eingangsreize blockieren möglicherweise die Neuronen. Dieser Regelkreis-Typ kann von anhaltenden, dennoch reversiblen Veränderungen der neuralen Aktivität im Rückenmark oder im Gehirn abhängen. Wie wir in Kapitel 6 sehen werden, spielt er ebenfalls bei langfristigen, pathogenen Schmerzen eine Rolle, die sich durch Injektionen zur Blockade bzw. Intensivierung der sensorischen Eingangsreize dauerhaft aufheben lassen.

Reaktionsmechanismen

Bisher haben wir uns mit den Besonderheiten der Eingangsstimulation beim Schmerz befaßt – das heißt mit jenen Informationen, die in den somatosensiblen Projektionssystemen weitergeleitet werden. Der Reaktionsseite

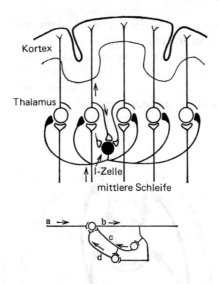

Abb. 20: Modelle zur Erklärung längerfristiger Veränderungen der zentralnervösen Aktivität. *Oben* das von ANDERSEN und ECCLES (1962) vorgeschlagene Modell, das die wiederholten rhythmischen Aktivitätsausbrüche im ventrobasalen Thalamus erklären soll. Nervenimpulse, die über die Schleifenbahn-Fasern ankommen, aktivieren die Thalamus-Neuronen, die (a) zur Hirnrinde ziehen und dabei gleichzeitig Axonverzweigungen zu einem hemmenden Neuron (I-Zelle) schicken, welches wieder zu den thalamischen Zellkörpern zurückzieht. Die thalamischen Zellen werden kurz gehemmt, entladen sich dann (nach Enthemmung und Rebound-Effekt) spontan, wobei sie die rückläufige Hemmungsschleife reaktivieren. Dieser sich innerhalb der geschlossenen Schleife wiederholende Ablauf kann längere Zeit ohne zusätzliche Eingangsreize ablaufen. Die *untere* Skizze stellt das Modell einer geschlossenen, sich selbst steuernden multineuralen Kette dar, wie sie aus anatomischen Beobachtungen von LORENTE de NÓ (1938, Seite 207) abgeleitet wurde. Neuron a erregt Neuron b, das seinerseits die Nervenzellen c und d aktiviert; c und d »feuern« wieder auf b zurück. Diese »rückstrahlende« Aktivität bringt möglicherweise dauerhafte synaptische Veränderungen mit sich, von denen angenommen wird, sie seien die Basis langfristig wirkender »Gedächtnisinhalte«.

schenkt man überlicherweise wenig Aufmerksamkeit – als ob die Impulse, wenn das Schmerzalarm-System einmal aktiviert ist, direkt auf die Muskeln übertragen würden, um dort Schmerzantworten hervorzurufen. Die neuralen Mechanismen der motorischen Seite des Schmerzes sind mindestens ebenso komplex organisiert wie jene auf der Eingangsreiz-Seite. MELZACK und WALL (1965, Seite 979) bemerken:

Plötzliche, unerwartete Verletzung der Haut ist gefolgt von (1) einer Schreckreaktion; (2) einem Beugereflex; (3) einer Neuorientierung der Körperstellung; (4) Lautäußerung; (5) Orientierungsreaktion von Kopf und Augen mit dem Ziel der Begutachtung des geschädigten Gebietes; (6)

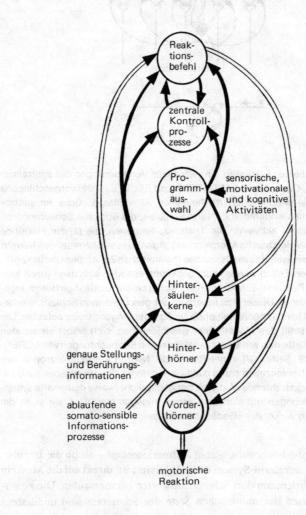

selbständig auftretenden körperlichen Reaktionen; (7) Aktivierung vergangener Erfahrungen, die in ähnlichen Situationen gemacht wurden und damit verbundener Vorhersage der Folgen der Stimulation; (8) vielen weiteren Verhaltensmustern, die auf eine Reduzierung der sensorischen und affektiven Komponenten des gesamten Erlebnisses abzielen, wie z.b. ein Reiben der verletzten Region, Vermeidungsverhalten etc.

All diese äußerst vielschichtigen Abläufe verbergen sich hinter der einfachen Formulierung »Schmerzreaktion«. Doch ist es offensichtlich so, daß der Ablauf durch sensorische, motivierende und kognitive Prozesse, die auf motorische Mechanismen einwirken, festgelegt wird. Die letzteren sind in Gehirn und Rückenmark bekanntlich sehr komplex organisiert (YAHR und PURPURA, 1967). MELZACK und BRIDGES (1971) haben vor kurzem ein Modell vorgestellt, das der Auswahl von spezifischen Reaktionsprogrammen gerecht werden soll (Abb. 21). Wir wollen nun einmal die Abläufe betrachten, die z.b. einem Schlangenbiß folgen. In dieser Situation resultiert aus den sensorischen, motivierenden und kognitiven Aktivitäten die Auswahl einer kleinen Zahl möglicher Reaktionsprogramme, wie z.b. die Suche

Abb. 21: Schematisches Modell der neuralen Mechanismen, die zielgerichtetem motorischem Verhalten zugrunde liegen. Sensorische, motivierende und kognitive Abläufe setzen zu einem gegebenen Zeitpunkt wahlweise neurale Regelkreise (Programmauswahl) in Gang. Diese stellen eine kleine Anzahl an Alternativ-Verhaltensprogrammen dar, die auf ein bestimmtes Ziel gerichtet sind. Das Ergebnis der Programme wird an Gebiete auf unterschiedlichen Ebenen des Nervensystems weitergeleitet. Die Neuronenverbände in den Hintersäulenkernen werden selektiv gebahnt und übertragen genaue Stellungs- und Berührungsinformationen sowohl (a) auf Regionen, die die ausgewählten Programme aufgrund vorausgegangener Erfahrung beurteilen (zentrale Kontrollprozesse) als auch (b) auf Gebiete, von denen die Aktivierung des endgültigen Reaktionsbefehls ausgeht. Motoneuronen-Verbände in den Vorderhörnern, durch frühere Programmauswahl mit dem Ziel der Bereitstellung mehrerer Verhaltensmuster gebahnt, werden nun von den dicken und dünnen efferenten Fasern wahlweise in Gang gesetzt und übertragen das endgültige Nervenmuster auf die Muskeln. Die efferenten Einflüsse auf die Hintersäulenkerne und die Hinterhornzellen können dann weiterhin eine verändernde Wirkung auf die Eingangsreize haben – selbst dann, wenn das sich anschließende motorische Verhalten bereits abläuft. Die hellen Linien spiegeln den traditionellen S-R-Regelkreis wider. Dunkle Linien: an der Programmauswahl beteiligte Regelkreise, die vor dem zentralen Reaktionsbefehl ablaufen, der schließlich zu sichtbarem Verhalten führt. (Aus MELZACK und BRIDGES, 1971, Seite 53).

nach einem Stück Holz, mit dem die Schlange getötet werden kann. Weiter muß beurteilt werden, ob sie giftig ist oder nicht, was ein Ausdrücken des eventuell vorhandenen Giftes mit sich bringt. Auch kann die Person sich veranlaßt sehen, schnell nach Hause zurückzukehren bzw. zum nächsten Krankenhaus zu gehen etc. Den Nervenaktivitäten, die derartige Reaktionsprogramme verkörpern, kommt die Rolle einer wahlweisen Aktivierung (oder Bahnung) von neuralen Regelkreisen zu. Ihr Ziel ist es, die sich anschließenden Abläufe bei der Eingangs- und Ausgangsstimulation, die mit den Programmen in Zusammenhang stehen, zu steuern. Doch muß das spezielle, ausgewählte Programm noch vor der Reaktion festgelegt werden; dies wird aufgrund genauer Stellungs- und Berührungsinformationen sowie durch kognitive Abläufe möglich, auf deren Grundlagen die Ergebnisse der unterschiedlichen Antwortstrategien beurteilt werden. Das Projektionssystem der Hintersäule (Abb. 21) spielt möglicherweise bei beiden genannten Aktivitäten eine Rolle.

MELZACK und BRIDGES (1971) gehen davon aus, daß der abschließende Reaktionsbefehl (das heißt die Aktivierung eines ganz bestimmten Reaktionsprogramms) als Ergebnis folgender Wechselwirkungen aufzufassen ist: zwischen (1) den Eingangsreizen, welche Stellungs- und Berührungsinformationen übermitteln; (2) den zentralnervösen Prozessen, die der Bewertung von Reaktionsstrategien nach vorausgegangener Erfahrung zugrunde liegen; und schließlich (3) den aktiven neuralen Regelkreisen, die mehrere mögliche Programmfolgen anbieten (Abb. 21). Ist das Programm erst einmal angelaufen, dann können die in den dicksten Pyramidenfasern absteigenden Impulse all jene Motoneuronen-Verbände wahlweise bahnen, die für den vollständigen Ablauf notwendig sind (LASHLEY, 1951). Diese Impulsintensität liegt unterhalb der Gesamtreizschwelle (MILNER, 1970). Die über langsamere pyramidale und extrapyramidale Fasern absteigenden Erregungen würden nach diesem Modell die zusätzlichen elektrischen Stimuli übermitteln, die Auslöser einer Impulsserie sind und den Ablauf des Muskelspiels als Grundlage für das sichtbare Verhalten in Gang setzen.

Schlußfolgerungen aus dem physiologischen Datenmaterial

Die physiologischen Daten zeigen uns, daß die Rezeptoren, die Fasern und die zum Schmerz gehörigen Leitungsbahnen des Zentralnervensystems, eher darauf spezialisiert sind, spezifisch strukturierte Informationsmuster zu entwickeln und zu übertragen als reizspezifische Impulse weiterzuleiten. Durch

Stimulation wird eine Vielzahl von Fasersystemen aktiviert, die mehrmals konvergieren und divergieren, so daß sich das Muster auf jeder synaptischen Ebene wandeln kann. Nervenimpulse in den dicken und dünnen Fasern, die in den Zellen des Hinterhorns zusammenlaufen, verändern sich durch die Einwirkung der Substantia gelatinosa. Ähnlich gestattet auch die Faser-Konvergenz zu den Zellen der Formatio reticularis ein hohes Maß an Summation und Interaktion der Eingangsreize aus räumlich voneinander entfernt gelegenen Körperregionen. Ebenso kommt Divergenz vor: Fasern breiten sich fächerförmig von den Hinterhörnern und der Formatio reticularis aus und ziehen zu verschiedenen, in ihrer Funktion spezialisierten Anteilen des Nervensystems. Eine dieser Funktionen ist die Fähigkeit zur Auswahl und Abstraktion bestimmter Informationsarten aus den zeitlichen Impulsmustern, die von den eintreffenden Fasern übermittelt werden. Auch ist uns heute klar, daß die Eingangsreize langfristig von zentralen Zellen überwacht werden. Nachentladungen und andere anhaltende Nervenaktivitäten, die durch intensive Reizung zustande kommen, bleiben möglicherweise noch lange nach Beendigung der Stimulation bestehen und können auch bei den Schmerzprozessen eine besonders wichtige Rolle spielen.

Konvergenz und Divergenz, Summation und Unterscheidungsfähigkeit des Impulsmusters – all diese Erscheinungen laufen in einem sich ständig verändernden Nervensystem ab. Reize wirken auf sensorische Felder der Haut ein, deren Empfindlichkeit sich fortwährend ändert. Ferner wandeln die Fasern, die vom Gehirn absteigen, dauernd die Eingangsreize ab, bahnen die Weiterleitung bestimmter Eingangsmuster und hemmen andere. Die weitverbreiteten Einflüsse der Substantia gelatinosa und der Formatio reticularis, denen im Grunde genommen aus allen Körperteilen Eingangsreize zukommen, sind in der Lage, die Informationsübertragung auf fast jeder synaptischen Ebene des somato-sensiblen Projektionssystems abzuwandeln. Die auf- und absteigenden Wechselwirkungen prägen das Bild von dynamischen, veränderbaren Prozessen, bei denen die Eingangsreize auf ein dauernd aktives Nervensystem einwirken. Dieses selbst ist bereits der Sammelplatz von Daten aus der individuellen Vergangenheit, von Erwartungen und Wertvorstellungen. Die Konzeption beinhaltet wichtige Schlußfolgerungen: Sie geht davon aus, daß die Eingangsreizmuster, die durch eine Verletzung hervorgerufen wurden, von anderen sensorischen Eingangsreizen bzw. absteigenden Einflüssen verändert werden können. Auf diese Weise wird dann die Art und Intensität der schließlich resultierenden Erfahrung festgelegt.

Das somatische Empfindungssystem ist in seiner Art einheitlich und vollständig. Es setzt sich aus spezifischen Bestandteilen zusammen. Mehrere parallele Systeme analysieren die Eingangsreize gleichzeitig, um dadurch die Vielfalt und Komplexität von Schmerzerfahrung und Reaktionsverhalten zu bewirken. Manche Gebiete sind darauf spezialisiert, sensorisch-unterscheidende Informationen herauszufiltern, während andere bei der motivierend-affektiven Schmerzdimension spezifische Aufgaben wahrnehmen. Die parallel laufenden Systeme der Informationsübertragung beeinflussen sich gegenseitig und müssen auch mit den Aktivitäten der Hirnrinde in Wechselbeziehung stehen, die die Basis für Erfahrungen, Aufmerksamkeit und andere kognitiven Determinanten des Schmerzes darstellen. Bei der Zusammenfassung der physiologischen Daten wird deutlich, daß wir nicht eine feststehende, direkte Beziehung zwischen physischen und psychischen Dimensionen erwarten dürfen, bei der sämtliche sensorische Differenzierungen auf Rezeptorenniveau vorgenommen werden. Neuere Erkenntnisse über das körperbezogene Empfindungssystem sprechen für die von HEAD (1920, Seite 745) vor mehr als 50 Jahren vorgeschlagene Erklärung:

Zwischen der Einwirkung eines physischen Reizes auf die peripheren Endorgane des Nervensystems und den einfachsten Veränderungen, die dadurch in das Bewußtsein gerufen werden, liegen die verschiedenen Stufen der physiologischen Aktivität. Die mannigfaltigen Einwirkungen auf den lebendigen Organismus ... müssen geordnet und neu gruppiert werden; manche werden verstärkt, andere unterdrückt ... Dieser Vorgang wird im gesamten Zentralnervensystem solange wiederholt, bis die Endergebnisse der Integration ... jene Umstände schaffen, die den eher unterscheidenden bzw. den eher affektiven Aspekten der Sinneswahrnehmung zugrunde liegen ... Empfindungsqualitäten wie Schmerz, Hitze oder Kälte erfahren eine Abstrahierung von der psychischen Reizantwort und werden als primäre Empfindungen aufgefaßt. Doch haben sie kein genaues physiologisches Äquivalent in den peripheren Reaktionsmechanismen. Eine »primäre Empfindung« ist bereits das Ergebnis einer Abstraktion. Die afferenten physiologischen Prozesse sind im Moment ihrer Entstehung höchst komplex; sie werden zunehmend spezifischer und auch einfacher, sobald sie dem verändernden Einfluß des Zentralnervensystems ausgesetzt sind.

5. Die Entwicklung der Schmerztheorien

Bisher haben wir uns in erster Linie mit den experimentellen und klinischen Beobachtungen beschäftigt, die mit dem Schmerz im Zusammenhang stehen. Wie wir sahen, sind einige dieser Ergebnisse noch umstritten, und der Wissenschaftler muß oft die echten Fakten von jenen Anhaltspunkten trennen, die letztlich nur in eine Sackgasse führen. Doch wie die Wissenschaft im Lauf der Jahrhunderte erkannt hat, reichen die Fakten allein zur vollständigen Klärung schwieriger Probleme nicht aus. Es wurden Bücher geschrieben, in denen alle bekannten Tatsachen über den Schmerz zusammengetragen sind; dennoch bleibt das Rätsel bestehen. Heute sind noch sehr grundsätzliche Fragen offen, die wir noch nicht beantworten können. Trotzdem tasten wir uns langsam zu einem Verständnis vor und entwickeln aus diesem Grund Theorien, die uns dem Verstehen näher bringen sollen. Obwohl der Gedanke an eine wissenschaftliche Theorie sicherlich großartig ist, stellt diese doch lediglich einen Ansatz zur Lösung eines Rätsels oder eines Problems dar, ähnlich den Verhaltensmomenten eines Detektivs, dem bei einem Kriminalfall eine stattliche Reihe von Anhaltspunkten vorliegt. Einige dieser Hinweise mögen zu einer Theorie führen oder den Lösungsweg vermuten lassen. Umgekehrt kann auch die Theorie zur Suche nach weiteren Hinweisen führen, die zuvor noch unklar waren.

Doch eine Theorie allein überzeugt noch nicht (bzw. sie ist noch kein Beweis). Bisher unerforschtes Tatsachenmaterial wird mit der Theorie konfrontiert, um zu sehen, ob es in die Theorie integrierbar ist oder nicht. Sprechen diese Fakten für die Theorie, so ist es möglich, daß alle Anhaltspunkte zusammen ein einheitliches Bild ergeben. Gelegentlich machen die Tatsachen eine Abwandlung der Theorie erforderlich. Ein anderes Mal stimmen sie so wenig mit der Theorie überein, daß diese verworfen werden muß. In diesem Kapitel werden wir die im letzten Jahrhundert entwickelten Schmerztheorien untersuchen und sie einer Beurteilung unterziehen.

Spezifitätstheorie

Die traditionelle Schmerztheorie ist als »Spezifitätstheorie« bekannt. Sie wird eigentlich in jedem Lehrbuch der Neurophysiologie, Neurologie und Neurochirurgie beschrieben und ist so tief in der medizinischen Schulmeinung verwurzelt (zumindest war dies bis vor kurzem der Fall), daß sie oft

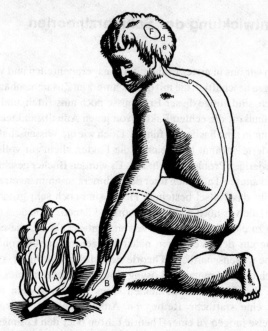

Abb. 22: DESCARTES' (1644) Auffassung vom Weg des Schmerzes. Er schreibt: »Gelangt beispielsweise Feuer (A) in die Nähe des Fußes (B), so haben die winzigen Feuerteilchen, die sich bekanntlich mit großer Geschwindigkeit bewegen, die Kraft, diejenige Stelle am Fuß in Bewegung zu setzen, mit der sie in Berührung sind. Auf diese Weise wird an dem zarten Faden (c c), der an jener Hautstelle ansetzt, Zug ausgeübt. Im selben Moment öffnet sich die Pore (d e), die am Ende des Fadens sitzt – so, als zöge jemand an einem Seilende, um dadurch eine am anderen Ende hängende Glocke läuten zu lassen.«

genug eher als Tatsache statt als bloße Theorie gelehrt wurde. Zudem stellt man sie so dar, als ob die wichtigsten Antworten im Problembereich Schmerz bereits gefunden wären und nur noch wenige, unbedeutende und therapiebezogene Fragestellungen zu klären seien. Sie erwies sich auch während der ersten Hälfte dieses Jahrhunderts als eine sehr starke Theorie, die ausgezeichneten Forschungsanstrengungen und einigen wirksamen Behandlungsformen Auftrieb gab. Der Theorie sind aber einige grundlegende Mängel eigen. Dies führte in den letzten Jahren zur Entwicklung von neuen Theorien mit größerer Aussagekraft.

Die Spezifitätstheorie geht davon aus, daß ein spezifisches Schmerzsystem Nachrichten von den Schmerzrezeptoren der Haut zu den Schmerzzentren

im Gehirn weiterleitet. Wollen wir diese Theorie verstehen, so müssen wir
zunächst ihre Herkunft betrachten. Die beste klassische Beschreibung der
Theorie stammt von DESCARTES aus dem Jahre 1644, der das Schmerzsystem
als einen geradewegs von der Haut zum Gehirn ziehenden Kanal auffaßte.
Er war der Meinung, daß das System dem Mechanismus des Glockenläutens
in der Kirche gleicht: Jemand zieht unten im Turm an einem Seil – und im
Glockenstuhl setzt das Läuten ein. Ebenso war er der Auffassung (Abb. 22),
daß durch eine Flamme Teilchen im Fuß aktiviert werden, die Bewegung dann im Bein und Rückenmark aufsteigt und in den Kopf gelangt, wo
vermutlich eine Art Alarmsystem in Gang gesetzt wird. Die Person nimmt
nun die Schmerzen wahr und reagiert darauf. Wegen dieser Analogie ist die
Spezifitätstheorie auch als »Glockenalarm-Theorie« bzw. als »Knopfdruck-
Theorie« bekannt. Trotz ihrer scheinbaren Unkompliziertheit beinhaltet die
Theorie mehrere Hauptannahmen, die wir uns in Kürze näher ansehen
werden. Zunächst aber wollen wir die Weiterentwicklung der Theorie von
DESCARTES in den letzten drei Jahrhunderten verfolgen.

Die Theorie wurde bis zum neunzehnten Jahrhundert, als die Physiologie
als experimentelle Wissenschaft in Erscheinung trat, nur leicht abgewandelt.
Die Physiologen des neunzehnten Jahrhunderts standen folgendem Problem
gegenüber: Wie lassen sich die unterschiedlichen Empfindungsqualitäten erklären? – Unser Seh- und Hörvermögen unterscheiden sich qualitativ voneinander; genauso sind Hautempfindungen offensichtlich von anderer Natur
als Geschmacks- oder Geruchsempfinden. Worauf basieren nun diese unterschiedlichen Empfindungsqualitäten? – Als Ergebnis der Studien der alten
Anatomen und Physiologen wurde deutlich, daß das Gehirn sich der Umwelt
nur aufgrund von Mitteilungen, die ihm über sensorische Nerven zukommen, bewußt werden kann. Deshalb müssen die Erlebnisqualitäten auch irgendwie mit den Eigenheiten der sensorischen Nerven verknüpft sein.
JOHANNES MÜLLER formulierte als erster diese Behauptung in wissenschaftlicher Form. Seine Auffassung wurde als »Lehre von den spezifischen Nervenenergien« bekannt.

MÜLLERS *Lehre von den spezifischen Nervenenergien*

Der gewaltige Beitrag MÜLLERS (1842) zum Verständnis sensorischer Abläufe liegt in seiner formalen Erkenntnis, daß dem Gehirn nur über die sensorischen Nerven Informationen über äußere Gegebenheiten zuströmen. Die
Nervenaktivität läßt sich folglich durch verschlüsselte oder symbolische, auf

das Reizobjekt bezogene Daten charakterisieren. Es ist sehr wichtig, daß MÜLLER lediglich die fünf klassischen Sinne gelten ließ; die Berührungsempfindung schloß für ihn all jene Erfahrungsqualitäten mit ein, die aus der Stimulation des Körpers ableitbar waren. Er schrieb:

Die Fähigkeit zur Empfindung ist ein charakteristisches Merkmal aller Sinne, doch ändert sich die Art der Empfindung von einem Sinn zum anderen: So nehmen wir Licht, Töne, Geschmack, Geruch und Berührung wahr. Am Beispiel des Tastens und der Berührung wird uns die Art der Empfindung klar, die im allgemeinen durch die normalen sensiblen Nerven, wie Trigeminus, Vagus, Glossopharyngeus und die Spinalnerven vermittelt wird: Die Wahrnehmungen von Juckreiz, Wohlgefühl oder Schmerz, Hitze und Kälte sowie jener Gefühle, die bei einer Berührung – im engeren Sinne verstanden – ausgelöst werden, sind allesamt Erscheinungsformen dieser Empfindung.

Folglich faßte MÜLLER die körperbezogenen Empfindungen als Funktion eines einheitlichen sensorischen Systems auf. Die zahlreichen Spielarten der somatosensiblen Erfahrung stellten für die Theorie keine Schwierigkeiten dar – das heißt keine größere als die, daß die unterschiedlichen Arten der Form-, Tiefen- und Farbwahrnehmung für jeden zum Problem werden müssen, der das visuelle System als ein selbständiges integriertes System betrachtet.

Damals war sich MÜLLER nicht sicher, ob die jeweilige Empfindungsqualität auf eine spezifische Energie zurückgeht, die jedem dieser sensorischen Nerven innewohnt, oder ob sie in manchen besonderen Eigenheiten jener Hirngebiete begründet liegt, in denen die Nerven enden. Gegen Ende des 19. bzw. zu Beginn des 20. Jahrhunderts wurde aber klar, daß die Nervenimpulse aller sensorischer Nerven im wesentlichen identisch sind. Daraus wurde abgeleitet, daß die spezifische Empfindungsqualität an den Nervenendigungen im Gehirn entsteht. Als Ergebnis dieser ganzen Betrachtungsweise suchte man im Gehirn nach einem Zentrum für jede einzelne sensible Nervenendigung.

Die Konzeption von MÜLLER war also die eines direkt durchgehenden Systems vom Sinnesorgan bis zu jenem Hirnzentrum, das für die Empfindung verantwortlich ist. Da anscheinend die Hirnrinde an der »Spitze« des Nervensystems liegt, suchte man nun nach kortikalen Zentren. Es wurden sehr bald visuelle und akustische Projektionen zur Hirnrinde ausfindig gemacht und man nahm an, daß in diesen Rindengebieten das Sehen und Hören lokalisiert sei. Die Physiologen jener Zeit waren sehr von der Wahrheit dieser Lehre überzeugt. So ging DU BOIS-REYMOND (siehe BORING, 1942) davon aus, daß, wäre dies möglich, die Verbindung des Gehörnerven mit dem visuellen Kortex und der Anschluß des Sehnerven an die auditive Hirnrinde zum Sehen des Donners und Hören des Blitzes führen würde!

Heute wissen wir, daß es auch ohne auditive Hirnrinde möglich ist, ganz gut zu hören. Sie ist für die rein auditive Tonwahrnehmung nicht von wesentlicher Bedeutung. Ihre primäre Aufgabe besteht vielmehr in der Analyse komplexer, aufeinanderfolgender auditiver Informationen (NEFF, 1961). Auch wissen wir jetzt, daß die Rolle der visuellen Hirnrinde beim Sehen wesentlich komplizierter ist als zuerst angenommen wurde. Andere Gebiete, wie die Kerne des Hirnstammes, haben beim Sehen eine große Bedeutung – so können beispielsweise höhere Primaten Grenzlinien und Umrisse auch ohne Sehrinde wahrnehmen (WEISKRANTZ, 1963). Doch im späten 19. Jahrhundert war davon nichts bekannt. Man vermutete vielmehr, daß jeder Empfindungsnerv einem besonderen Hirnzentrum zugeordnet sei. Zu jener Zeit begann der Arzt MAX VON FREY erstmals über diese Probleme nachzudenken. Zwischen 1894 und 1895 veröffentlichte er eine Reihe von Aufsätzen, in denen er eine Theorie der Hautsinne darstellte. Diese Theorie wurde in den folgenden Jahren ausgebaut. Sie stellt die Basis der modernen Spezifitätstheorie dar.

VON FREYS *Theorie*

Die Art und Weise, in der VON FREY seine Theorie entwickelte (siehe BORING, 1942), stellt sich in der Wissenschaftsgeschichte als faszinierender Bericht dar. Ihm standen drei Informationsarten zur Verfügung, die er zur Entwicklung der Theorie miteinander vereinigte. Die erste war MÜLLERS Lehre der spezifischen Nervenenergien. Ihm und auch anderen war klar, daß MÜLLERS Vorstellung von einem einzigen Berührungs- oder Tastsinn unangemessen ist. Nach Auffassung des großen Physikers und Physiologen HELMHOLTZ sind tausende von unterschiedlichen spezifischen Hörfasern vorhanden – jeweils eine bestimmte Art für jeden einzelnen unterscheidbaren Ton. Ähnliche Gedanken hatte VOLKMANN: Es müssen mehrere Arten spezifischer Nervenfasern aus der Haut existieren, und zwar für jede kutane Empfindungsqualität eine besondere. Folglich dehnte VON FREY MÜLLERS Konzeption auf vier wesentliche Empfindungsqualitäten der Haut aus: Berührung, Wärme, Kälte und Schmerz. Jede einzelne besitzt vermutlich ihr eigenes spezielles Projektionssystem zu einem Gehirnzentrum, das für die entsprechende Empfindung verantwortlich ist.

Die zweite Informationsart, die VON FREY heranzog, war die punkteartige

Verteilung der Wärme- und Kälteempfindung auf der Haut. Er fertigte zwei einfache Vorrichtungen an, die noch heute zum neurologischen Untersuchungsrepertoire gehören. VON FREY befestigte eine Nadel auf einer Feder und konnte so den für stechenden Schmerz notwendigen Druck bestimmen, was zur Identifizierung der Schmerzpunkte führte. Zudem fixierte er etwa fünf Zentimeter lange Pferdehaare, sogenannte »VON FREY-Haare« auf verschiedenen Holzstückchen, um so die Verteilung der Berührungspunkte ausfindig zu machen. Er glaubte, daß auf der Haut ein Mosaik von sensorischen Punkten zu finden sei, das die folgenden vier Empfindungsqualitäten umfaßt: Berührung, Kälte, Wärme und Schmerz.

Die dritte Informationsart, die bei VON FREY Verwendung fand, wurde im 19. Jahrhundert auf der Basis chemischer Techniken zur Untersuchung von Gewebefeinstrukturen entwickelt. Die Anatomen verwendeten zur Färbung dünner Gewebsschichten aus allen Körperteilen bestimmte Chemikalien und betrachteten dann das Gewebe durch das Mikroskop. Als sie auf diese Weise die Haut untersuchten, fanden sie eine Vielzahl spezialisierter Strukturen vor. Um die Unsterblichkeit bestimmter Arten zu gewährleisten, gaben manche Anatomen diesen ihren Eigennamen. So sind uns die Strukturen heute noch als MEISSNERsche Körperchen, RUFFINI-Endorgane, KRAUSEsche Endkolben, PACINIsche Körperchen usw. bekannt. Doch waren zwei Strukturtypen so häufig, daß es niemand wagte, diesen den eigenen Namen zu geben: die freien Nervenendigungen, die sich in die oberen Hautschichten hineinverzweigen, sowie jene Nervenfasern, die die Haarfollikel umschlingen.

Die Art und Weise, in der VON FREY sich diese drei Informationsarten zunutze machte, ist ein beachtenswertes Beispiel für die Methode der wissenschaftlichen Deduktion. Er zog folgende Schlüsse: Da die freien Nervenendigungen am häufigsten vorkommen und auch die Schmerzpunkte beinahe überall zu finden sind, müssen die freien Nervenendigungen Schmerzrezeptoren sein. Außerdem kommen die MEISSNERschen Körperchen häufig an den Fingern und auf der Handfläche vor, wo die Berührungspunkte am zahlreichsten und am empfindlichsten sind. Deswegen müssen sie (zusätzlich zu den Fasern um die Haarfollikel) mit den Berührungsrezeptoren identisch sein. Der nächste Gedanke ist ein Beispiel für eine phantasievolle Schlußfolgerung: Ihm fiel auf, daß sowohl die Bindehaut des Auges als auch die Penisspitze kälteempfindlich ist; die Bindehaut ist jedoch nicht wärmeempfindlich und der Penis nicht druckempfindlich. Ferner sind an beiden Stellen KRAUSEsche Endkolben vorhanden. Seine Folgerung: KRAUSEsche Endkolben sind Kälterezeptoren. Schließlich blieb noch eine wichtige

Empfindung, nämlich Wärme, und ein wichtiger Rezeptor – die RUFFINIschen Endorgane – übrig. Deshalb vermutete er, daß die RUFFINIschen Endorgane die gesuchten Wärmerezeptoren seien.
VON FREYS Theorie bezog sich ausschließlich auf Rezeptoren. Andere Wissenschaftler gingen weiter, suchten nach spezifischen, von den Rezeptoren zum Rückenmark ziehenden Fasern sowie nach besonderen Leitungsbahnen im Rückenmark selbst.

Erweiterungen der VON FREYSCHEN *Theorie*

Entsprechend der VON FREYSCHEN Annahme, daß vier Arten der Hautempfindungen existieren, von denen jede einzelne ihre eigene spezifische Nervenendigung besitzt, wurde die Differenzierung auch auf periphere Nervenfasern ausgedehnt (siehe Kapitel 4). In diesem Zusammenhang wurden scharfsinnige Experimente durchgeführt (zusammengefaßt bei BISHOP, 1946; ROSE und MOUNTCASTLE, 1959; SINCLAIR, 1967), die zeigen sollten, daß es eine Beziehung im Verhältnis 1 : 1 zwischen Rezeptor-Typ, Fasergröße und Empfindungsqualität gibt. Die Vorstellung, nach der die spezifischen Reizmodalitäten in den peripheren Nerven getrennt werden, stellt die direkteste Interpretation von MÜLLERS Lehre der spezifischen Nervenenergien dar. Da die Fasergruppen mit unterschiedlichen Durchmessern als modalitätsspezifisch angesehen werden, lassen sich aufgrund der Faserdicke aus der Theorie auch »spezifische Nervenenergien« ableiten. Die Spezifitätstheoretiker sprechen deshalb von A-Delta- und C-Faserschmerz, von Berührungs- und Kältefasern – so, als besäße jede Fasergruppe eine durchgehende Übertragungsbahn zu einem bestimmten Zentrum im Gehirn.

Schließlich wurde auch nach einer »Schmerzbahn« im Rückenmark gefahndet (KEELE, 1957). Experimente mit Tieren legten es nahe, daß der antero-laterale Quadrant des Rückenmarks für die Schmerzempfindung besonders wichtig ist. Dieser Vermutung entspricht auch eine Beobachtung von SPILLER, nach der ein Mann, der an einer Schädigung dieses Rückenmarkgebietes litt, in einem Teil des Körpers – und zwar unterhalb der Schädigungshöhe – schmerzunempfindlich war. Später beauftragte SPILLER einen Neurochirurgen namens MARTIN mit der Durchtrennung des Vorderseitenstrangs im Rückenmark bei Schmerz-Patienten. Der Operationserfolg führte zur weitverbreiteten Praxis der Vorderseitenstrang-Durchtrennung (gewöhnlich unter der Bezeichnung »Chordotomie« bekannt); sie stellt also ein Verfahren zur Schmerzlinderung dar. Infolgedessen wurde die spino-thalamische Bahn, die im Vorderseitenstrang des Rückenmarks verläuft, als »Schmerzbahn« bezeichnet.

Der Sitz des »Schmerzzentrums« wird noch heute von den Spezifitäts-theoretikern diskutiert. HEAD (1920) meinte, dieses würde im Thalamus sitzen, da Verletzungen oder Entfernung der Hirnrinde selten eine Schmerz-unempfindlichkeit mit sich bringen. Im Gegenteil, die Schmerzen nehmen sogar noch zu. So sind mit HEAD auch andere Forscher der Meinung, daß der Thalamus das Schmerzzentrum enthält und die Hirnrinde eine hemmende Kontrolle ausübt.

Analyse der Spezifitätstheorie

Die Kennzeichnung der freien Nervenendigungen als Schmerzrezeptoren durch VON FREY stellt die Grundlage der Spezifitätstheorie dar. Ihr Lösungs-ansatz für das Rätsel Schmerz ist recht einfach: Spezifische Schmerzrezepto-ren im Körpergewebe münden in Schmerzfasern, und diese ziehen über eine Schmerzbahn zu einem Schmerzzentrum im Gehirn. Trotz ihrer scheinbaren Unkompliziertheit besitzt diese Theorie drei Gesichtspunkte, von denen jeder einzelne einer grundsätzlichen Annahme gleichkommt. Der erste Ge-sichtspunkt, nämlich die Spezialisierung der Rezeptoren, ist ein physiologi-scher und hat das Ausmaß einer echten biologischen Gesetzmäßigkeit er-reicht. Die anderen beiden Annahmen dagegen, die anatomische und die psychologische, lassen sich nicht belegen.

Die physiologische Annahme

VON FREYS Vermutung, daß die Differenzierung der Hautrezeptoren ihre Ursache in der dadurch möglichen Fähigkeit zur Reaktion auf bestimmte Reizdimensionen hat, stellt eine wesentliche Erweiterung von MÜLLERS Kon-zept der »spezifischen Erregbarkeit« von Rezeptoren dar. Die Annahme geht in die Richtung, daß jeder der vier Rezeptortypen auf eine Energieart besonders anspricht. Diese Vorstellung einer physiologischen Spezialisierung der Hautrezeptoren ist zugleich die Stärke der VON FREYSchen Theorie und dürfte der Hauptgrund für ihr jahrzehntelanges Überleben sein. SHER-RINGTON (1900, Seite 995) stellte dies in einer Form fest, die für alle an sen-sorischen Prozessen arbeitenden Forscher annehmbar ist: Das sensible End-organ ist eine Vorrichtung, mit deren Hilfe eine afferente Nervenfaser auf

charakteristische Weise für einen spezifischen physikalischen Reiz empfänglich gemacht wird; gleichzeitig verringert sich die Empfindlichkeit für andere
Reize, bzw. die Faser kommt mit diesen überhaupt nicht in Kontakt. Für eine
bestimmte Reizart senkt das sensible Endorgan also die Reizschwelle, für
andere Modalitäten erhöht es diese.

Der Glanz von SHERRINGTONS Definition der Rezeptorspezifität, die sich
in Begriffen des niedrigsten Grenzwertes (bzw. der niedrigsten Reizschwelle)
für einen bestimmten Stimulus ausdrückt, liegt darin, daß in ihr keine Annahmen über etwaige psychologische Einflüsse enthalten sind. Diese Vorstellung vom »adäquaten Stimulus« (SHERRINGTON, 1906) ist generell anerkannt, so daß sie berechtigterweise als biologisches Prinzip oder Gesetz angesehen werden kann.

Die anatomische Annahme

Gerade die anatomische Vorstellung der VON FREYschen Theorie ist der
speziellste, der unzutreffendste und zugleich unwichtigste Aspekt. VON
FREY ging davon aus, daß ein einzelner, spezifisch gestalteter Rezeptor unter
jedem einzelnen sensiblen Punkt der Haut liegt. Er schrieb jeder der vier
Empfindungsqualitäten einen bestimmten Rezeptortyp zu. Zudem postulierte VON FREY die Zusammenhänge eher auf der Basis logischer Deduktion als aufgrund von experimentell gewonnenem Tatsachenmaterial und
war sich gleichzeitig voll der Mängel und Schwächen dieses Vorgehens bewußt. In Anbetracht des Zusammenhangs zwischen Kältereizen und den
KRAUSESCHEN Endkolben bemerkte VON FREY (1895; siehe DALLENBACH,
1927), daß »aus dieser Annahme eine offensichtlich ernst zu nehmende
Schwierigkeit resultiert, da die Fähigkeit zur Kälteempfindung nicht nur
genau auf die Punkte beschränkt bleibt, sondern auch in den umliegenden
Hautregionen gegeben ist«. Ebenso ist ihm das folgende Problem gegenwärtig: »Ob die Anzahl der Endorgane in der Haut ausreicht, allen Kälte-
punkten gerecht zu werden, ist eine bisher noch nicht beantwortete Frage«.

Das entscheidende Experiment einer histologischen Untersuchung der
Haut unterhalb genau lokalisierter Temperaturpunkte wurde bisher mindestens ein dutzendmal durchgeführt (siehe dazu MELZACK und WALL, 1962),
ohne daß ein einziger Forscher irgendeinen bestätigenden Hinweis auf die
anatomischen Zusammenhänge, wie sie VON FREY postulierte, gefunden
hätte. Tatsächlich wurden die älteren Darstellungen von DONALDSON (1885)
und GOLDSCHEIDER (1886) über die ausschließliche Existenz freier Nerven-

endigungen unterhalb der Temperaturpunkte wiederholt bestätigt. Sogar RUFFINI (1905) bemerkte aus seiner histologischen Sicht, daß es nicht nur vier, sondern zahllose Rezeptortypen gäbe und sah die Korrelationen als sinnlos an. WEDDELL und SINCLAIR widerlegten in den fünfziger Jahren jeden nur denkbaren Punkt der anatomischen Annahme von FREY. Dennoch blieben die Grundzüge der Theorie ohne einen einzigen Gegenangriff bestehen. Wie es scheint, liegt der Grund darin, daß die anatomische Annahme nicht im Mittelpunkt der Konzeption VON FREYS steht. Die Vermutung, nach der die Hautrezeptoren spezialisierte physiologische Eigenheiten besitzen, bleibt unabhängig von der Frage bestehen, ob die besonderen anatomischen Korrelationen, von denen VON FREY ausging, richtig oder falsch sind. Alle freien Nervenendigungen können ähnlich aussehen und trotzdem hochspezialisierte Eigenheiten aufweisen (siehe Kapitel 4).

Die psychologische Annahme

Gerade diese Annahme, nach der jede psychische Dimension der körperlichen Empfindung eine exakte Korrelation im Verhältnis 1 : 1 zu einer speziellen Reizdimension und zu einem bestimmten Hautrezeptor-Typ aufweist, stellt den fragwürdigsten Teil der Theorie VON FREYS dar (MELZACK und WALL, 1962). Wie in allen psychologischen Theorien, hat auch VON FREY das Nervensystem stillschweigend miteingeschlossen. Das fragliche Modell ist das eines festen Kommunikationssystems mit einer direkten Verbindung zwischen Haut und Gehirn; es werden besondere Nerven und Leitungsbahnen mit vier unterschiedlichen Empfindungsqualitäten beschrieben (analog zu den vier verschiedenfarbigen Kabeln eines elektrischen Schaltkreises), die von vier spezifischen Reizübertragern in der Haut zu vier spezifischen Empfängern im Gehirn ziehen. Abb. 23 illustriert die moderne Spezifitätsauffassung des Schmerzprojektionssystems. Trotz ihrer deutlich zutage tretenden Spitzfindigkeit, die auf freie Nervenendigungen, die Vorderseitenstragbahn usw. hinweist, ähnelt sie in wesentlichen Punkten dem Schmerzkonzept DESCARTES' (Abb. 22, Seite 124), das 300 Jahre zuvor entwickelt wurde. Sie spiegelt ein als feststehend und durchgehend gedachtes Nervensystem wider. Gerade dieser Aspekt der Spezifitätsauffassung, der von einer direkten und starren Beziehung zwischen einer psychisch-sensorischen Dimension und einer physikalischen Reizdimension ausgeht, führte dazu, die Spezifitätslehre als Ganze zu verwerfen. MELZACK und WALL (1965, Seite 971) analysierten die Annahme VON FREYS:

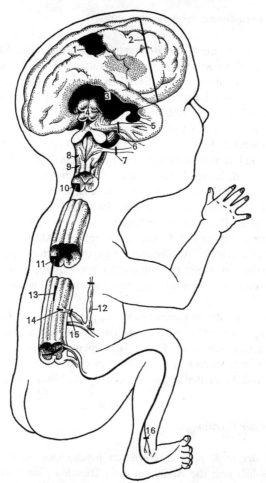

Abb. 23: Schematisches Diagramm von MAC CARTY und DRAKE (1956, Seite 208) zur Illustration der unterschiedlichen chirurgischen Eingriffsmöglichkeiten, die auf eine Schmerzlinderung abzielen: 1. Abtragung der zentralen Rinde; 2. Abtragung des vorderen Frontallappenabschnitts; 3. Abtragung von Teilen der thalamischen Kerngebiete; 4. Durchtrennung von Bahnen im Mittelhirn; 5. Abtragung der Hypophyse; 6. Wurzeldurchtrennung des fünften Hirnnerven; 7. Durchtrennung des neunten Hirnnerven; 8. Durchtrennung von Bahnen im verlängerten Mark; 9. Durchtrennung der Trigeminus-Bahn; 10. Durchtrennung des Halsmarks; 11. Durchtrennung des Brustmarks; 12. Grenzstrangresektion; 13. Operative Öffnung des Rückenmarks; 14. Durchtrennung der LISSAUER-schen Bahn; 15. Durchtrennung der Hinterwurzeln; 16. Ausschneidung eines Nervenstücks.

Sehen wir uns einmal die Behauptung, die Haut enthielte »Schmerz-rezeptoren«, näher an. Wenn man der Auffassung ist, daß ein Schmerz-rezeptor nur auf intensive, schädigende Reizung der Haut reagiert, so ent-spricht dies der physiologischen Tatsache, daß der spezialisierte Rezeptor nur auf eine bestimmte Reizart anspricht. Bezeichnet man jedoch einen Rezeptor als »Schmerzrezeptor«, so ist dies mit einer psychologischen An-nahme verbunden: Es wird von einer direkten Verbindung zwischen dem Rezeptor und jenem Hirnzentrum ausgegangen, in dem der Schmerz wahr-genommen wird. Infolgedessen muß die Stimulation des Rezeptors immer und ausschließlich Schmerz auslösen. Weiter ist darin die Annahme enthal-ten, daß die Abstraktion bzw. Auswahl der reizbezogenen Information voll und ganz auf der Rezeptorebene abläuft und diese Information unverfälscht dem Gehirn übermittelt wird. Folglich bedeutet die Ablehnung der Spezifi-tät in Wirklichkeit die Ablehnung der psychologischen Spezifität. Diese Unterscheidung zwischen physiologischer Spezialisierung und psychologi-scher Annahme gilt auch für periphere Fasern und zentrale Projektions-systeme.

Die Fakten im Zusammenhang mit der physiologischen Spezialisierung machen zugleich die Stärke der Spezifitätstheorie aus, die psychologischen Annahmen ihre Schwäche. Diese Annahmen sollen nun im Lichte der psychologischen, klinischen und physiologischen, auf Schmerz bezogenen Daten untersucht werden (MELZACK und WALL, 1962, 1965).

Belege aus der Psychologie

Aufgrund der in Kapitel 2 referierten psychologischen Bedeutung des Schmerzes läßt sich die Annahme einer Beziehung im Verhältnis 1 : 1 zwischen Schmerzwahrnehmung und Reizintensität nicht erhärten. Die vor-handenen Daten sprechen vielmehr dafür, daß Intensität und Art des wahr-genommenen Schmerzes, neben sensorischen Eingangsreizen, noch von vielen weiteren psychischen Variablen mitbestimmt werden. So leugneten beispielsweise amerikanische Soldaten, die am Anzio-Brückenkopf ver-wundet wurden, »...vollständig die Schmerzen ihrer ausgedehnten Ver-letzung bzw. sie nahmen diese kaum wahr, so daß sie auch keine Schmerz-mittel haben wollten« (BEECHER, 1959, Seite 165). Der Grund dürfte wahr-scheinlich in ihrer übergroßen Freude liegen, dem Schlachtfeld überhaupt lebend entkommen zu sein. Hätten diese Männer Schmerzen gehabt, sogar frei von negativem Affekt, so ließe sich vernünftigerweise auch vermuten, daß sie darüber berichtet hätten. Ebenso geben die Lobotomie-Patienten an, daß sie zwar noch Schmerzen hätten, diese aber nicht belastend seien. Statt dessen »stellten die Männer den Schmerz total in Abrede«. Ähnlich verhielten sich PAVLOVsche Hunde, die nach elektrischen Reizen, Verbrennungen oder Stichen gefüttert wurden. Sie betrachteten diese Reize als Signale für Futter und zeigten nicht einmal die »geringsten oder leisesten« (PAVLOV, 1927, Seite 30) Anzeichen von Schmerz. Wenn die Hunde überhaupt Schmerz empfanden, so mußte dies ein »schmerzloser Schmerz« gewesen sein (NAFE, 1934) – oder sie hatten es darauf abgesehen, PAVLOV zu ärgern, indem sie die Schmerzen nicht zur Schau stellten. Natürlich sind beide Möglichkeiten absurd. Die unausweichliche Schlußfolgerung aus diesen Beobachtungen ist die, daß es möglich sein muß, bei der intensiven und stark schädigenden Reizung die Schmerzerzeugung zu verhindern bzw. diesen Schmerz in ein Signal für Freßverhalten zu verwandeln. Die Auffassung, nach der vier starre kutane Empfindungsqualitäten existieren, wurde von HEAD (1920), NAFE (1934), LIVINGSTON (1943), HEBB (1949), WEDDELL (1955), SINCLAIR (1955) und vielen anderen kritisiert. Die Dimensionen der körperbezogenen Empfindungen sind nie experimentell bestimmt worden, so daß die Psychologen auch nicht in der Lage sind, sich über die genaue Anzahl der unterschiedlichen Empfindungsqualitäten in der Haut zu einigen (TITCHENER, 1920). Die Zahl, die VON FREY nennt, basiert lediglich auf Vermutungen. Behauptet man beispielsweise, ein Jucken würde durch ein bestimmtes Erregungsmuster der »Schmerzrezeptoren« hervorgerufen (BISHOP, 1946), so weist dies nur darauf hin, daß das Reizmuster die Empfindungsqualitäten eher beeinflußt als irgend ein anderes willkürliches Merkmal (NAFE, 1934). Die vier Modalitäten VON FREYS stellen breite Kategorien unterschiedlicher Wahrnehmungserfahrungen dar, die ihre Kennzeichnung den am leichtesten zu benennenden Wahrnehmungsarten verdanken.

Belege aufgrund klinischer Daten

Der Phantomschmerz, die Kausalgie und die Neuralgien widerlegen auf dramatische Weise die Vorstellung von einem starren Nervensystem, dessen Teile direkt miteinander in Verbindung stehen. Bereits in Kapitel 3 stellten wir fest:
1. Chirurgische Eingriffe in das periphere und zentrale Nervensystem mit dem Ziel der langfristigen Ausschaltung der Schmerzen bleiben bemerkenswert erfolglos.

2. Zarte Berührung, Vibration und anders geartete unschädliche Reize können langfristigen und quälenden Schmerz hervorrufen, der gelegentlich ohne irgendeine sichtbare Stimulation auftritt.

3. Derartige Schmerzen sowie neue »Auslösezonen« können sich in nicht vorauszusehender Weise auf unbeteiligte Körperregionen ausdehnen, die an sich nicht pathologisch verändert sind.

4. Schmerzen aus überempfindlichen Hautregionen treten oft erst nach großen Verzögerungsintervallen auf und dauern noch lange nach Entfernung des Reizes an; dies bedeutet, daß bei der Entstehung der Schmerzzustände eine beachtliche zeitliche und räumliche Summierung der Eingangsreize gegeben ist.

Diese klinischen Fakten widerlegen die Vorstellung eines starren, geradewegs durchgängigen und spezifischen Schmerzsystems.

Belege aus der Physiologie

Es liegen uns überzeugende physiologische Daten vor (siehe Kapitel 4), die belegen, daß innerhalb des körperbezogenen Empfindungssystems eine Spezialisierung vorzufinden ist; es gibt aber keine Hinweise dafür, daß die Stimulation eines bestimmten Rezeptor- oder Fasertyps bzw. einer spezifischen Rückenmarksbahn Wahrnehmungen hervorruft, die sich lediglich durch eine einzige Empfindungsqualität charakterisieren lassen. Es sind spezialisierte Fasern vorhanden, die nur auf starke Reizung ansprechen, was jedoch noch nicht bedeutet, daß dies »Schmerzfasern« sein müssen, d.h. Fasern, die bei Stimulation immer und ausschließlich Schmerz auslösen. Ein ähnliches Phänomen tritt bei den zentralen Zellen auf, die ausschließlich bzw. mit maximaler Intensität auf schädigende Reize ansprechen und trotzdem keine »Schmerzzellen« sind. Nichts spricht für die Annahme, daß diese Zellen für die Schmerzwahrnehmung und die Reaktion darauf von größerer Bedeutung sind als alle übrigen Zellen der körperbezogenen Empfindung, die auf die vielfältigen Eigenheiten des Reizes – seines schädigende Intensität eingeschlossen – mit charakteristischen Entladungsmustern antworten. Die Ansicht, nach der nur jene Zellen, die ausschließlich auf schädigende Reizung ansprechen, »Schmerzzellen« seien, und daß die Leistung aller anderen nur zweitrangig sei, stellt eine rein psychologische Annahme dar und besitzt keine physiologische Grundlage. Die physiologische Spezialisierung ist eine Tatsache, die akzeptiert werden kann, ohne gleichzeitig der psychologischen Theorie zuzustimmen, daß der Schmerz vollständig durch die Impulse, die geradewegs von der Haut zu einem Schmerzzentrum im Gehirn ziehen, übertragen wird. MELZACK und WALL (1962, Seite 349) bemerken:

Nach MÜLLERS Formulierung der Lehre von spezifischen Nervenenergien bauen die vielfältigen kutanen Erfahrungen auf einem einzigen integrierten System auf. VON FREYS Postulat der vier Modalitäten ist zwar in der Lage, mindestens vier verschiedenen Arten der körperbezogenen Empfindung gerecht zu werden, doch unterteilt es notwendigerweise das körperbezogene Wahrnehmungssystem in vier getrennte Untergruppen, von denen jede eine direkte Übertragungsbahn zu einem bestimmten Endpunkt im Gehirn besitzt. Der Gedanke MÜLLERS, das Nervensystem sei ein integriertes, nicht spezialisiertes System, mußte der Vorstellung von vier spezialisierten, nicht integrierten Untersystemen weichen.

Wir können von den Vorteilen eines in sich geschlossenen körperbezogenen Empfindungssystems profitieren, wenn wir auf die Vorstellung verzichten, daß die mannigfaltigen Empfindungsqualitäten durch die Endigungen der aufsteigenden Fasern im Gehirn geprägt werden ... Es gibt keine ernst zu nehmenden Hinweise auf gesonderte thalamische oder kortikale »Zentren« für irgendwelche Dimensionen der körperbezogenen Erfahrung. Deshalb muß angenommen werden, daß den Dimensionen der körperbezogenen Wahrnehmung verschiedenartige Erregungsmuster zugrunde liegen, die im Gehirn durch sensorische Reize unterschiedlicher Art hervorgerufen werden. Die Ankunft der sensorischen Nachrichten in Thalamus und Kortex scheint erst den Beginn eines Aktivitätsnetzes zu markieren, das sich in alle Richtungen zu weitverzweigten Gebieten im Zentralnervensystem spannt ... In Anbetracht all dieser Tatsachen ist die Konzeption der »Endigungen« im Gehirn nur sehr schwer haltbar: Wo endet ein Erregungsmuster tatsächlich? – Sicherlich weder im Thalamus noch in der Hirnrinde, die beide eher als Schaltzentren für die sich wandelnden und ununterbrochen ablaufenden Prozesse zu betrachten sind.

Wenn nun die körperbezogenen Empfindungsqualitäten nicht durch bestimmte Endzentren, sondern durch besondere Nervenimpulsmuster festgelegt werden, die über weite Teile des Gehirns laufen, so entfällt auch die theoretische Notwendigkeit, für jede Empfindungsqualität ein eigenes System zu postulieren. Die Bahnen laufen tatsächlich auseinander, und gleichzeitig steht die Spezialisierung zentraler Bahnen auf bestimmte Funktionen außer Zweifel. Wollen wir aber die Unterscheidung zwischen der physiologischen Spezialisierung bei der Informationsübertragung einerseits und der Wahrnehmung sowie der darauffolgenden Reaktion andererseits aufrechterhalten, so bleibt es uns überlassen, ob wir von irgendwelchen Spezialisierungsstufen, die sich zwangsläufig aus dem Datenmaterial ergeben, Kenntnis nehmen oder nicht. Dabei werden wir auf eben jene Schwierigkeiten stoßen, die den modalitätsspezifischen Übertragungsbahnen innewohnen.

Die Impulsmuster-Theorie

Als Gegenreaktion auf die psychologischen Annahmen im Rahmen der Spezifitätstheorie wurden andere Theorien entwickelt, die der allgemeinen Rubrik »Impulsmuster-Theorie« zugeordnet werden können. GOLDSCHEIDER (1894), ursprünglich ein Verfechter der Theorie VON FREYS, ging als erster Forscher davon aus, daß Reizintensität und Summation auf zentraler Ebene als entscheidende Kriterien für Schmerz anzusehen sind.

GOLDSCHEIDER wurde zutiefst von den Untersuchungen über pathologische Schmerzzustände beeinflußt, insbesondere von denen NAUNYNS (1889) über *Tabes dorsalis,* einer Krankheit, die als Endstufe der Syphilis vorkommt (im heutigen Zeitalter der Wunderdrogen ist sie aber selten geworden). *Tabes* läßt sich durch Degenerationserscheinungen im hinteren Rückenmarksabschnitt und in den Hinterwurzeln charakterisieren. Eines der Hauptsymptome ist die zeitliche und räumliche Summation der somatischen Eingangsreize bei der Schmerzentstehung (NOORDENBOS, 1959). Wiederholtes, kurzes Auflegen eines warmen Reagenzglases auf den Arm eines Tabes-Patienten wird zunächst als warm, dann als zunehmend heißer wahrgenommen, bis der Patient schließlich vor Schmerzen aufschreit – so, als hätte man seine Haut verbrannt. Eine derartige Summation tritt niemals bei gesunden Personen auf, sie nehmen lediglich die wiederholten Wärmereize wahr. Ähnlich kann ein einzelner Nadelstich, der bei normalen Versuchspersonen einen plötzlichen, heftigen Schmerz auslöst, bei Tabes-Patienten zu diffusen, anhaltenden und brennenden Schmerzen führen.

Nicht nur Intensität und Dauer der Schmerzen sind dem Reiz unangemessen, sondern es ist auch oft eine bemerkenswerte Verzögerung bis zum Einsetzen der Schmerzen festzustellen. Ein Nadelstich wird erst viele Sekunden später wahrgenommen – normalerweise einige Sekunden, gelegentlich sogar bis zu fünfundvierzig Sekunden später (NOORDENBOS, 1959). Von dieser erstaunlich langen Verzögerungsdauer machten (zu einer Zeit, als *Tabes* eine relativ häufig auftretende Krankheit war) einige Neurologieprofessoren, denen daran gelegen war, daß diese Symptome bei den Studenten im Gedächtnis blieben, auf drastische Weise Gebrauch: Am Ende des klinischen Demonstrationskursus versetzten sie dem Tabes-Patienten einen Nadelstich, zogen sich ihren weißen Mantel aus und ihre Anzugsjacke an, gaben Thema und Zeitpunkt der nächsten Unterrichtsstunde bekannt, verließen den Raum und schlossen hinter sich die Tür – eben in diesem Moment schrie der Patient dann vor Schmerzen auf. GOLDSCHEIDER war von derartigen Beobachtungen stark beeindruckt. Er mußte zwangsläufig daraus schließen, daß die Mechanismen der zentralen Summation, die sich wahrscheinlich in den Hinterhörnern des Rückenmarks lokalisieren lassen, für das Verständnis des Schmerzapparates von wesentlicher Bedeutung sind.

GOLDSCHEIDERS Impulsmuster- oder Summationstheorie geht davon aus, daß die spezifischen Nervenimpuls-Muster, die den Schmerz hervorrufen, in den Hinterhornzellen durch Summation der eingehenden sensorischen Hautreize entstehen. Nach dieser Auffassung tritt Schmerz dann auf, wenn die gesamte Ausgangsleistung der Zellen einen kritischen Grenzwert überschreitet. Dies kann entweder Ergebnis einer übermäßigen Reizung jener Rezeptoren sein, die normalerweise bei unschädlicher thermischer oder taktiler Reizung »feuern« oder aufgrund pathologischer Bedingungen zustandekommen, unter denen sich die Summation der Impulse, die von den gewöhnlich unschädlichen Reizen erzeugt werden, steigert. Die langen Verzögerungszeiten und die anhaltenden Schmerzen, die bei pathologischen Schmerzzuständen zu beobachten sind, gehen nach den Vermutungen GOLDSCHEIDERS auf extrem lange Zeitperioden der Summation zurück. Ferner war er der Meinung, daß die »Summations-Bahn«, die im Rückenmark dem Gehirn die Schmerzsignale übermittelt, aus langsamleitenden, multisynaptischen Faserketten besteht. Von den dicken, in den Hintersträngen hochziehenden Fasern nahm er an, sie würden spezifische Informationen über die taktilen Eigenheiten der Hautwahrnehmung weiterleiten.

Aus GOLDSCHEIDERS Auffassung wurden mehrere Theorien abgeleitet. In allen wird die Vorstellung von einer Strukturierung der Eingangsreize, die für jede Schmerztheorie von wesentlicher Bedeutung ist, akzeptiert. In manchen Theorien bleiben die Tatsachen der physiologischen Spezialisierung völlig unbeachtet, während andere diese in ihre Theorie über zentrale Summationsmechanismen einbauen.

Die periphere Impulsmuster-Theorie

Die einfachste Form der Impulsmuster-Theorie bezieht sich primär auf periphere, nicht auf zentrale Strukturierung. Nach dieser Auffassung geht

Schmerz auf übermäßige periphere Stimulation zurück, die ein Nervenimpuls-Muster hinterläßt, welches auf zentraler Ebene als Schmerz interpretiert wird. Die Schmerztheorie von WEDDELL (1955) und SINCLAIR
(1955) basiert auf der älteren Annahme von NAFE (1934), nach der sämtliche Empfindungsqualitäten der Haut aus räumlichen und zeitlichen Nervenimpulsmustern entstehen und nicht so sehr durch gesonderte, modali-
tätsspezifische Übertragungsbahnen zustande kommen. In der Theorie wird
die Ähnlichkeit aller Faserendigungen postuliert (ausgenommen sind jene,
die Haarzellen innervieren), so daß das Schmerzmuster durch intensive
Reizung unspezifischer Rezeptoren entsteht.

Doch enthüllen die physiologischen Fakten den hohen Grad der Rezeptor-
Faserspezialisierung. Die von WEDDELL und SINCLAIR entwickelte Impulsmuster-Theorie muß folglich als befriedigende Schmerztheorie scheitern, da
sie die Tatsache der physiologischen Spezialisierung unberücksichtigt läßt.
In Kapitel 4 wurde bereits die sinnvollere Annahme erwähnt, nach der den
spezialisierten physiologischen Eigenheiten jeder einzelnen Rezeptor-Fasereinheit (wie z.B. Schwellenwerte gegenüber unterschiedlichen Reizen, An-
passungszeiten, Größe des rezeptiven Feldes) eine wichtige Rolle bei der
Merkmalsbestimmung von zeitlichen Mustern zukommt, die beim Kontakt
eines Reizes mit der Haut entstehen.

Die zentrale Summationstheorie

Die Analyse des Phantomschmerzes, der Kausalgie und der Neuralgien
(Kapitel 3) weist darauf hin, daß zumindest ein Teil der diesen Erscheinungen zugrunde liegenden Funktionszusammenhänge im Zentralnervensystem
zu suchen sind. LIVINGSTON (1943) machte als erster spezifische zentral-
nervöse Mechanismen für die bemerkenswerten Summationsphänomene
bei diesen Schmerzsyndromen verantwortlich. Seiner Meinung nach ruft die
pathologische Stimulation der sensiblen Nerven (wie sie im Anschluß an
periphere Nervenschädigung auftritt) eine Aktivierung der Regler-Kreise in
den Neuronenverbänden des Rückenmarks hervor (siehe Abb. 20, Seite
117). Diese abnorme Aktivität ist dann durch gewöhnlich unschädliche Eingangsreize auszulösen und bedingt möglicherweise Nervenimpuls-Salven,
die auf zentraler Ebene als Schmerz interpretiert werden.

Die Stärke der Theorie von LIVINGSTON liegt besonders in der Erklärung
des Phantomschmerzes. Seiner Meinung nach ruft die ursprüngliche Verletzung des Körpergliedes (bzw. die durch die Amputation verursachte

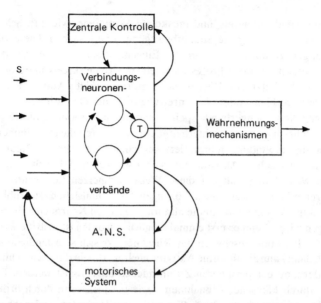

Abb. 24: Schematisches Diagramm von LIVINGSTONs Theorie über pathologische Schmerzbilder. Intensive, aus Nerven- und Gewebsschädigung resultierende Stimulation (S) aktiviert Fasern, die zu Verbindungs-Neuronenverbänden im Rückenmark ziehen und in geschlossenen, unabhängigen Neuronenschleifen eine pathologische Aktivität auslösen. Diese dauerhafte, abnorme Tätigkeit wirkt auf die Transmissionszellen (T) des Rückenmarks ein, die zu Funktionssystemen im Gehirn hochsteigen, welche der Schmerzwahrnehmung zugrunde liegen. Die abnorme Aktivität der Verbindungsneuronen dehnt sich ebenfalls auf die Seiten- und Vorderhornzellen des Rückenmarks aus und setzt dabei das autonome Nervensystem (ANS) und das motorische System in Gang. Dies führt zu Schweißausbrüchen, krankhafter Ruhelosigkeit und zu anderen Symptomen, welche wiederum zusätzliche pathologische Eingangsstimulation erzeugen und somit einen »Teufelskreis« schaffen. Ebenso gehen Aktivitäten des Gehirns, wie z.b. durch Schmerz verursachte Furcht und Angst, in das abnorme Funktionsgeschehen der Verbindungsneuronen mit ein und bewirken dessen Fortbestehen.

Wunde) in den geschlossenen und unabhängigen Neuronenschleifen der Hinterhörner des Rückenmarks abweichende Entladungsmuster hervor. Die Hinterhörner selbst senden Impulssalven zum Gehirn, die zur Schmerzentstehung führen. Ferner kann sich die überschießende Aktivität auf die benachbarten Neuronen der Seiten- und Vorderhörner ausdehnen und im

Körperglied autonome und muskuläre Symptome, wie z.B. Schweißausbrüche oder ruckartige Stumpfbewegungen verursachen. Diese wiederum bedingen zusätzliche sensorische Eingangsstimulation, die bei den peripheren und zentralen Prozessen zu einem »Teufelskreis« führt, der die abnorme Aktivität des Rückenmarks aufrechterhält (Abb. 24). Sogar die schwächste Haut- oder Nervenreizung nahe der Operationsstelle kann die tätigen Neuronenverbände speisen und deren abnorme, gestörte Aktivität über Jahre hinweg aufrechterhalten. Impulsmuster, die sonst immer als Berührungsempfindung interpretiert wurden, lösen nun bei den Neuronenverbänden vermehrte Aktivität aus, wobei sie auch Impuls-Salven an das Gehirn weiterleiten und auf diese Weise Schmerzen hervorrufen. Zudem führen möglicherweise auch Störungen des Gefühlslebens zu erhöhter Nervenaktivität, die dann auf die abnorm feuernden Neuronenverbände übertragen wird. Wenn es erst einmal möglich geworden ist, daß dieses pathologische Funktionsgeschehen des Rückenmarks sich selbständig aufrechterhält, dann kann die abnorme Aktivität auch nicht mehr durch eine chirurgische Entfernung der peripheren Zufuhrquellen abgebremst werden. Eher läßt sich durch klinische Maßnahmen – wie beispielsweise durch örtliche Betäubungsspritzen oder Physiotherapie – eine Veränderung der sensorischen Eingangsreize hervorrufen, so daß die normale Funktionsfähigkeit des Rückenmarks wieder hergestellt wird.

GERARD (1951) entwickelte eine Theorie, die in ihrer Konzeption ähnlich ist, sich aber in bezug auf das hypothetische Gefüge unterscheidet. Er war der Auffassung, daß die periphere Nervenschädigung möglicherweise einen vorübergehenden Verlust der sensorischen Kontrolle über Entladungen in den Neuronen des Rückenmarks mit sich bringt. Diese beginnen dann mit gleichzeitigen Entladungen; derartige Effekte treten auch bei isolierten Nervengewebsstückchen, die in eine entsprechende Lösung gebracht werden, auf. Als Ursache kommt eine Ausdehnung der elektrischen Felder in Frage. Derartige, sich gleichzeitig entladende Neuronenverbände können sich um zusätzliche Einheiten verstärken und in der grauen Substanz weiterziehen. Ferner lassen sie sich durch Impulse aufrechterhalten, die sich von jenen unterscheiden, die zur Aktivierung der Neuronenverbände selbst notwendig waren und zudem schwächer als diese sind. Schließlich ist es den Neuronenverbänden auch möglich, an höhere Zentren übermäßige und abnorm gestaltete Impulssalven abzufeuern.

Obwohl die Konzeptionen von LIVINGSTON und GERARD beträchtliche Überzeugungskraft in bezug auf den Phantomschmerz besitzen, werden sie der Tatsache nicht gerecht, daß durch chirurgische Eingriffe in das Rückenmark die Schmerzen oft nicht zum Stillstand kommen. Stattdessen deuten die Daten aus dem Bereich der Neurochirurgie auf Prozesse im Gehirn selbst hin. Wenn die entscheidenden Vorgänge in den Hinterhörnern des Rückenmarks zu finden wären, dann müßte auch die Durchtrennung der wichtigsten sensorischen Wurzeln, die die Rückenmarksaktivität zum Gehirn weiterleiten, zu einem Ende der Schmerzen führen. Doch ist man sich heute im allgemeinen darüber einig, daß Versuche, durch operative Eingriffe in die Rückenmarksbahnen die Schmerzen zu erleichtern, häufig dann wirkungslos bleiben, wenn das Schmerzsyndrom bereits fest verwurzelt ist. WHITE und SWEET (1969) berichten, daß nach einer Durchtrennung der Vorderseitenstrangbahn in 7 von 18 Amputationsfällen der unteren und in 3 von 4 Fällen der oberen Gliedmaßenentfernung der Phantomschmerz wieder auftritt. Sogar die beidseitige Durchtrennung der Vorderseitenstrangbahn kann fehlschlagen. Die Forscher bemühten sich, das »Leck« im Schmerzübertragungs-System zu finden; die multisynaptische, rückenmarkseigene Faserkette wurde als eine Erklärungsmöglichkeit diskutiert (NOORDENBOS, 1959). Wenn es diese undichte Stelle tatsächlich gibt und wenn die Impulse im Rückenmark hochsteigen sowie ohne weitere Verarbeitung den Schmerz bestimmen, dann kann man sich kaum vorstellen, daß derartig schwache Eingangsreize (nach den weitreichenden chirurgischen Schnitten) solche heftigen Schmerzzustände verursachen. Deshalb wandten sich die Chirurgen den Hintersäulen, der traditionellen »Berührungs-Propriozeptionsbahn« des Rückenmarks zu, die besonders für die Wahrnehmung der krampfartigen Schmerzen im Phantomglied verantwortlich ist. Doch ist auch hier eine Operation mit dem Ziel anhaltender Heilung gewöhnlich ineffektiv (WHITE und SWEET, 1959).

HEBB (1949) vermied es, die Aktivität des Rückenmarks zu überbewerten und war der Auffassung, daß gleichzeitige Entladungen in den thalamo-kortikalen Neuronenkreisen die Schmerzsignale ausmachen. In seiner Konzeption betont er besonders die Bestimmung des Schmerzes durch zentrale Summationsmechanismen. Wie er feststellt, tritt Schmerz häufig dann auf, wenn die Leitungsbahn, die körpereigene Empfindungen überträgt, auf irgendeiner Ebene geschädigt ist. Nach HEBBS Meinung führt der Verlust sensorischer Kontrolle über die thalamo-kortikalen Funktionen zu übermäßigen, gleichzeitig auftretenden Entladungen in den Gehirnzellen. Das »Feuern« unterbricht den strukturierten Aktivitätsablauf, der normalerweise der Wahrnehmungs- und Erkenntnisfähigkeit zugrundeliegt. Diese gewaltsame Unterbrechung soll mit Schmerz *identisch* sein.

Die sensorische Interaktionstheorie

Verwandt mit den zentralen Summationstheorien ist jene Theorie, nach der ein spezialisiertes Kontrollsystem für Eingangsreize das Auftreten der Summation verhindert und eine Zerstörung dieses Systems zu pathologischen Schmerzzuständen führt. Diese Theorie wurde aus GOLDSCHEIDERS ursprünglicher Konzeption abgeleitet; man geht von der Existenz eines schnelleitenden Fasersystems aus, das bei einem langsamer leitenden System, welches die Schmerzsignale übermittelt, die synaptische Übertragung hemmt. Historisch gesehen lassen sich zwei Systeme (siehe MELZACK und WALL, 1965) als epikritische[1] und protopathische[2] (HEAD, 1920), als schnelle und langsame (BISHOP, 1946), als entwicklungsgeschichtlich neue und alte (BISHOP, 1959) sowie als markhaltige und marklose (NOORDENBOS, 1959) Fasersysteme identifizieren. Unter pathologischen Bedingungen verliert das schnelleitende System seine Vorherrschaft über das langsamleitende; als Ergebnis treten dann folgende Erscheinungen auf: protopathische Empfindungen (HEAD, 1920), langsamer Schmerz (BISHOP, 1946), diffuser und brennender Schmerz (BISHOP, 1959) oder Schmerzüberempfindlichkeit (NOORDENBOS, 1959).

Die Theorie von NOORDENBOS (Abb. 25) stellt einen besonders wichtigen Beitrag zu den Konzeptionen der sensorischen Interaktion dar. Den dünnen Fasern wird die Übertragung der schmerzerzeugenden Nervenimpulsmuster zugeschrieben, während die dicken Fasern die Weiterleitung hemmen. Verändert sich das Verhältnis zwischen dicken und dünnen Fasern zugunsten der dünnen, so führt dies zu vermehrter neuronaler Übertragung, Summation und übermäßigen pathologischen Schmerzen. Von nicht geringerer Wichtigkeit als die Kontrolle der Eingangsreize durch die dicken Fasern ist in der Konzeption von NOORDENBOS die Vorstellung von einem multisynaptischen afferenten System im Rückenmark. Sie steht im scharfen Kontrast zu der Annahme eines geradewegs durchgehenden Systems und stellt uns ein Erklärungsmodell für die Tatsache bereit, daß die Durchtrennung der spino-thalamischen Bahn im Vorderseitenstrang nicht zum Verschwinden der Schmerzen führt. Die diffusen, ausgedehnten Verbindungen innerhalb des aufsteigenden multisynaptischen afferenten Systems lassen sich

---

[1] Epikritische Sensibilität vermittelt hauptsächlich die feineren Temperatur- und Berührungsempfindungen, z.B. das Formenerkennen.
[2] Protopathische Sensibilität vermittelt in erster Linie Schmerzempfindungen sowie gröbere Druck- und Temperaturempfindungen. (Anmerkung des Übersetzers.)

seiner Meinung nach nur sehr schwer (wenn überhaupt) vollständig unter-
brechen (es sei denn, das gesamte Rückenmark wird durchtrennt), so daß es
immer eine »undichte Stelle« für Impulse gibt, die zum Gehirn hochsteigen
und dort Schmerzen hervorrufen.

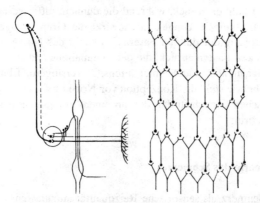

Abb. 25: NOORDENBOS' (1959) Vorstellung über Schmerzmechanismen. *Links:*
Dünne, langsamleitende somatische Afferenzen und dünne (durch die sympathischen Ganglien laufende) Eingeweideafferenzen ziehen zu den Zellen im
Hinterhorn des Rückenmarks. Die Summation der Eingangsreize aus den dünnen Fasern ruft neurale Muster hervor, die auf das Gehirn übertragen werden
und dort Schmerz auslösen. Die dicken Fasern hemmen die Impuls-Übertragung
der dünnen Fasern und verhindern so einen Summationseffekt. Der Ausfall der
dicken Fasern geht mit einer Enthemmung einher. Dadurch erhöht sich die Möglichkeit von Summation und abnormen Schmerzerscheinungen. Das dünne
Faser-Übertragungssystem (gestrichelte Linie) ist multisynaptisch. *Rechts:*
NOORDENBOS' Darstellung des multi-synaptisch afferenten Systems im
Rückenmark. Das »Leck« bei den Nervensignalen, die selbst nach weitreichen-
der chirurgischer Durchtrennung der Bahnen im Vorderseitenstrang noch
Schmerz auslösen, beruht nach NOORDENBOS auf dem diffusen, weitver-
zweigten Faserverlauf in diesem System.

Mit Hilfe der Theorie von NOORDENBOS lassen sich viele der in Kapitel 3
beschriebenen pathologischen Schmerzzustände hinreichend erklären. Die
Vorstellung von einer – bei den unterschiedlich dicken Fasergruppen auftretenden – Verschiebung zugunsten der dünnen Fasern stimmt mit der
Beobachtung überein, daß einer peripheren Nervenverletzung eine relative
Abnahme der Anzahl dicker Fasern folgt. Die Theorie ist demnach auch in
der Lage, Verzögerungen, zeitliche und räumliche Summationseffekte so-

wie andere Eigenheiten pathologischer Schmerzzustände zu erklären. Die
Entstehung von »Gürtelschmerzen« nach Durchtrennung der Bahnen im
Vorderseitenstrang geht seiner Meinung nach entsprechend auf den relativen Verlust der dicken Fasern in den vorn und seitlich im Rückenmark gelegenen Leitungsbahnen zurück, während die dünnen, diffus verlaufenden
Fasern unberührt bleiben. Umgekehrt bewirkt die Grenzstrangresektion
eher eine Zerstörung der dünnen Fasern: Es bleibt das Übergewicht der
hemmenden dicken Fasern zurück, die der Summationstendenz entgegen-
stehen und folglich auch die Schmerzintensität verringern. Ebenso wie
LIVINGSTONS Theorie stellt die Konzeption von NOORDENBOS einen wesentlichen theoretischen Fortschritt dar, der uns einem Verständnis des Rätsels
Schmerz näher bringt.

Die Affekt-Theorie des Schmerzes

Die Theorie, Schmerz als sensorische Reizqualität aufzufassen, ist relativ
neu. Nach einem viel älteren Konzept, das auf ARISTOTELES zurückgeht, ist
Schmerz eher ein Gefühl – nämlich das Gegenteil von Wohlempfinden – und
nicht so sehr eine Sinneswahrnehmung. Tatsächlich ist diese Vorstellung
Teil eines höchst interessanten und gewöhnlich vernachlässigten Stückchens
Geschichte (DALLENBACH, 1939). Um die Jahrhundertwende war die Frage
der Schmerzspezifität Gegenstand harter Kontroversen. VON FREY be-
hauptete, es gäbe spezifische Schmerzrezeptoren, während GOLDSCHEIDER
sich damit begnügte, Schmerz als Ergebnis übermäßiger Hautreizung und
zentraler Summation zu betrachten. Doch beteiligte sich an diesem Streit
auch noch ein dritter Mann – H.R. MARSHALL (1894), Philosoph und
Psychologe –, der im wesentlichen folgenden Beitrag lieferte: »Zum Kuckuck
mit den Auffassungen von euch beiden; Schmerz ist und bleibt eine Gefühlsqualität oder auch eine *Qual*, die der Gesamtheit der sensorischen Abläufe
ihren Stempel aufdrückt.« MARSHALL gab zwar die Existenz einer Stich- und
Schnittempfindung zu, dachte aber, Schmerz würde sich davon ganz und gar
unterscheiden. Alle sensorischen Eingangsreize und sämtliche Gedanken
können nach seiner Auffassung eine schmerzhafte Dimension annehmen. So
sprach er von Trauer und von Schmerzen, die beim Hören schlecht gespielter
Musik entstehen. Diese extreme Auffassung stand natürlich im Kreuzfeuer
der Kritik. So bemerkte beispielsweise SHERRINGTON (1900), daß der
Schmerz, der bei einer Verbrühung der Hand entsteht, sich wohl vom
»Schmerz« eines Musikers unterscheidet, der den denkbar gräßlichsten

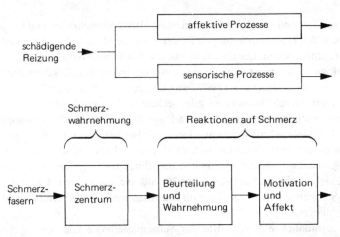

Abb. 26: *Oben:* Graphische Darstellung der MARSHALLschen (1894) Auffassung von Schmerz als einer Gefühlsqualität bzw. einem quälenden Zustand. Starke Hautreizung aktiviert zwei parallellaufende Systeme: Das eine ist Grundlage der affektiven Besonderheiten des Erlebens, während auf dem anderen die sensorischen Besonderheiten aufbauen. *Unten:* Die in der Spezifitätstheorie verankerte Vorstellung, Motivation und Affekt seien als Reaktionen auf Schmerz, jedoch nicht als Bestandteile der primären Schmerzwahrnehmung, anzusehen. (Aus MELZACK und CASEY, 1968).

Mißklang ertragen muß. MARSHALLS Theorie wurde bald in den Hintergrund gedrängt. Nimmt man aber im Rahmen dieser Auffassung einen weniger extremen Standpunkt ein, so muß man erkennen, daß die Konzeption Ausdruck einer wichtigen und trotzdem vernachlässigten Schmerzdimension ist. Der Schmerz besitzt eben nicht nur eine einzige Dimension, nämlich die sensorische, sondern ihm kommt auch noch ein stark negativ-affektiver Charakter zu. Gerade diese Eigenart drängt uns zur Aktivität (Abb. 26). Wir sind gezwungen, etwas dagegen zu unternehmen; es gilt, die wirksamste Handlungsstrategie zur Beendigung der Schmerzen auszuwählen. Selbstverständlich ist dieses Verhalten dem Bereich der Gefühle und der Motivationen zuzuordnen.

SHERRINGTON (1900) zweifelte nicht daran, daß Schmerz sowohl eine sensorische als auch eine affektive Dimension besitzt. Er ging davon aus, daß das Bewußtsein selten, ja wahrscheinlich nie, irgendeinen Gegenstand mit absoluter Gleichgültigkeit, das heißt »ohne Gefühl« wahrnimmt ...; die affektive Tönung ist vielmehr Kennzeichen aller Wahrnehmung und in das Spektrum der Hautempfindungen ist der über die Haut wahrzunehmende Schmerz einzuordnen. Um die Jahrhundertwende trennte die »Introspektive Psychologie« auch strikt zwischen der sensorischen und der affektiven Natur des Schmerzes. TITCHENER (1909) war überzeugt, daß es beim bewußten Erleben ein Gefühlskontinuum gibt, welches sich ganz deutlich von der Sinneswahrnehmung unterscheidet und alle Ausprägungsgrade (von angenehm bis unangenehm) annehmen kann. »Zahnschmerz«, schrieb er, »tritt zwar an einem bestimmten Ort auf, nämlich im Zahn selbst, aber die damit einhergehenden Unannehmlichkeiten überfluten unser gesamtes momentanes Erleben; sie sind auf das ganze Bewußtsein ausgedehnt. Unter dem Wort »Schmerz« . . . versteht man oft den gesamten Erlebnisbereich um die Zahnschmerzen.

Die erstaunlichen Fortschritte der Sinnesphysiologie und der Psychophysik im zwanzigsten Jahrhundert gaben der Vorstellung von Schmerz als einer Sinneswahrnehmung Auftrieb und drängten so die Rolle der affektiven und motivierenden Prozesse in den Hintergrund. Doch so wertvoll die sensorische Betrachtungsweise auch sein mag, sie kann uns trotzdem kein vollständiges Bild der Schmerzabläufe bieten. Die Vernachlässigung motivierender Gesichtspunkte verdeutlicht die gegnerischen Fronten auf dem Gebiet der Schmerzforschung. So werden in Psychologie- und Physiologie-Lehrbüchern in einem Kapitel »Schmerzwahrnehmung« und in einem anderen »aversive Triebe und Bestrafung« abgehandelt. Dabei läßt sich kein Hinweis darauf finden, daß beide Begriffe lediglich die verschiedenen Seiten ein und desselben Phänomens darstellen. Diese Trennung ist Ausdruck der weitverbreiteten Zustimmung zu VON FREYS Spezifitätstheorie des Schmerzes und der darin enthaltenen psychologischen Annahme, nach der »Schmerzimpulse« von spezifischen Schmerzrezeptoren in der Haut direkt an ein Schmerzzentrum im Gehirn weitergeleitet werden.

Die Auffassung, Schmerz sei eine primäre Sinneswahrnehmung, drängte motivierende (und kognitive) Prozesse in den Hintergrund, degradierte sie zu »Schmerzreaktionen« (Abb. 26) und ließ sie im Gesamt der Schmerzabläufe zu »zweitrangigen Betrachtungen« werden (SWEET, 1959). Es liegt jedoch auf der Hand, daß sensorische, motivierende und kognitive Prozesse gleichzeitig in parallelen und miteinander in Verbindung stehenden Systemen ablaufen. Wie wir in Kapitel 4 feststellten, muß eine befriedigende Schmerztheorie, wie sie auch immer geartet sein mag, motivierende und affektive Vorgänge umfassen.

Bewertung der Theorien

Betrachten wir alle bisher untersuchten Theorien, so erkennen wir, daß sowohl in der Konzeption der »spezifischen Modalität« als auch in der »Muster-Theorie« wertvolle, sich gegenseitig ergänzende Vorstellungen enthalten sind, obwohl sich beide Auffassungen gegenseitig auszuschließen scheinen. Die Anerkennung der Rezeptor-Spezialisierung, die die Übertragung von bestimmten Arten und Bereichen der Hautstimulation bewirken soll, schließt nicht aus, daß die von den Hautrezeptoren hervorgebrachten Informationen in Form von Nervenimpuls-Mustern verschlüsselt werden können. Wer vom Gesetz des angemessenen Reizes ausgeht, muß nicht gleichzeitig auch die enge, starre Beziehung zwischen der Rezeptor-Spezialisierung und der Wahrnehmungserfahrung akzeptieren.

Zweifellos leistete VON FREY eine wichtigen Beitrag, den man sich bei jeder theoretischen Betrachtung zu vergegenwärtigen hat. Er ging davon aus, daß nicht alle Hautrezeptoren gleich gebaut sind sondern in ihrem niedrigsten Schwellenwert gegenüber bestimmten Energiearten eine Differenzierung aufweisen. Diese Konzeption der Rezeptor-Spezialisierung spielt in der Sinnesphysiologie und in der Psychologie eine bedeutsame Rolle. Tatsächlich verweisen die neueren Untersuchungsergebnisse auf einen größeren Spezialisierungsgrad der Rezeptoren als es VON FREY jemals hätte vorhersehen können. Doch stößt die Theorie andererseits auf ernste Schwierigkeiten. Sie beinhaltet nämlich eine enge Beziehung im Verhältnis 1 : 1 zwischen den psychologischen Sinnes- und den physikalischen Reizdimensionen. Eine derartige Annahme ist angesichts unseres jetzigen Wissensstandes in der Schmerzforschung unzulässig.

Zudem kann nicht länger daran gezweifelt werden, daß zeitliche und räumliche Nervenimpuls-Muster unseren Sinneswahrnehmungen zugrunde liegen. Die Verschlüsselung der Information in Form von Nervenimpuls-Mustern stellt in der zeitgenössischen Neurophysiologie und Psychologie ein fundamentales Konzept dar. Doch kann die periphere Impulsmustertheorie, wie sie von WEDDELL und SINCLAIR formuliert wurde, die Schmerzmechanismen nicht hinreichend erklären. Sie läßt die Tatsachen, die bei der physiologischen Spezialisierung zu beachten sind, unberücksichtigt; sie schlüsselt nicht die Arten der Impulsmuster auf, die möglicherweise mit Schmerz zusammenhängen; schließlich gibt sie uns keine Hypothesen in die Hand, die die Identifizierung der Impulsmuster durch die zentralen Zellen erklären könnten. Wegen ihrer Unklarheit entspricht diese Theorie nicht den Erwartungen, die an eine befriedigende Erfassung der Schmerzphänomene gestellt werden. Im Gegensatz dazu haben die Konzeptionen der zentralen Summation und der Eingangsreizkontrolle eine erstaunliche Erklärungskraft gegenüber einer Vielzahl von klinischen Erscheinungen bewiesen. GOLDSCHEIDERS Hervorhebung der zentralen Summations-Mechanismen findet in klinischen Beobachtungen ungewöhnlicher zeitlicher und räumlicher Summation bei pathologischen Schmerzsyndromen ihren Rückhalt. LIVINGSTONS Theorie der rückstrahlenden Rückenmarks-Aktivität, einer Aktivität, die auch in Abwesenheit schädigender Eingangsreize fortbesteht, ist ein befriedigendes Erklärungskonzept für anhaltenden Schmerz. Die Auffassung von NOORDENBOS, nach der die dicken Fasern die Aktivität der dünnen hemmen, läßt sich durch die Tatsache bestätigen, daß krankhafte Schmerzen oft mit dem Verlust dicker markhaltiger Fasern verbunden sind.

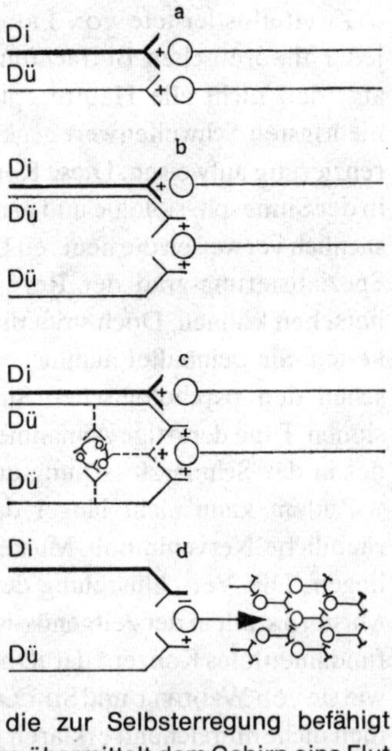

Abb. 27: Schematische Darstellung der Modellvorstellungen über Schmerzmechanismen.
a: VON FREYs Spezifitätstheorie. Nach diesem Modell sollen dicke (Di) und dünne (Dü) Fasern Berührungs- und Schmerzimpulse übertragen – und zwar in jeweils getrennten, spezifischen und geradewegs durchgehenden Leitungsbahnen, die zu Berührungs- und Schmerzzentren im Gehirn ziehen.
b: GOLDSCHEIDERs Summationstheorie. Hier kommt die Konvergenz der dünnen Fasern zu einer Hinterhornzelle zum Ausdruck. Die Weiterleitung der Berührungsempfindung wird den dicken Fasern zugeschrieben.
c: LIVINGSTONs (1943) Modellvorstellung der Regelkreise, Grundlage pathologischer Schmerzzustände. Die anhaltende Aktivität in jenen Neuronenketten, die zur Selbsterregung befähigt sind, »bombardiert« die Hinterhornzelle. Diese übermittelt dem Gehirn eine Flut von abnormen Nervenimpulsmustern.
d: Die NOORDENBOSsche (1959) sensorische Interaktionstheorie. Hier hemmen (−) die dicken Fasern und erregen (+) die dünnen Fasern die zentralen Übertragungsneuronen. Die Ausgangsreize werden an Rückenmarksneuronen weitergeleitet, die nach der Auffassung von NOORDENBOS ein »multisynaptisches afferentes System« umfassen. (Aus MELZACK und WALL, 1970, Seite 3).

Trotzdem läßt sich aus diesen Theorien noch keine befriedigende allgemeingültige Schmerztheorie ableiten, da ihnen die Geschlossenheit fehlt. Bisher wurde keine einzige Theorie vorgestellt, die in der Lage wäre, die verschiedenartigen theoretischen Funktionszusammenhänge in sich zu vereinigen.

Untersucht man jedoch all diese Theorien – bei der Spezifitätstheorie angefangen – gemeinsam (Abb. 27), so wird der wichtige Beitrag jeder einzelnen deutlich. Jede Theorie stellt uns weiterführende Techniken bereit, mit deren Hilfe einige der vielschichtigen klinischen Syndrome – oder auch zuvor nicht erklärbare experimentelle Daten – verstanden werden können. Trotz der scheinbar geringen Unterschiede besitzt jede Variante eine eigene Grundkonzeption, die gewaltige Auswirkungen auf Forschung und Theorie hatte.

6. Die »Gate-Control«-Theorie des Schmerzes

Die Analyse der Stärken und Schwächen der in Kapitel 5 beschriebenen Schmerztheorien verdeutlicht, welche Anforderungen an eine befriedigende neuartige Theorie zu stellen sind. Uns ist nun klar, daß eine neue Schmerztheorie, wie sie auch immer aussehen mag, in der Lage sein muß, folgende Sachverhalte zu erklären:

1. Den hohen physiologischen Spezialisierungsgrad der Rezeptor-Fasereinheiten und der Leitungsbahnen im Zentralnervensystem.
2. Die Rolle der zeitlichen und räumlichen Strukturierung bei der Informationsübertragung im Nervensystem.
3. Den Einfluß psychischer Vorgänge auf die Schmerzwahrnehmung und die sich anschließende Reaktion.
4. Die klinischen Erscheinungen der räumlichen und zeitlichen Summation, der Schmerzausbreitung und der Fortdauer der Schmerzen nach abgeschlossenem Heilungsprozeß.

In der Gate-Control-Theorie, vor kurzem von MELZACK und WALL (1965) vorgestellt, wird versucht, diese Anforderungen in einer umfassenden Schmerztheorie zu vereinigen. Grundsätzlich wird in dieser Theorie davon ausgegangen, daß ein Nervenmechanismus in den Hinterhörnern des Rückenmarks wie ein »Tor« funktioniert, das den Strom der Nervenimpulse von den peripheren Fasern zum Zentralnervensystem entweder verstärken oder abschwächen kann. Somatische Eingangsreize werden deshalb erst der modulierenden Beeinflussung durch das »Tor« ausgesetzt, bevor sie zur Schmerzwahrnehmung und der sich anschließenden Reaktion führen. Die Größenordnung, in der das »Tor« die sensorische Übertragung verstärkt bzw. abschwächt, ist durch die relative Aktivität der dicken (A-Beta)- und dünnen (A-Delta und C-) Fasern sowie durch herabsteigende zentrale Einflüsse festgelegt. Übersteigt die Summe der Informationen, die das »Tor« passieren, einen kritischen Grenzwert, so werden die für das Schmerzerleben und die darauffolgende Reaktion verantwortlichen neuralen Gebiete aktiviert. Wie alle Theorien, hat auch die Gate-Control-Theorie zwei Aspekte: eine Modellvorstellung als Basis der Theorie sowie besondere Erklärungssysteme, an Hand derer demonstriert werden soll, wie das Modell funktioniert. Zunächst wollen wir die Modellvorstellung erläutern und im Anschluß daran die zur Debatte stehenden Systeme darlegen.

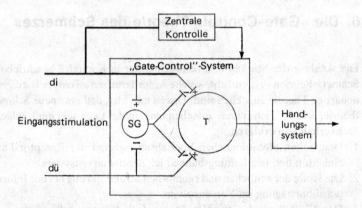

Abb. 28: Schematische Darstellung der Gate-Control-Theorie der Schmerzmechanismen: di steht für dicke Fasern, dü für solche mit geringerem Durchmesser. Die Fasern ziehen zur Substantia gelationosa (SG) und zu den ersten zentralen Transmissionszellen (T). Der hemmende Einfluß, den die Substantia gelatinosa auf die afferenten Faserendigungen ausübt, wird durch die Aktivität in den dicken Fasern verstärkt, durch die Aktivität in den dünnen Fasern abgeschwächt. Der Auslöser für zentrale Kontrolle ist durch eine Linie dargestellt, die vom dicken Fasersystem zu den zentralen Kontrollmechanismen reicht; diese Mechanismen wiederum ziehen zum Gate-Control-System zurück. Die T-Zellen stehen mit den Eingangszellen des Handlungssystems in Verbindung; + Erregung, – Hemmung. (Aus MELZACK und WALL, 1965, Seite 971).

Die Modellvorstellung

Die Modellvorstellung, die der Gate-Control-Theorie des Schmerzes (Abb. 28) zugrunde liegt, basiert auf folgenden Behauptungen:

1. Die Übertragung der Nervenimpulse von afferenten Fasern auf Transmissionszellen im Rückenmark (T) erfährt durch einen spinalen Gate-Mechanismus (SG) in den Hinterhörnern eine Veränderung.

2. Der spinale Gate-Mechanismus wird durch die relative Größenordnung der Aktivität in den dicken (di) und dünnen (dü) Fasern beeinflußt: Aktivität in den dicken Fasern führt zu einer Übertragungshemmung (das »Tor« wird geschlossen), während die Aktivität in den dünnen Fasern die Übertragung erleichtert (das »Tor« öffnet sich).

3. Der »Tormechanismus« des Rückenmarks wird durch Nervenimpulse beeinflußt, die vom Gehirn absteigen.

4. Ein spezialisiertes System dicker, schnelleitender Fasern (Auslöser für zentrale Kontrolle) setzt bestimmte kognitive Prozesse in Gang. Diese wirken dann über absteigende Fasern auf jene Anteile der »Tormechanismen« im Rückenmark ein, die für eine Aktivitätsveränderung zuständig sind.

5. Überschreiten die Ausgangsreize der Rückenmarks-Transmissionszellen (T) eine kritische Grenze, so setzen sie das Aktionssystem in Gang – jene neuralen Gebiete, die den komplexen, aufeinanderfolgenden Verhaltensmustern sowie den Erfahrungen zugrunde liegen, die für den Schmerz charakteristisch sind.

Im Rahmen dieses Begriffssystems haben die dünnen (A-Delta und C-) Fasern bei den Schmerzabläufen eine hochspezialisierte und wichtige Funktion. Sie aktivieren die T-Zellen direkt und tragen zu deren Ausgangsleistung bei. Die Tätigkeit der hochschwelligen dünnen Fasern bei einer starken Reizung ist wahrscheinlich dann besonders wichtig, wenn die Ausgangsleistung der T-Zellen über die für den Schmerz notwendige kritische Schwelle angehoben werden soll. Doch kann man davon ausgehen, daß die dünnen Fasern noch wesentlich mehr leisten (Melzack und Wall, 1965). Sie bahnen die Übertragung (sie öffnen das »Tor«) und schaffen so die Grundlage für Summation, anhaltende Aktivität und Ausbreitung des Schmerzes auf andere Körperregionen. Dieser bahnende Einfluß stattet die dünnen Fasern mit mehr Wirkkraft aus als dies bei der »Schmerzfaser-Konzeption« beabsichtigt war. Doch sind die Impulse der dünnen Fasern gleichzeitig auch noch für Veränderungen empfänglich, die den Aktivitäten des gesamten Nervensystems entstammen. Diese vielseitige Rolle der dünnen

Fasern stimmt mit den psychologischen, klinischen und physiologischen Tatsachen überein.

Erklärungssysteme

Das neuere physiologische Datenmaterial liefert uns eine Erklärungsgrundlage für die Modellvorstellung. Einige Nachweise sind sehr gut fundiert; doch ist es andererseits auch notwendig, indirektes Beweismaterial heranzuziehen, um so Spekulationen über mancherlei Gesichtspunkte im Rahmen des Modells zu ermöglichen.

Spinaler »Tormechanismus«

Die Substantia gelatinosa (die Schichten 2 und 3) ist sehr wahrscheinlich Sitz der spinalen »Tormechanismen« (WALL, 1964; MELZACK und WALL, 1965). Ihr kommen die Axon-Endigungen von vielen dicken und dünnen Fasern zu; ebenso ziehen die Dendriten jener Zellen, die in den tieferen Schichten liegen, in die Substantia gelatinosa hinein (Abb. 29). Ferner bildet sie eine funktionelle Einheit, die zu einer beidseitigen Verlängerung des Rückenmarks führt. Ihre Zellen sind durch kurze Fasern miteinander verbunden und beeinflussen sich auf der gleichen Seite über weite Strecken mit Hilfe

Abb. 29: *Oben:* Schematische Darstellung der Substantia gelatinosa in bezug auf somatosensible Fasern und Hinterhornzellen, deren Axone die Wirbelsäule überqueren und in die Vorderseitenstrangbahn einmünden. (Quelle: PEARSON, Seite 515).
Unten: Hauptbestandteile des kutanen afferenten Systems im oberen Hinterhorn. Die dicken peripheren Fasern aus der Haut sind durch dicke Linien dargestellt, die von der Hinterwurzel ausgehen und in der Region der Substantia gelatinosa enden. Wie aus der Zeichnung ersichtlich ist, sendet eine Faser über die Hintersäule eine Verzweigung zum Gehirn. Die dünneren, peripheren Fasern sind durch unterbrochene Linien dargestellt, die direkt in die Substantia gelatinosa einmünden. Die großen Zellen, an denen die kutanen afferenten Nerven enden, sind als große schwarze Punkte eingezeichnet. Ihre Dendriten reichen in die Substantia gelatinosa hinein, ihre Axone in die tieferen Regionen des Hinterhorns. Die Kreise sind Zellen in der Substantia gelatinosa, deren Axone (in der Zeichnung nicht dargestellt) die Zellen miteinander verbinden und in der LISSAUERschen Bahn (LT) auch zu entfernten Anteilen der Substantia gelatinosa ziehen. (Nach WALL, 1964, Seite 92).

der LISSAUERschen Bahn. Die Einwirkung auf die Zellen der gegenüberliegenden Seite ist durch Kommissurenfasern, die das Rückenmark kreuzen,
gewährleistet (SZENTAGOTHAI, 1964; WALL, 1964). Infolgedessen besteht
die Substantia gelatinosa aus einem hochspezialisierten, geschlossenen Zell-
system, das sich beidseits über die gesamte Länge des Rückenmarks erstreckt. Aus dicken und dünnen Fasern kommen ihm afferente Eingangsreize zu, und das System ist in der Lage, die Aktivität der zum Gehirn ziehenden Zellen zu beeinflussen. MELZACK und WALL (1965) gingen deshalb da-

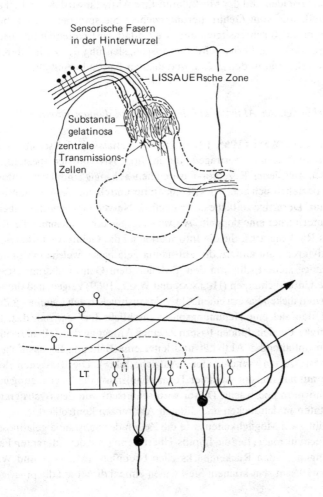

Sensorische Fasern
in der Hinterwurzel

LISSAUERsche Zone

Substantia
gelatinosa

zentrale
Transmissions-
Zellen

LT

von aus, daß es als »spinaler Tormechanismus« wirkt, indem es die Übertragung der Nervenimpulse von den peripheren Fasern zu den Transmissionszellen im Rückenmark reguliert.

Aufgrund der Besonderheiten der Zellen in Schicht 5 liegt es nahe, daß sie
mit den spinalen Transmissionszellen (T) identisch sind, die mit größter
Wahrscheinlichkeit eine entscheidende Rolle bei der Schmerzwahrnehmung
und der sich anschließenden Reaktion spielen (HILLMAN und WALL, 1969).
Ihre Eingangsreize erhalten sie von den dünnen Afferenzen aus der Haut,
den Eingeweiden und der Muskulatur. Ihre Aktivität wird durch die Fasern
beeinflußt, die vom Gehirn herunterziehen. Sie sprechen auf ein breites
Spektrum an Reizintensitäten an; ihre Entladungsfrequenzen nehmen mit
der Reizstärke zu. Ferner wird die Ausgangsleistung der Zellen durch die
relative Aktivität in den dicken und dünnen Fasern beeinflußt.

Auswirkungen der Aktivität auf die dicken und dünnen Fasern

MELZACK und WALL (1965, 1970) sind der Auffassung, daß sensible Fasern
Informationsmuster übertragen, die in ihrer Art von den spezialisierten
Eigenschaften jeder Rezeptor-Fasereinheit abhängig sind. Diese Informationen beziehen sich auf Druck, Temperatur und chemische Veränderungen
der Haut. Derartige zeitliche und räumliche Nervenimpulsmuster haben auf
die Hinterhörner eine doppelte Auswirkung: Sie erregen einmal die T-Zellen des Rückenmarks, die die Information an das Gehirn weiterleiten, und
sie aktivieren zum andern die Substantia gelatinosa, welche die *Informa-
tionsmenge* steuert, die von den T-Zellen dem Gehirn übermittelt wird.
Neuere Untersuchungen (HILLMAN und WALL, 1969) zeigen, daß die Aktivität in den dicken Fasern einen Aktivitätsausbruch in den Lamina - 5 Zellen
auslöst, dem sich eine Hemmungsphase anschließt. Im Gegensatz dazu führt
die Tätigkeit in den dünnen Fasern zu einer Anregung der Zellen, resultiert
dann in anhaltender Aktivität und leitet eine Bahnung für nachfolgende
Eingangsreize ein (sogenannter »Aufzieheffekt«). Die Tatsachen deuten
also darauf hin, daß ein »spinaler Tormechanismus« die Übertragung in den
Hinterhörnern überwacht. Dieser wird seinerseits von den rivalisierenden
Aktivitäten in den dicken und dünnen Afferenzen kontrolliert.

Es gibt zwei Möglichkeiten, wie die Zellen der Substantia gelatinosa als
»Tormechanismus«, der die Impuls-Übertragung von den afferenten Faserendigungen zu den Rückenmarkszellen beeinflußt (MELZACK und WALL,
1970), wirksam sein können. Sie können einmal direkt auf die präsynapti-

schen Axonenden einwirken und dabei die Impulse in diesen Endigungen blockieren oder die Überträgersubstanz, die sie freisetzen, reduzieren. Dann ist es auch möglich, daß sie die Transmissionszellen des Rückenmarks postsynaptisch beeinflussen, indem sie deren Erregungsschwelle gegenüber eintreffenden Nervenimpulsen erhöhen bzw. senken. MELZACK und WALL (1965) gingen von einem vorrangig präsynaptischen Effekt aus. Doch wissen wir heute sicher (HONGO, JANKOWSKA und LUNDBERG, 1968), daß eine regulierende Beeinflußung der Transmissionszellen im Rückenmark auch auf postsynaptischer Ebene stattfindet. Anders ausgedrückt: Die Tatsachen deuten darauf hin, daß zwar eine präsynaptische Kontrolle existiert, diese aber mit gleichzeitigen Veränderungen in den postsynaptischen Transmissionszellen einhergeht.

Nach MELZACK und WALL (1965, Seite 975) zeichnet sich der afferente Eingangsreiz durch drei Merkmale aus: 1. die Aktivität, welche dem Stimulus vorausgeht; 2. die Aktivität, die durch den Reiz ausgelöst wird; und 3. das relative Aktivitätsgleichgewicht zwischen den dicken und dünnen Fasern:

Der ununterbrochene Strom an Nervenimpulsen zum Rückenmark bei fehlender, klar erkennbarer Stimulation wird hauptsächlich von den dünnen Fasern mit und ohne Markscheide getragen, die zu tonischer Aktivität neigen und sich eher langsam anpassen. Dieser Strom hält das »Tor« relativ geöffnet. Gelangt nun ein taktiler, thermischer oder chemischer Reiz auf die Haut, so beginnen viele Fasern zu »feuern« bzw. sie steigern ihre Aktivität, während dem Gehirn gleichzeitig Informationen über die Reizbeschaffenheit zukommen. Da viele der dicken Fasern inaktiv bleiben wenn sich der Reiz wandelt, sprechen die dicken Fasern eher auf eine Stimulation an als die dünneren, wenig aktiven. Dies führt dazu, daß Impulssalven zwar auf die T-Zellen gerichtet sind, doch gleichzeitig auch das präsynaptische »Tor« (zumindest bis zu einem bestimmten Grad) schließen. Erhöht man die Reizintensität, so werden mehr Rezeptor-Fasereinheiten angesprochen; darüber hinaus steigt die Entladefrequenz in den aktiven Einheiten (WALL, 1960). Die resultierenden positiven und negativen Auswirkungen der Eingangsreize bei den dicken und dünnen Fasern heben sich gegenseitig auf, während die Ausgangsleistung der T-Zellen langsam ansteigt. Wird die Reizdauer verlängert, so beginnen die dicken Fasern mit der Anpassung, was bei den dünnen Fasern einen relativen Aktivitätszuwachs bewirkt. Infolgedessen wird das »Tor« weiter geöffnet; die Ausgangsleistung der T-Zellen steigt weiter an. Erhöht sich zu diesem Zeitpunkt die Aktivität der dicken Fasern aufgrund von Erschütterungen oder leichter Verwundung (diese Aktivität ist stärker als die Anpassungstendenz der dicken Fasern), so verringert sich die Ausgangsleistung der Zellen. Folglich ist es klar, daß sich die Ausgangsleistung der T-Zellen – in Abhängigkeit vom Aktivitätsgleichgewicht in den dicken und dünnen Fasern – vom Summenwert der in den T-Zellen zusammenlaufenden Eingangsreize unterscheiden kann.

BURGESS, PETIT und WARREN (1968), wiesen vor kurzem nach, daß die Beziehung zwischen Faserdurchmesser und Anpassungsgeschwindigkeit von komplexerer Natur ist als MELZACK und WALL angenommen hatten. Betrachtet man ihre Ergebnisse, so ist bei allen Rezeptoren, die von *markhaltigen* Fasern innerviert werden, keine allgemeine Tendenz festzustellen, derzufolge Rezeptoren mit langsamer leitenden Fasern auch langsame Anpassungsgeschwindigkeiten aufweisen. Doch betonen die Autoren, daß »innerhalb jeder Rezeptor-Gruppe (wie z.B. Flächen- oder Haarrezeptoren) jene Rezeptoren, die mit den am schnellsten leitenden Fasern verbunden sind, auch zu minimaler Anpassungszeit neigen.« Diese Beobachtungen stimmen mit den Annahmen der Gate-Theorie überein, sind aber Ausdruck eines hohen Spezialisierungsgrades innerhalb der Rezeptor-Fasergruppen und vermutlich auch innerhalb der von diesen Fasern beeinflußten Zellgruppen in Lamina 4 und 5.

Die hemmenden und bahnenden Auswirkungen der Aktivität dicker und dünner Fasern auf die Hinterhornzellen stellen erst den Anfang der aufeinanderfolgenden Wechselwirkungen zwischen den schnell – und den langsam leitenden Fasersystemen dar. Das Projektionssystem der Hinterstränge und das langsamer leitende spino-thalamische Fasersystem vereinigt und überlagert sich in Gebieten des somatosensiblen Thalamus und der Hirnrinde (NOORDENBOS, 1959; ROSE und MOUNTCASTLE, 1959). Möglicherweise üben beide Systeme hemmende und bahnende Einflüsse aus, die sich gegenseitig aufheben, so daß sich die Regulation sensorischer Eingangsreize in den Hinterhörnern auf zunehmend höherer synaptischer Ebene in ähnlicher Weise fortsetzt.

Absteigende Einflüsse auf das »Gate-Control«-System

Die in Kapitel 2 aufgeführten Punkte zeigen, daß kognitive Abläufe bzw. »höhere Prozesse im Zentralnervensystem«, wie die Aufmerksamkeit, Angst, Erwartung und früher gemachte Erfahrungen, einen gewaltigen Einfluß auf die Schmerzprozesse ausüben. Ebenso gilt es als gesichert (Kapitel 4), daß eine Reizung des Gehirns die absteigenden efferenten Fasern aktiviert. Diese beeinflussen wiederum die afferente Übertragung auf den periphersten synaptischen Ebenen des körperbezogenen Wahrnehmungssystems. So können die Gehirnaktivitäten, welche der Aufmerksamkeit, den Emotionen und der Erinnerung an früher gemachte Erfahrungen zugrunde liegen, die sensorischen Eingangsreize kontrollieren. Diese vom Gehirn ausgehende Kontrolle der Rückenmarksübertragung läuft über verschiedene Systeme.

Retikuläre Übertragungen

Die Formatio reticularis des Hirnstamms, besonders deren Mittelhirnanteile (HAGBARTH und KERR, 1954; TAUB, 1964), üben eine stark hemmende Kontrolle auf Informationen aus, die von den spinalen Transmissionszellen übertragen werden. Die Aktivitätshemmung der Lamina 5-Zellen durch die vom Gehirn absteigenden Fasern (HILLMAN und WALL, 1969) kommt, zumindest teilweise, durch retikulo-spinale Einflüsse auf das »Gate-System« der Hinterhörner zustande. Diese absteigende hemmende Bahn untersteht selbst der Kontrolle durch vielerlei Einflüsse. Die somatischen Übertragungen machen den größten Teil der Eingangsreize aus, die der Formatio reticularis im Mittelhirn zukommen. Doch lassen sich auch Projektionen aus den visuellen und auditiven Systemen (ROSSI und ZANCHETTI, 1957) finden. So sind die somatischen Eingangsreize aus allen Körperteilen, genau wie die visuellen und auditiven, in der Lage, einen regulierenden Einfluß auf die Weiterleitung in den Hinterhörnern auszuüben.

Kortikale Projektionen

Fasern aus der gesamten Hirnrinde, besonders solche aus dem frontalen Bereich, ziehen zur Formatio reticularis. Deshalb können kognitive Prozesse, wie beispielsweise frühere Erfahrungen und Aufmerksamkeit, denen zumindest bis zu einem gewissen Grad kortikale Nervenaktivitäten zugrunde liegen, auf die Vorgänge im Rückenmark über retikulo-spinale Projektionssysteme einwirken. Zudem ist es den kognitiven Prozessen über pyramidale (oder kortiko-spinale) Fasern möglich, die spinalen »Gate-Mechanismen« zu beeinflussen. Bekanntlich ziehen diese Fasern sowohl zu den Hinterhörnern als auch zu anderen Regionen im Rückenmark. Es handelt sich dabei um dicke, schnellleitende Fasern, die bewirken, daß kognitive Prozesse schnell und direkt die Nervenübertragung in den Hinterhörnern regulieren können.

Die Konzeption eines »central control trigger«-Mechanismus[1]

Offensichtlich wird der Einfluß der kognitiven oder »zentralen Kontroll-prozesse« auf die Übertragungsvorgänge im Rückenmark bis zu einem ge-wissen Grad über das Gate-Control-System vermittelt. Während manche zentrale Aktivitäten, wie Angst und Nervosität, zu einer Öffnung bzw. Schließung des »Tores« für sämtliche Eingangsreize aus allen Körperteilen führen können, haben andere offensichtlich ausgewählte und auf einen Ort beschränkte »Gate-Aktivitäten« zur Folge. Aufgrund der Beobachtungen von Pavlov (1927, 1928) und Beecher (1959), von denen in früheren Kapiteln berichtet wurde, liegt es nahe, daß die Körpersignale identifiziert, lokalisiert und gehemmt werden müssen, *bevor* das für Schmerzwahr-nehmung und Schmerzreaktion verantwortliche Aktionssystem in Gang ge-setzt wird.

Melzack und Wall (1965) gingen deshalb von der Existenz eines Me-chanismus im Nervensystem aus, den sie »*central control trigger*« nannten. Er aktiviert jene spezifischen und ausgewählten Hirnprozesse, die die senso-rischen Eingangsreize kontrolliert haben (Abb. 28, Seite 152). Nach Meinung der Autoren können das mittlere obere Schleifenbahn-System und das dorso-laterale System für einen derartigen Auslösemechanismus in Frage kommen. Besonders die Hinterstrangbahn, die mit der Hirnrinde rasch heranwuchs (Bishop, 1959) ist Träger präziser Informationen über die Be-schaffenheit und den Wirkungsort des Reizes. Sie paßt sich schnell an und gibt so der phasischen Reizänderung gegenüber der anhaltenden tonischen Aktivität den Vorrang. Zudem ist ihre Leitungsgeschwindigkeit so hoch, daß sie nicht nur die Empfänglichkeit der kortikalen Neuronen für nach-folgende afferente Impulssalven bestimmt, sondern auch über die efferenten zentralen Kontrollfasern auf das Gate-Control-System einwirken kann. Zu-mindest teilweise besteht die Funktion also in der Aktivierung bestimmter Abläufe im Gehirn, wie beispielsweise der Erinnerung an frühere Erfahrun-gen und an vorgefertigte Antwortstrategien. Diese Abläufe beeinflussen die Informationen, die noch über langsamleitende Fasern an den Zielort ge-langen bzw. in langsamen Leitungsbahnen dem Gehirn zukommen.

---

[1] Anmerkung des Übersetzers: »central control trigger« = Auslösung eines zentralen Kontrollvorganges.

Das Aktionssystem

In der Gate-Control-Theorie (MELZACK und WALL, 1965) wird davon ausgegangen, daß das für Schmerzerfahrung und Schmerzreaktion verantwortliche Aktionssystem in Gang gesetzt wird sobald das integrierte Entladungsniveau der Hinterhorn-T-Zellen einen kritischen Schwellenwert erreicht bzw. diesen überschreitet. Wie MELZACK und CASEY (1968) bemerken, werden die Ausgangsreize der T-Zellen primär über die Fasern im
Vorderseitenstrang des Rückenmarks auf das Gehirn übertragen. Sie ziehen
dort zu zwei bedeutenden Hirnsystemen: über spino-thalamische Fasern
zum ventro-basalen Thalamus und zur somatosensiblen Hirnrinde sowie
über medial verlaufende Fasern, die ein paramedianes aufsteigendes System
umfassen, zur Formatio reticularis, zum medialen intralaminären Thalamus
und zum limbischen System (Abb. 13, Seite 92). Eine übermäßige, schädigende Reizung ruft in beiden Projektionssystemen Aktivitäten hervor;
Schädigungen nur eines der beiden Systeme gehen mit einschneidenden
Veränderungen der Schmerzwahrnehmung und der sich anschließenden
Reaktion (Kapitel 4) einher.

Neuere Verhaltensstudien und physiologische Untersuchungen veranlaßten MELZACK und CASEY (1968) zu folgenden Behauptungen (Abb. 30):
1. Die Auswahl und Regulation der sensorischen Eingangsreize durch das
   spino-thalamische Projektionssystem stellt, zumindest teilweise, die neu-
   rologische Basis für die sensorisch-unterscheidende Schmerzdimension
   dar.
2. Die Aktivierung retikulärer und limbischer Strukturen durch das paramediane aufsteigende System liegt dem mächtigen motivierenden An-
   trieb und den negativen Affekten zugrunde, die den Organismus zur
   Tätigkeit treiben.
3. Die Vorgänge im Neokortex und auf den höheren Ebenen des Zentralnervensystems, wie beispielsweise die Bewertung der Eingangsreize auf
   dem Hintergrund vergangener Erfahrungen, kontrollieren die Aktivitäten des unterscheidenden wie auch des motivierenden Systems.

Man nimmt an, daß diese drei Aktivitätsgruppen aufeinander einwirken
und so *Wahrnehmungsinformationen* in bezug auf den Wirkort, das Ausmaß
und die räumlich-zeitlichen Besonderheiten des schädigenden Reizes liefern. Auch sollen *motivierende Neigungen*, die auf Flucht oder Angriff abzielen, sowie *kognitive Informationen* vermittelt werden. Letztere beruhen
auf der Analyse der verschiedenartigen Reizklassen, Erfahrungen und Er-
gebniswahrscheinlichkeiten von unterschiedlichen Antwortstrategien. Folg-

lich sind auch alle drei Aktivitätsgruppen in der Lage, auf die motorischen Funktionszusammenhänge einzuwirken, die für das komplexe, schmerzspezifische Verhaltensmuster verantwortlich sind.

Es liegt uns heute eine Vielzahl überzeugender Hinweise darauf vor, daß die Reizung retikulärer und limbischer Strukturen ein stark aversives Triebverhalten auslöst und zu Verhaltensweisen führt, die als typisch für das Antwortverhalten auf normale Schmerzreize gelten. Zusammen mit ähnlichen Belegen (siehe Kapitel 4) über die Folgen der Abtragung von Hirnteilen, zeigt uns dieses Datenmaterial, daß limbische Strukturen, obwohl sie auch bei vielen anderen Funktionen eine Rolle spielen, eine neurale Basis für aversives Triebverhalten und aversive Affekte darstellen und somit die motivierende Dimension von Schmerz ausmachen. Da Eingangsreize aus anderen sensorischen Systemen und auch aus der Haut vorhanden sind, werden diese Gebiete wahrscheinlich nicht ausschließlich durch schädigende Stimulation aktiviert. Ferner haben die somatischen Eingangsreize auch zu jenen Arealen Zugang, die mit Annäherungs- und Fluchtverhalten gleichermaßen in Zusammenhang stehen; die Reizung irgendeines dieser Gebiete kann entweder zu der einen oder der anderen Reaktion führen. Wenn nun von den Eingangsreizen in erster Linie Fluchtverhalten und nicht so sehr eine Annäherungstendenz ausgelöst wird – auf welcher Grundlage beruht das dann?

Nach Auffassung von MELZACK und CASEY arbeiten Teile des retikulären und limbischen Systems als *zentraler Monitor über die Reizintensität:* Ihre Aktivität wird, zumindest teilweise, durch die Intensität der Ausgangsreize festgelegt (durch die Gesamtzahl der aktiven Fasern und deren Entladungsfrequenz). Dies geschieht nachdem die Ausgangsreize bereits durch das Gate-Control-System in den Hinterhörnern reguliert wurden.

Die Zellen im Mittelhirnabschnitt der Formatio reticularis können die Eingangsreize aus räumlich verschiedenen Körperregionen summieren (AMASSIAN und DeVITO, 1954; BELL, SIERRA, BUENDIA und SEGUNDO, 1964); ferner hält bei einigen Zellen die Entladung nach Beendigung der Reizeinwirkung noch über viele Sekunden an (CASEY, 1966), so daß deren Tätigkeit uns ein Intensitätsausmaß für die Gesamtleistung der T-Zellen über relativ lange Zeitperioden liefert. Im wesentlichen wandeln beide Summationsarten getrennte räumliche und zeitliche Informationen in Intensitätsinformationen um. MELZACK und CASEY gehen davon aus, daß, bis zu einer kritischen Intensitätsstufe, die Ausgangsreize dieser Zellen Hirngebiete aktivieren, die positiven Affekten und einer Annäherungstendenz zugrunde liegen. Jenseits dieser kritischen Grenze aktivieren die Ausgangs-

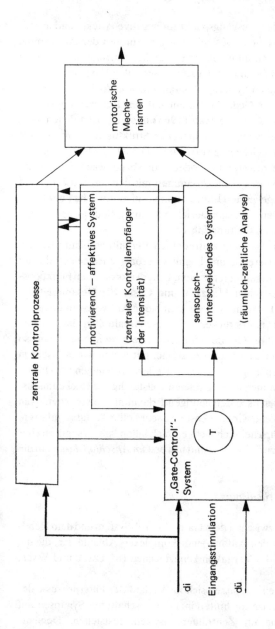

Abb. 30: Modellvorstellungen der sensorischen, motivierenden und zentralen Kontrollfaktoren beim Schmerz. Die Ausgangsreize der T-Zellen des Gate-Control-Systems werden (über spino-thalamische Fasern) an das sensorisch-unterscheidende System und an das motivierend-affektive System (über das paramediane aufsteigende System) weitergeleitet. Der »central control trigger« ist durch eine Verbindungslinie vom dicken Fasersystem zu den zentralen Kontrollprozessen dargestellt; diese wiederum geben ihre Impulse an das Gate-Control-System, das sensorisch-unterscheidende und an die motivierend-affektiven Systeme zurück. Alle drei Systeme stehen miteinander in Verbindung und wirken auf das motorische System ein. (Aus MELZACK und CASEY, 1968).

reize dann Areale, die den Ausgangspunkt für negative Affekte und aversives Triebverhalten darstellen. Deshalb sind die Autoren der Auffassung, daß die mit Schmerz in Zusammenhang stehenden Antriebsmechanismen aktiviert werden, sobald die Stärke der somatosensiblen Eingangsreize, die dem motivierend-affektiven System zukommen, den kritischen Schwellenwert überschreitet. Dieser Gedanke stimmt mit den Beobachtungen von GRASTYAN, CZOPF, ANGYAN und SZABO (1965) überein, nach denen Tiere eine geringe elektrische Stimulation mancher Strukturen im limbischen System bevorzugen und gleichzeitig versuchen, sehr starke elektrische Reizung derselben Gebiete zu vermeiden oder aktiv abzublocken. Signale aus diesen limbischen Strukturen – die zusammen mit den aus sensiblen und kognitiven Prozessen abgeleiteten Informationen auf motorische Funktionsgefüge übertragen werden – erregen gezielt bestimmte Neuronengeflechte, welche zu einer Anpassungshaltung führen.

Die komplexen, beim Schmerz auftretenden Verhaltensabläufe werden durch sensorische, motivierende und kognitive Prozesse festgelegt, die auf die motorischen Funktionsgefüge einwirken. Unter »motorischen Funktionsgefügen« (Abb. 30) verstehen MELZACK und CASEY die Gesamtheit der Hirngebiete, die an der Entstehung des erkennbaren Antwortverhaltens beteiligt sind. Wie wir sahen, erstrecken sich diese Areale über das gesamte Zentralnervensystem; ihre Organisation ist zudem mindestens ebenso kompliziert wie die jener Eingangsreizsysteme, mit denen wir es bisher in erster Linie zu tun hatten. Sogar »einfache« Reflexe, von denen man bisher im allgemeinen angenommen hatte, sie seien vollständig auf Rückenmarksebene organisiert, werden nach den heutigen Erkenntnissen von kognitiven Prozessen beeinflußt. Wenn wir eine kostbare sehr heiße Teetasse anfassen, so werden wir diese wahrscheinlich nicht einfach fallen lassen, sondern eher ruckartig auf den Tisch zurückstellen und uns erst *im Anschluß daran* um die Hand kümmern.

Zentraler Steuerungsmechanismus

Die Wechselwirkungen zwischen dem Gate-Control-System und dem Handlungssystem stellen erst den Anfang jener komplexen Abläufe dar, die die Schmerzerfahrung und das Verhalten kennzeichnen (MELZACK und WALL, 1965, Seite 976):

Die Wechselwirkungen ... lassen sich im Verlauf der Filterprozesse der sensorischen Eingangsreize an hintereinander geschalteten Synapsen auf jeder beliebigen Ebene im Zentralnervensystem feststellen. Dement-

Abb. 31: Punkte im Hirnstamm der Ratte, die bei elektrischer Reizung zu tiefgreifender Schmerzunempfindlichkeit führen. Die schwarzen Punkte zeigen wirksame Stellen an; die schwarzen Kreise sind mit jenen Stellen identisch, an denen die Stimulation folgenlos bleibt.
Oben: Effektive Wirkorte (nach den Angaben von REYNOLDS, 1970). Analgesie wurde in dieser Untersuchung als Aufhebung der Schmerzempfindlichkeit für starke Druckreize auf Pfoten und Schwanz definiert. Die Analgesie ging so tief, daß diese Tiere ohne irgendwelche Anzeichen von Schmerz einer Bauchoperation (Laparotomie) unterzogen werden konnten.
Unten: Wirksame Stellen (nach den Angaben von MAYER, WOLFLE, AKIL, CARDER und LIEBESKIND, 1971, Seite 1351). Diese Tiere reagierten weder auf intensives Kneifen noch auf Hitzeeinwirkung, welche auf der Haut zu Blasenbildung führte. Auch blieb ein eiskaltes Bad ohne Wirkung, das dreißig Sekunden nach Ende der Stimulation aber Fluchtverhalten auslöste.

sprechend beeinflussen auch zentrale Aktivitäten auf einer Vielzahl verschiedener Ebenen den sensorischen Eingang. Solange die zeitliche und räumliche Strukturierung des Eingangsreizes analysiert und vom Gehirn beeinflußt wird, findet immer wieder eine Neubestimmung des Gate-Control-Systems statt.

Der hemmende Einfluß, der von den Mittelhirngebieten der Formatio reticularis auf die Übertragungsvorgänge im Rückenmark ausgeübt wird, verdient besondere Beachtung. Er stattet die Gate-Control-Theorie mit zusätzlicher Erklärungskraft gegenüber einer der verwirrendsten Schmerzerscheinungen aus. Wir erwähnten bereits, daß die Verletzung der zentralen Haubenbahn bei Katzen zu einer Schmerzüberempfindlichkeit führt (MELZACK, STOTLER und LIVINGSTON, 1958), und die elektrische Reizeinwirkung auf bestimmte Stellen der Leitungsbahn und auf angrenzende Strukturen (Abb. 31) bei Ratten Schmerzunempfindlichkeit hervorruft (REYNOLDS, 1969, 1970). In den letzten Jahren entdeckte man (MEYER, WOLFLE, AKIL, CARDER und LIEBESKIND, 1971), daß punktförmige Reizung nur einer Körperhälfte bzw. eines Körperquadranten eine dauerhafte und tiefgreifende Schmerzunempfindlichkeit mit sich bringt: Die Tiere reagieren nicht mehr auf stark schädigende Reizung und lassen sich sogar am Bauch operieren, ohne irgendwelche Anzeichen von Schmerz oder Unbehagen zu zeigen. Ferner ist es möglich, daß die Schmerzunempfindlichkeit die Stimulationszeit bis zu fünf Minuten überdauert. Diese Tiere sind nicht etwa gelähmt, sondern nur schmerzunempfindlich gemacht; andere sensorische, motorische und kognitive Prozesse sind nicht betroffen.

Die entscheidenden Stellen (Abb. 31) verteilen sich über ein ziemlich ausgedehntes Gebiet im Hirnstamm und über bestimmte Anteile des limbischen Systems, sind aber in erster Linie innerhalb bzw. in der Nähe der zentralen Haubenbahn sowie im angrenzenden zentralen Grau lokalisiert. Wie seit langem bekannt ist (TAPEZ und STOTLER, 1940; VERHAART, 1949), ziehen die Fasern dieser Region zu höhergelegenen Hirnstrukturen und auch ins Rückenmark. Darüber hinaus spricht einiges dafür (HERZ, ALBUS, METYS, SCHUBERT und TESCHEMACHER, 1970), daß die Nervenzellen dieser Zone Bestandteil eines größeren neuralen Systems sind, das durch Morphin gesondert in Gang zu setzen ist. Tatsächlich hebt sich die Morphinwirkung auf die Übertragung der sensorischen Information im Rückenmark auf, sobald dieses unterhalb der Höhe des Hirnstamms durchtrennt wird (SATOH und TAKAGI, 1971). Anders ausgedrückt: Möglicherweise beruht die analgetische Wirkung von Morphin (zumindest teilweise) darauf, daß das Mittel Fasern erregt, die die somatischen Eingangsreize hemmend kontrollieren. Der weitverzweigte hemmende Einfluß dieses Gebiets wird weiter durch die Beobachtungen von JASPER und KOYAMA (1972) deutlich, nach denen die Reizung eines bestimmten Areals in diesem Gebiet zur Freisetzung großer Mengen von γ -Aminobuttersäure (GABA) in der Hirnrinde führt. Man nimmt an, daß diese γ -Aminobuttersäure einer der chemischen Überträgerstoffe ist, die von hemmenden Neuronen freigesetzt werden. Die zusammenfassende Betrachtung dieser Tatsachen legt die Vermutung nahe, daß in der Formatio reticularis des Hirnstamms ein Gebiet existiert, das in der Lage ist, die Impulsübertragung auf allen Ebenen des somatosensiblen Systems in entscheidender Weise hemmend zu beeinflussen. Dieses Gebiet wirkt nicht nur auf die spinalen »Gate-Mechanismen« ein (entweder direkt auf die T-Zellen oder über die Substantia gelatinosa), sondern auch auf alle synaptischen Ebenen, die durch Informationsauswahl und Informationsübertragung charakterisiert sind.

Diese Ergebnisse sind Grundlage für die Konzeption eines *zentralen Steuerungsmechanismus* (MELZACK, 1971, 1972). In dieser Vorstellung wird davon ausgegangen, daß eine Zone in der Formatio reticularis des Hirnstammes als zentraler Steuerungsmechanismus funktioniert (Abb. 32), indem sie auf allen Ebenen des somatischen Projektionssystems einen tonisch-hemmenden Einfluß auf die Übertragung ausübt, die spinalen Gate-Mechanismen eingeschlossen. Der Regulation dieser Einflußgrößen könnte deshalb im System der Gate-Control-Theorie des Schmerzes eine wichtige Rolle zukommen.

Die Bedeutung der Gate-Control-Theorie

Mit der Vorstellung von sich gegenseitig beeinflussenden Gate-Control- und Aktionssystemen lassen sich Schmerzüberempfindlichkeit, spontan auftretender Schmerz und viele andere Besonderheiten, die für pathologische Schmerzsyndrome typisch sind, erklären (MELZACK und WALL, 1965). Schmerzüberempfindlichkeit tritt auf, wenn zwei Voraussetzungen erfüllt sind: Einmal muß eine genügend große Zahl peripherer Axone gegeben sein, damit eine T-Zellen-Ausgangsleistung erzeugt werden kann, die ausreicht, um das Aktionssystem zu aktivieren. Zum andern muß sich die Anzahl der dicken peripheren Nervenfasern deutlich verringert haben, wie dies z.B. nach peripheren Nervenverletzungen bzw. bei manchen Neuralgieformen vorkommt (NOORDENBOS, 1959; KERR und MILLER, 1966). Da die meisten dicken Fasern zerstört sind, findet die normale Hemmung der Eingangsreize durch das Gate-Kontrollsystem nicht statt. Infolgedessen werden die Reize, die über die restlichen Fasern mit und ohne Markscheide eingehen, durch das unkontrollierte und unversperrte »Tor« (Gate) geschleust, das durch die Einwirkung der dünnen Fasern geöffnet wurde.

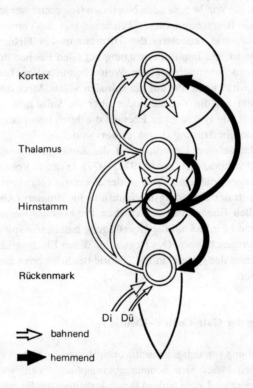

Abb. 32: Schematische Darstellung der zentralen Steuerungsmechanismen. Die dicken und dünnen Fasern aus einem Körperglied aktivieren einen Neuronenverband im Rückenmark, der wiederum andere Neuronenverbände auf zunehmend höherer Ebene erregt. Der zentrale Steuerungsmechanismus, der durch das in der Formatio reticularis des Hirnstamms entspringende hemmende Projektionssystem repräsentiert wird, reguliert die Aktivität auf allen Ebenen. Kommen dem System weniger Eingangsreize zu, so schwächt sich die Hemmung ab; steigt dagegen die Anzahl der sensorischen Eingangsreize, bzw. wird elektrisch direkt gereizt, so nimmt auch die Hemmung zu. Di: dicke Fasern; Dü: dünne Fasern. (Aus MELZACK, 1971, Seite 409).

Summations-Mechanismen

Das offene »Tor« – bei vielen Schmerzzuständen Ergebnis der überwiegend in den dünnen Fasern übertragenden Eingangsreize – ebnet der räumlichen und zeitlichen Summation den Weg. Die Konvergenz von Nervenimpulsen aus Haut, Eingeweiden oder Muskeln zu den T-Zellen, trägt zu deren Gesamtleistung bei. Findet nach der Initialentladung der T-Zellen keine hemmende Kontrolle statt, so führen die nachfolgenden Stimuli im Anschluß an jede Reizdarbietung zu einer ausgeprägten und anhaltenden Flut von Nervenimpulsen (MENDELL und WALL, 1965). Diese Funktionszusammenhänge sind für die Tatsache verantwortlich, daß bei Patienten, die unter Phantomschmerz, Kausalgie oder Neuralgie leiden, auch durch unschädliche Reize, wie z.B. eine Folge von leichten Berührungen oder das Auflegen eines Reagenzglases, schwere Schmerzen ausgelöst werden können.

Spontaner Schmerz, der ohne irgendeine offenkundige Stimulation auftritt, läßt sich ebenfalls anhand der Summationsmechanismen erklären (MELZACK und WALL, 1965). Die spontane Aktivität, die nach einer Nervenverletzung von den restlichen dünnen Fasern erzeugt wird, hält das »Tor« offen. Schwache und zufallsbedingte Aktivitätsmuster werden relativ unkontrolliert übertragen; die Summation dieser Impulse führt dann zu plötzlich auftretenden Schmerzen. Über diese Mechanismen lassen sich auch die langen Verzögerungszeiten zwischen Stimulation und Schmerzwahrnehmung erklären, wie sie oftmals nach Verletzung der peripheren Nerven oder nach Schädigung der Hinterwurzeln zu beobachten sind. Da die Gesamtzahl der peripheren Fasern vermindert ist, dauert es bei den T-Zellen eine beträchtliche Zeit, bis sie die für Schmerzauslösung notwendige Entladungsschwelle erreicht haben, so daß sich Schmerzwahrnehmung und Reaktion verzögern.

Die Rolle des sympathischen Nervensystems bei pathologischen Schmerzzuständen läßt sich ebenfalls im Rahmen des Modells erklären. Bekanntlich ziehen die sensorischen Fasern aus den Eingeweiden durch die sympathischen Ganglien und laufen genau in jenen Rückenmarkszellen zusammen, denen auch Reize aus der Haut zukommen (POMERANZ, WALL und WEBER, 1968; SELZER und SPENCER, 1969). Zudem bewirken die sympathischen efferenten Fasern auch Veränderungen der Blutzirkulation und der Schweißsekretion; daraus resultiert wiederum eine tonische Eingangsstimulation. Die Sympathikusdurchtrennung bringt folglich eine Verminderung bzw. Aufhebung der tonischen Entladung aus Eingeweiden, Blutgefäßen und anderen tiefliegenden Gewebsschichten mit sich, die sonst zu den Eingangsreizen aus der Haut addiert werden würde, um schließlich Schmerz hervorzurufen.

Aufgrund der sensorischen Mechanismen allein kann die Tatsache nicht erklärt werden, daß Nervenverletzungen nicht immer von Schmerzen gefolgt sind. Treten aber doch Schmerzen auf, dann mit Unterbrechungen. MELZACK und WALL sind der Auffassung, daß es vom Gleichgewicht zwischen sensorischen und zentralen Eingangsreizen in dem Gate-Control-System abhängt, ob es zu Schmerzerscheinungen kommt.

Neben den sensorischen Einflüssen auf dieses System existiert ein vom Gehirn ausgehender tonisch-hemmender Einfluß. Folglich wird das »Tor« bei jeder Verletzung, die den normalen Strom der absteigenden Impulse zum Gate-Control-System beeinträchtigt, geöffnet. Derartige Erscheinungen könnten das Ergebnis von Schädigungen des Zentralnervensystems sein, die mit Schmerzüberempfindlichkeit und plötzlich auftretenden Schmerzen einhergehen (HEAD, 1920). Andererseits führen alle erdenklichen Umstände, die den Strom der absteigenden Impulse verstärken, eher zu einem Schließen des »Tores«. Da der tonisch-hemmende Einfluß, der von den zentralen Steuerungsmechanismen ausgeht, zum Teil durch somatische Eingangsreize aufrechterhalten wird, nimmt infolge der zunehmenden Ausgangsleistung der T-Zellen nach einer Nervenverletzung auch die Hemmung zu, und zwar auf allen Ebenen des somatischen Übertragungssystems. Demzufolge hat die periphere Nervenschädigung zweierlei Auswirkungen: den *direkten* Effekt einer Öffnung des »Tores« und den *indirekten* einer Schließung desselben. Diese Schließung kommt durch einen Entladungsanstieg in den T-Zellen zustande, der wiederum die zentralen Steuerungsmechanismen beeinflußt. Die Balance zwischen sensorischer Bahnung und zentraler Hemmung der Eingangsreize nach peripherer Nervenschädigung ist für die breitgefächerte Schmerzwahrnehmung verantwortlich, die selbst bei schweren Verletzungen noch gegeben ist.

Die Gate-Control-Theorie geht auch davon aus, daß psychische Abläufe, – wie frühere Erfahrungen, Aufmerksamkeit und Gefühle – die Schmerzwahrnehmung und die sich anschließende Reaktion beeinflussen, indem sie auf spinale Gate-Mechanismen einwirken. Manche psychischen Aktivitäten bewirken eine Öffnung des »Tores«, andere eine Schließung. Eine Frau, die eines Tages einen Knoten in ihrer Brust entdeckt und Angst hat, dies bedeute Krebs, wird in dieser Brust vielleicht plötzlich Schmerzen empfinden. Hält die Angst an, so nehmen auch die Schmerzen zu und breiten sich möglicherweise sogar auf die Schultern und den Arm aus. Später führt dann die rein verbale Zusicherung des Arztes, der Knoten sei bedeutungslos, gewöhnlich zu einer plötzlichen und vollständigen Schmerzfreiheit.

In manchen Fällen kann das Auftreten von Schmerzen ziemlich stark durch persönliche psychische Bedürfnisse bestimmt sein. Diese reichen vom Bedürfnis nach Beachtung durch die Familienmitglieder bis zu masochistischen Bestrafungswünschen wegen tatsächlich begangener oder nur in der Vorstellung existierender Untaten. Aufgrund dieses Modells liegt die Erklärung nahe, daß in solchen Fällen der Schmerz durch psychische Abläufe, die auf das Gate-Control-System einwirken, festgelegt wird. Sie führen zu einer Bahnung sämtlicher Eingangsreize aus einem bestimmten Gebiet, so daß die durch Druck- oder Temperaturreize bzw. durch Regelkreisaktivitäten im Gewebe erzeugten Nervenimpulse mit dem Ziel der Schmerzauslösung summiert werden (SZASZ, 1968). Umgekehrt ist es auch möglich, daß die psychischen Abläufe das »Tor« für alle Eingangsreize aus einer bestimmten Körperzone schließen. Auf diese Weise entsteht z.B. »Handschuh-Anästhesie«, die totale Aufhebung der Sensibilität und der Schmerzempfindung in der ganzen Hand. Das Muster des Empfindungsverlustes verdeutlicht, daß die Symptome nicht auf einer Nervenerkrankung beruhen (WALTERS, 1961). Psychotherapeutische Maßnahmen bewirken eventuell eine Besserung der Handschuh-Anästhesie; doch sie kann Monate später, vielleicht sogar in der anderen Hand, wieder auftreten.

Fortgeleiteter Schmerz

Die Gate-Control-Theorie bietet uns auch eine Erklärung für den fortgeleiteten Schmerz an. Es ist seit langem bekannt, daß bei herzkranken Patienten oft Schmerzen, – »fortgeleiteter Schmerz« genannt –, in der Schulter und im oberen Brustbereich auftreten. Die Untersuchung der Herzpatienten durch KENNARD und HAUGEN (1955) ergab, daß bei den meisten Leuten in der Schulter- und Brustregion ein identisches Muster der Triggerzonen festzustellen war (Abb. 33). Druck auf diese Triggerzonen führt oft zu heftigen, stundenlang anhaltenden Schmerzen. Erstaunlicherweise zeigte sich in einer ähnlichen Untersuchung an einer Gruppe nicht herzkranker Versuchspersonen beinahe dieselbe Verteilung der Triggerzonen. Wurde Druck ausgeübt, so erzeugte dieser ein deutliches Unbehagen, das manches Mal über mehrere Minuten anhielt und sich *nach* Beendigung der Stimulation sogar noch für einige Sekunden steigerte.

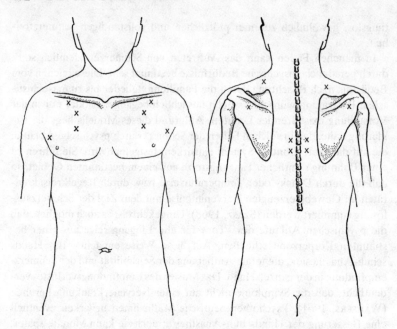

Abb. 33: KENNARD und HAUGENs Schaubild (1955, Seite 297) der Trigger-punkte (durch x gekennzeichnet) bei herzkranken Patienten. Es sind die Punkte dargestellt, die am häufigsten als »empfindlich« bezeichnet wurden. Kräftiger Druck auf die Triggerpunkte ruft stechenden und »scharfen« Schmerz hervor, der gelegentlich über einige Stunden andauert. Druck auf dieselben Stellen bei nicht herzkranken Patienten bedingt oft schwache, über einige Minuten an-haltende Schmerzen.

Die Muster des fortgeleiteten Schmerzes gleichen sich bei verschiedenen Personen so sehr, daß der Arzt das erkrankte Gebiet oft aufgrund des jeweiligen Schmerzmusters diagnostizieren kann. Deshalb überrascht es nicht, daß innerhalb jedes Areals eine oder mehrere kleine Triggerzonen vorhanden sind, deren Lokalisation sich bei den meisten Menschen kaum unterscheidet (TRAVELL und RINZLER, 1946, 1952). Durch Druck auf diese Triggerzonen wird der Schmerz in die entsprechenden Gebiete fortgeleitet und gewöhnlich auch in die abhängigen, erkrankten Eingeweidestrukturen. Noch bemerkenswerter ist die Tatsache, daß die Injektion von schmerzlindernden Mitteln in die Triggerzonen, wie z.B. Novocain, den fortgeleiteten Schmerz und sehr oft auch die Schmerzen in den erkrankten Eingeweiden beseitigt.

Die Häufigkeit der Schmerzattacken kann nach einer einzigen derartigen Spritze entscheidend zurückgehen. Gelegentlich verschwindet der Schmerz auch für immer (TRAVELL und RINZLER, 1946). Bei vielen Erscheinungsformen sind charakteristische Abläufe festzustellen. So entwickeln sich beispielsweise bei einigen Patienten, die unter chronischer Herzschwäche leiden (diese Koronar-Insuffizienz ist von Angina pectoris-Schmerzen gefolgt), die auf Arm und Schulter übertragenen Schmerzen zu einem Symptom ersten Ranges. Die Person schützt ihren Arm und versucht, diesen in starrer, unveränderter Position zu halten. Nach einer Novocain-Spritze in die Triggerzonen läßt der Schmerz nach und erlaubt es dem Patienten, Arm und Schulter normal einzusetzen.

Diese Beobachtungen sind Bestandteil einer Unmenge von Materialien über die schmerzverursachenden Triggerzonen, die mit den Muskeln und auch mit der Fasermembran (Faszie) verbunden sind, von der die Muskeln bedeckt werden (Abb. 34). Derartige myo-fasziale Triggerzonen, besonders in den unteren Regionen des Rückens, gehen ab und zu mit richtigen Knötchen in der Faszie einher. KENNARD und HAUGEN (1955) überprüften, ob sich diese Knötchen im Anschluß an Virus-Infektionen und andere Fiebererkrankungen entwickeln könnten. Nach COPEMAN und ACKERMAN (1947) sind die Triggerzonen Folgen von Entzündungsprozessen, die dann zur Entwicklung der abnormen, jahrelang bestehenden Faserknötchen führen. CORR, THOMAS und WRIGHT (1955) schlagen eine alternative Hypothese vor: Sie gehen davon aus, daß sich die Triggerzonen im Verlauf des Wachstums als Ergebnis von Dehnungen und Zerrungen im Muskel-Skelett-System heranbilden – besonders in jenen Anteilen, die mit der Rückenmuskulatur in Verbindung stehen. Nach den Beobachtungen der Autoren lassen sich diese Triggerzonen durch verschiedene Arten abnormer physiologischer Aktivität charakterisieren. In der Untersuchung von KENNARD und HAUGEN wird deutlich, daß Triggerzonen in Brust und Rücken bei Kindern selten, bei Erwachsenen dagegen häufiger vorkommen. Dies mag entweder auf eine Gewebsentzündung infolge einer Erkrankung oder auf Fehlbelastungen in Muskulatur und Skelett zurückgehen. Die breite Verteilung der Triggerzonen in Verbindung mit den fortgeleiteten Schmerzmustern zeigt, daß beide Mechanismen einen wichtigen Stellenwert haben. Wie KENNARD und HAUGEN feststellten, ist es möglich, daß die Gebiete, in denen Blutgefäße und Nerven dicht unter der Oberfläche liegen – und nicht unter Muskeln und anderen Geweben verborgen sind – besonders geeignete Stellen für die Heranbildung von Triggerzonen sind. Wie die Triggerzonen entstehen, ist größtenteils noch ungeklärt; doch ist ihr Vorkommen unbestritten.

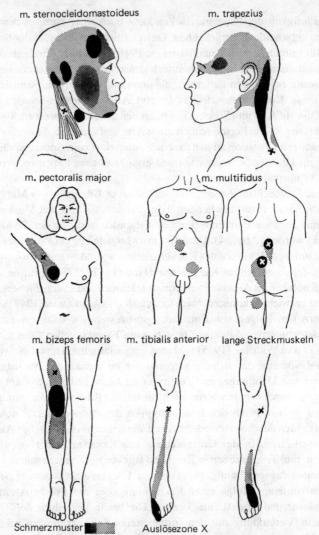

Abb. 34: Die typischen Muskel-Bänder-Schmerzmuster und deren Triggerzonen (nach TRAVELL und RINZLER, 1952, Seite 425). Wenn das Muster des fortgeleiteten Schmerzes eines Muskels einmal bekannt ist, kann es zur Lokalisation jenes Muskels verwendet werden, der die Schmerzquelle selbst darstellt. In den Skizzen ist der Name des Muskels angegeben, auf den sich das jeweilige Schmerzmuster bezieht.

Folgerichtig muß angenommen werden, daß die Triggerzonen, ob es sich dabei um Faserknötchen oder lediglich um Gebiete mit abnormer physiologischer Aktivität handelt, einen dauerhaften Eingang ins Zentralnervensystem hervorrufen. Dementsprechend erzeugen erkrankte Eingeweide Eingangsreize, die sich mit der Eingangsstimulation aus den Triggerzonen summieren und zu Schmerzen führen, die dann in die um diese Triggerzonen herum gelegenen größeren Hautareale fortgeleitet werden. Umgekehrt führt eine Reizung der Triggerzonen zu Impulssalven, die sich zu den niederschwelligen Eingangsreizen aus den erkrankten Eingeweiden summieren. Es treten so Schmerzen auf, die in beiden Regionen getrennt wahrnehmbar sind. Doch deuten die Erscheinungsformen des fortgeleiteten Schmerzes auf Summationsmechanismen hin, die im Begriffssystem unserer Modellvorstellung zu erklären sind.

Zwei Arten von Funktionsgefügen spielen in diesem Zusammenhang eine Rolle. Die erste schließt die Schmerzausbreitung auf angrenzende Körperregionen ein. Die T-Zelle besitzt ein beschränktes rezeptives Feld, das ihre »normalen Aktivitäten« entscheidend bestimmt. Zusätzlich ist sie jedoch auch noch von der elektrischen Reizung der afferenten Nerven beeinflußt, die einen wesentlich größeren Teil der Körperoberfläche abdecken (MENDELL und WALL, 1965). MELZACK und WALL (1965) sind der Auffassung, daß diese diffuse Eingangsstimulation normalerweise von »Tormechanismen« gehemmt wird. Doch kann sie auch eine Entladung in der T-Zelle auslösen, falls sie ausreichende Intensität besitzt oder falls das »Tor« durch eine spezifische Abnahme der Anzahl dicker Fasern geöffnet wird. Die Betäubung des Gebietes, auf das sich der Schmerz ausgebreitet hat, bedingt eine Blockierung der spontanen Impulse aus dieser Region und reicht aus, die Entladung der Zelle unterhalb der Schmerzschwelle zu halten. MELZACK und WALL (1970, Seite 24) schreiben:

Die neuerdings gemachte Entdeckung, daß die dünnen Eingeweide-Afferenzen direkt oder indirekt zu den Lamina-5-Zellen hochziehen, verleiht der Gate-Control-Theorie eine noch größere Überzeugungskraft für die Erklärung des fortgeleiteten Schmerzes. Es ist eigentlich klar, daß das Phänomen des fortgeleiteten Schmerzes nicht einfach als Fehlplazierung des Ursprungsortes der visceralen afferenten Blockierungen aufzufassen ist. An irgendeiner Stelle im Nervensystem müssen die Nervenimpulse aus den erkrankten Eingeweiden und aus den Hautgebieten, auf die sich der Schmerz ausbreitet, zusammenlaufen und sich auch summieren. Berührt man die Hautstellen, an denen der Schmerz zu lokalisieren ist, so wird dieser übermäßig stark wahrgenommen; örtliche Betäubung der Hautbezirke, auf die der Schmerz ausstrahlt, hebt die Schmerzen entweder auf oder schwächt sie zumindest ab. In vielen Theorien werden die möglichen Konvergenzpunkte der Afferenzen aus der Haut und aus den Eingeweiden diskutiert. Die Lamina-5-Zellen fördern dieses Zusammenlaufen; sie sind monosynaptisch mit den Eingeweideafferenzen verbunden. Deshalb kommen sie sehr wohl für die Erklärung jener fortgeleiteten Schmerzen und Schmerzzustände in Betracht, deren Ausgangspunkt direkt in der Haut liegt. Zwischen den zusammenlaufenden Eingangsreizen aus Haut und Eingeweiden existieren erregende und hemmende Wechselbeziehungen, die sich auch klinisch bemerkbar machen. Doch sind die spezifischen Ursachen von beiden Erscheinungen heute noch unklar.

Das zweite Funktionssystem erklärt die Ausbreitung der Schmerzen und Triggerzonen auf ziemlich weitentfernte Gebiete (Abb. 5, Seite 52). Es umfaßt Eingeweide sowie Hautgebiete und myo-fasziale Regionen. Der fortgeleitete Schmerz deutet darauf hin, daß das »Tor« durch Aktivitäten in entfernten Körperregionen geöffnet werden kann. Diese Möglichkeit stimmt mit dem Gate-Modell überein, da der Substantia gelatinosa auf jeder Ebene Eingangsreize aus beiden Körperhälften zukommen. Diese Impulse ziehen von dort (über die Lissauersche Bahn) wieder zu benachbarten Körpersegmenten. Derartige Mechanismen erklären die Beobachtungen, daß Angina-Schmerzen oder Druckreize auf andere Körperregionen, wie z.B. den Hinterkopf, im Phantomglied Schmerzen auslösen können.

Fortgeleiteter Schmerz tritt möglicherweise auch nach Verletzungen des Zentralnervensystems auf. Nathan (1956) untersuchte Patienten nach einseitiger bzw. zweiseitiger Chordotomie, die meist zur Linderung von Krebsschmerzen vorgenommen wurde. Er fand heraus, daß Nadelstiche, mit denen schmerzunempfindliche Körperteile, wie beispielsweise das Bein, gereizt wurden, an entfernten Körperstellen auf der gleichen oder auf der anderen Seite Schmerzen hervorrufen (Abb. 35). Zudem konnte er bei einigen Patienten die Verlagerung der Schmerzen auf den Punkt einer früheren Verletzung beobachten. Nathans Auffassung, nach der dieser fortgeleitete Schmerz auf eine Übererregbarkeit der Rückenmarks-Neuronen infolge der Chordotomie zurückgeht, stimmt mit der Vorstellung von zentralen Steuerungsmechanismen überein. Möglicherweise bringt die verminderte Eingangsstimulation in der Formatio reticularis (als Ergebnis der Chordotomie) eine Enthemmung auf allen Ebenen des Rückenmarks mit sich. Infolgedessen wirken die durch schädigende Reizung in schmerzunempfindlichen Regionen erzeugten Impulse über die Substantia gelatinosa auf eine Öffnung der »Tore« auf anderen Ebenen ein. Es ist also denkbar, daß die nieder-

Abb. 35: Muster der fortgeleiteten Empfindung nach Durchtrennung der Bahnen im Vorderseitenstrang des Rückenmarks. Die gepunktete Fläche zeigt die Zonen der Schmerzunempfindlichkeit, die bei dieser Frau durch Chordotomie ermöglicht wurde. Dem starken Druck auf die unempfindliche Haut schloß sich ein unangenehmes Kribbeln an, das an den noch empfindlichen Körperregionen wahrgenommen werden konnte. Die Reizstellen sind durch Punkte gekennzeichnet; der von jedem einzelnen Punkt ausgehende Bogen führt zu der Stelle, auf die sich die Empfindung übertrug. (Aus NATHAN, 1956, Seite 88).

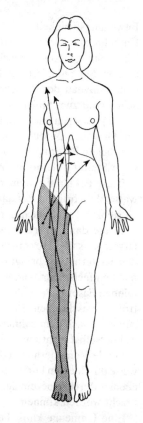

schwellige Eingangsstimulation, die von den Triggerzonen bzw. den Triggerpunkten einer früheren, entfernt lokalisierten Verletzung stammt, zu einer Summation führt. Diese Summation erzeugt dann jenes Entladungsniveau der T-Zellen, das für eine Schmerzwahrnehmung notwendig ist.

Anhaltender Schmerz

Mit der Gate-Control-Theorie lassen sich manche Arten von Dauer-Schmerzzuständen, wie sie nach peripherer Nervenschädigung oder im Anschluß an eine ähnliche Nervenerkrankung auftreten, erklären. Durch einen Verlust an dicken Fasern wird das »Tor« eher offen gehalten und so die Basis für bleibenden Schmerz geschaffen. Ferner schränken die Schmerzen die

Bewegungsfähigkeit im betroffenen Gebiet ein, was wiederum die normalen Entladungsmuster vermindert, die auf motorische Aktivitäten zurückgehen. Eine einzige Nervenblockade kann zu anhaltender Schmerzlinderung führen. Sie reduziert die Eingangsstimulation, so daß das gesamte Entladungsniveau der T-Zellen unter eine kritische Grenze abfällt und die Schmerzen zum Stillstand bringt. Infolgedessen kann sich die Person nun normal bewegen und normale Eingangsreizmuster in Muskulatur und anderen Geweben produzieren. Derartige Muster, die meist auf Impulsen aus den dicken Fasern beruhen, führen dazu, daß das »Tor« in relativ geschlossener Stellung bleibt; ein Wiederauftreten der Schmerzen wird verhindert.

Diese Erklärung ist aber nicht immer befriedigend: So können beispielsweise ohne örtliche Betäubung aufgebohrte und plombierte Zähne noch bis zu siebzig Tagen nach der Behandlung Sitz von fortgeleiteten Schmerzen sein, die dann auftreten, wenn die Nasennebenhöhlen stimuliert werden (REYNOLDS und HUTCHINS, 1948). Eine einzige Blockade des entsprechenden Kiefernerven bringt das Phänomen zum Stillstand. Diese Wirkung ist nicht einfach einer Wandlung des Zahlenverhältnisses zwischen dicken und dünnen Fasern oder einer Veränderung der absteigenden hemmenden Kontrolle zuzuschreiben. Ebenso geht sie nicht auf eine chronische lokale Entzündung nach dem zahnärztlichen Eingriff zurück: Die Blockade kann die Zähne selbst nicht angegriffen haben. Stattdessen weist der Effekt auf anhaltende Veränderungen der zentralnervösen Aktivität hin, die möglicherweise durch einen kurzen schmerzhaften Eingangsreiz ausgelöst wurden und ebenso durch eine einzige Blockade wieder dauerhaft zum Stillstand gebracht werden können.

Eine Unmenge klinischer Beobachtungen führt zur selben Schlußfolgerung. Ein kurzer Druck auf die Triggerzonen bei herzkranken Patienten verursacht stundenlange schwere Schmerzen; eine einzige Blockade dieser Gebiete beseitigt über Tage, Wochen, ja sogar über noch längere Zeiträume die periodisch wiederkehrenden Herzschmerzen. Wie ist es nun möglich, daß ein einziger, kurzfristig einwirkender Reiz derartig anhaltende Auswirkungen haben kann, und warum ist es durch eine vorübergehende Blockierung des Eingangsreizes möglich, diese Folgeerscheinungen wieder aufzuheben? Injektionen von Lokalanästhetika in die Triggerzonen oder sympathischen Ganglien führen bei Menschen, die an Phantomschmerz leiden, zu ähnlichen Wirkungen: Es tritt eine Schmerzlinderung auf, die lange über die eigentliche Betäubungsdauer hinausgeht, obwohl der Stumpf jetzt häufiger bewegt wird als vor der Behandlung.

Zur Erklärung dieser anhaltenden Effekte, die zu den rätselhaftesten Erscheinungen beim Schmerz zählen, ist eine Vorstellung notwendig, die aufgrund der verhaltensmäßigen und physiologischen Fakten als gerechtfertigt erscheint (siehe Kapitel 4). Sie bezieht sich auf die anhaltende neurale Aktivität im Zentralnervensystem. Logischerweise muß angenommen werden, daß anhaltende intensive oder in anderer Hinsicht abnorme somatische Eingangsstimulation zu langfristigen Veränderungen der Aktivität im Zentralnervensystem führt. Deshalb geht man davon aus, daß chronisch schwache bzw. kurzfristig intensive Eingangsstimulation anhaltende Veränderungen im Zentralnervensystem zur Folge hat. Diese neuralen Veränderungen aktivieren die T-Zellen und bedingen dauerhafte Schmerzen. Möglicherweise haben die sich selbsterhaltenden Nervenaktivitäten innerhalb des Nervensystems die Funktion von »Triggerpunkten«. Sie werden zur Quelle der tonischen Aktivität, die kaum die kritische Schmerzschwelle überschreitet und sich trotzdem bereitwillig zu den an anderer Stelle entstehenden Impulsen addiert. Jede spätere Verletzung bedingt eine genügend starke Eingangsstimulation, die – zusammen mit dieser anhaltenden und schwachen Aktivität – dauerhafte und chronische Schmerzen hervorruft.

Ebenso kann das durch Nervenverletzungen oder sonstige pathologische Veränderungen geöffnete »Tor« ein Auftreten anhaltender zentralnervöser Tätigkeit wahrscheinlicher werden lassen. Dies hat folgende Bedeutung: Die verminderte Hemmung, ob sie nun auf abnorme sensorische oder auf zentrale Ursachen zurückgeht, erhöht die Wahrscheinlichkeit einer sich selbsterhaltenden Aktivität in den Neuronenverbänden. In Abb. 36 ist ein hypothetisches Modell dargestellt, das die nach einer Enthemmung auftretende, anhaltende Aktivität erklären soll. Die Impulse im Axon S erregen im Normalfall das Neuron T und die neurale Seitenkette W-X-Y. Die Erregung von T führt zu wiederholten Entladungen in der rückläufigen Hemmungsschleife T-Z, denen sich sofort eine Hemmung von T durch die Seitenketten-Aktivität anschließt. Jede Unterbrechung in der hemmenden Seitenkette W-X-Y würde es jedoch der sich selbsterhaltenden Aktivität gestatten, ewig fortzubestehen. Vermutlich wird der hemmende Einfluß durch die Substantia gelatinosa ausgeübt. Eine Enthemmung als Folge der spezifischen Abnahme des dicken Faseranteils (nach peripherer Nervenlähmung) oder im Anschluß an eine Reduzierung der absteigenden Hemmung ebnet der sich selbsterhaltenden Aktivität den Weg. Auch kann eine Hemmungsabnahme, die durch zentrale Steuerungsmechanismen zustande kommt, zu anhaltender Neuronentätigkeit führen. Wenn die gesamte Ausgangsleistung der T-Zellen einen kritischen Schwellenwert überschreitet, kommt es in beiden Fällen zu Schmerzzuständen.

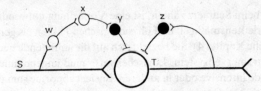

Abb. 36: Schematisches Modell zur Erklärung von fortdauernder Aktivität. Impulse im Axon S erregen normalerweise das Neuron T und die neuronale Seitenkette W-X-Y. Die Aktivierung von T bedingt in der rückläufigen Hemmungsschleife T-Z wiederholte Entladungen, denen unmittelbar die Hemmung von T durch die Aktivität in der Seitenkette folgt. Gemäßigte Dosen von Lokalanästhetika blockieren spezifisch die empfindliche multisynaptische Seitenkette, so daß eine Erregung von T zu anhaltender Aktivität in der T-Z-Schleife führt. Weitere Dosen von Lokalanästhetika blockieren die T-Z-Schleife; die anhaltende Aktivität endet.

Aus der Konzeption der dauerhaften, sich selbsterhaltenden Aktivität läßt sich eine Erklärung für die Tatsache ableiten, daß eine oder mehrere Nervenblockaden in die empfindlichen Hautgebiete, Triggerpunkte, peripheren Nerven oder in die sympathischen Ganglien zu längerfristig anhaltender Linderung von Phantomschmerz, Kausalgie und Neuralgien führen. Eine mehrstündige Blockierung der sensorischen Eingangsstimulation beendet die Tätigkeit in den geschlossenen, sich selbsterhaltenden Neuronenschleifen und verursacht eine Schmerzlinderung, die über die Betäubungsdauer hinausgeht. Ferner gestattet ein Nachlassen der Schmerzen eine gesteigerte motorische Aktivität, die wiederum – hauptsächlich in den dicken Fasern – von einer Änderung der Eingangsreize gefolgt ist. Deshalb wird das »Tor« geschlossen und so der Rücklauf der Daueraktivität verhindert oder zumindest verzögert.

Im Gegensatz dazu läßt sich die Schmerzerleichterung, die im Anschluß an intensive Reizung auftritt, beispielsweise nach lokal wirksamen Injektionen von hypertoner Kochsalzlösung oder nach Schlägen auf den Stumpf, auf das angestiegene Hemmungsniveau zurückführen, das durch die Eingangsstimulation erzeugt wurde. Da die Eingangsreize hochschwellige, dünne Rezeptor-Fasereinheiten erregen, öffnen sie das spinale »Tor« und lösen schwere Schmerzen aus. Weil die Ausgangsreize der T-Zellen aber auch auf zentrale Steuerungsmechanismen übertragen werden, verstärken sie das Hemmungsniveau und schließen das »Tor« für nachfolgende Eingangsreize. Darüber hinaus unterbricht die verstärkte Hemmung dann die sich selbsterhaltende Aktivität auf allen Ebenen und bewirkt eine dauerhafte Schmerzlinderung. Das Enthemmungs-Konzept stimmt mit der Tatsache überein, daß der Phantomschmerz oft Ähnlichkeit mit den Schmerzen vor der Amputation aufweist. Möglicherweise hinterlassen die anhaltenden Schmerzen »Gedächtnis-Spuren« im körperbezogenen Wahrnehmungssystem (LIVINGSTON, 1943), und zwar in Form von geschlossenen Neuronenschleifen, die normalerweise gehemmt werden. Eine Enthemmung als Ergebnis peripherer Nervenverletzung könnte dann die Aktivierung dieser Spuren mit sich bringen, was bleibende, starke Schmerzen zur Folge hätte.

Die Konzeption der sich selbsterhaltenden Aktivität nach erfolgter Enthemmung erklärt auch die folgende erstaunliche Beobachtung: Eine Blockade im unteren Rückenmarksabschnitt ruft bei Amputierten gelegentlich schwere Schmerzen im Phantomglied hervor; diese treten sogar bei Patienten auf, die zuvor nur geringe oder überhaupt keine Schmerzen hatten (MOORE, 1946; LEATHERDALE, 1956). Werden dann nochmals Betäubungsmittel in die sympathischen Ganglien oder in höhere Rückenmarkssegmente eingespritzt, so verschwinden eventuell die Schmerzen (DE JONG und CULLEN, 1963). Möglicherweise fällt nach der ersten Blockade durch die Reduzierung der somatischen Reizübertragung auf zentrale Steuerungsmechanismen der hemmende Einfluß weg, und oberhalb des betäubten Segmentes kommt es in den spinalen Neuronenverbänden zu einer Daueraktivität. Da die T-Zellen dieser Verbände große rezeptive Felder haben können, die gewöhnlich auch Fasern aus den Beinen einschließen, ist zu erwarten, daß ihnen, nämlich den T-Zellen, die Funktion von zentralen »Triggerpunkten« für fortgeleitete Schmerzen im Phantombein zukommt. Ihre gesteigerte Entladung verursacht den Phantomschmerz. Die Schmerzen verschwinden, sobald die Ausgangsleistung der T-Zellen unter das kritische Niveau absinkt. Dies ist möglich, wenn der sympathische Beitrag zur Aktivität der T-Zellen entfällt, aber auch dann, wenn die Blockierung, die all jene T-Zellen einschließt, denen afferente Fasern aus den Beinen zukommen, verstärkt wird.

Aufhebung der Schmerzempfindung durch Hyperstimulation

Bekanntlich führt intensive somatische Reizung manches Mal über unterschiedlich lange Zeiträume zu einer Schmerzerleichterung. Diese Art der Schmerzlinderung, die man ganz allgemein als *Hyperstimulations-Analgesie* bezeichnen kann, stellt zugleich eine der ältesten angewandten Schmerz-kontroll-Methoden dar. Gelegentlich wird sie auch als »Gegenreizung« bezeichnet und umfaßt solche medizinischen Hausmittel wie die Verwendung von Senfpflastern, Eispackungen oder Wärmflaschen, die bestimmten Körperteilen aufgelegt werden. Manche dieser Heilmethoden sind heute noch regelmäßig in Gebrauch, obwohl es (bis vor kurzem wenigstens) keine theoretische oder physiologische Erklärung für deren Wirksamkeit gab. Suggestion und Ablenkung der Aufmerksamkeit sind die Funktionssysteme, auf die man sich gewöhnlich beruft; doch mit keinem von beiden läßt sich die Wirkkraft der Heilmethoden oder die anhaltende Schmerzerleichterung in ausreichendem Maße erklären.

Tatsächlich sind ernst zu nehmende Hinweise darauf vorhanden, daß durch eine kurzfristige, leicht schmerzhafte Reizung eine wesentliche Linderung schwerer krankhafter Schmerzen über Zeiträume, die weit über die Reizperiode selbst hinausgehen, erreicht werden kann. Bereits in Kapitel 3 wurde erwähnt, daß die Injektion einer hypertonen Kochsalzlösung in das Gewebe des Rückens mit kurzem, heftigem Schmerz verbunden ist, dem eine dauerhafte Linderung der Phantomschmerzen folgt. Die Kochsalz-Injektion in den Stumpf hat dieselbe Wirkung. Zudem gibt es experimentelle Belege dafür, daß ein bestimmter Schmerz die Schmerzschwelle für andere Schmerzempfindungen deutlich erhöhen kann. Werden schmerzhafte Kältereize entweder links- oder rechtsseitig auf das Schienbein gebracht, so erhöht sich bei elektrischer Reizung der Zähne die Schmerzschwelle um etwa 30 % (PARSONS und GOETZL, 1945). Diese erhöhte Schwelle hält sich dann über zwei Stunden oder noch länger. Dementsprechend besitzen auch die schmerzgeplagten Paraplegiker eine höhere Schmerzschwelle für experimentell erzeugte Schmerzreize als solche Patienten ohne Schmerzen (HAZOURI und MUELLER, 1950).

Ebenso gilt es heute als sicher, daß fortgeleiteter Schmerz durch starke Reizung der Triggerzonen abgeschwächt werden kann. TRAVELL und RINZLER (1952) setzten starke Reize ein, um damit die Muskel- oder Bänderschmerzen zu stoppen. Nach ihren Beobachtungen ist die Injektion von Betäubungsmitteln zwar oft effektiv, doch erstaunlicherweise ist auch bereits das bloße Einstechen in die Triggerzonen erfolgreich: Die Nadel wird einfach eingestochen und wieder herausgezogen, ohne daß man dabei irgendein Mittel spritzt! Ferner kann starke Kälteeinwirkung auf die fragliche Region genauso wirkungsvoll sein. Zuerst glaubte man, daß diese Folgeerscheinungen auf die örtliche Schmerzunempfindlichkeit zurückgehen, die durch die Kälte entsteht, doch TRAVELL und RINZLER (1952) kamen zu der Überzeugung, daß es die intensive Eingangsstimulation selbst ist, die ein Nachlassen der Schmerzen bewirkt. Seitdem halten sie die Kälteapplikation sowie das bloße Einstechen und den starken Druck für wirksame Maßnahmen zur Linderung von fortgeleiteten Schmerzen.

In den letzten Jahren wurde der Versuch unternommen, durch eine Injektion von hypertoner Kochsalzlösung in das flüssige Medium um das Rückenmark die schweren Schmerzzustände zu lindern, die vom Karzinomschmerz bis zu den Neuralgien reichen. Der Injektion schließen sich zwar meist kurzfristige, heftige Schmerzen an, doch manches Mal kann sie auch eine längerfristige Schmerzlinderung bewirken (HITCHCOCK, 1967; COLLINS, JURAS, HOUTON und SPRUELL, 1969). Warum diese Methode funktioniert, wissen wir nicht. Eine Erklärungsmöglichkeit wäre die, daß eine starke Reizung von den Rückenmarksneuronen hervorgerufen wird. – Faßt man zusammen, so läßt sich folgende Aussage treffen: Es finden sich immer mehr Belege dafür, daß die intensive, schmerzhafte und kurzfristige Stimulation zu einer anhaltenden, gelegentlich sogar zeitstabilen Schmerzreduzierung führt.

Neurale Mechanismen

Derartige Beobachtungen können anhand der Konzeption eines *zentralen Steuerungsmechanismus* erklärt werden, der die Übertragung in den Hinterhörnern und auf zentralen Ebenen des somatischen Projektionssystems hemmt. Starke somatische Stimulation, deren Art beinahe beliebig sein kann, erzeugt in den T-Zellen eine größere Ausgangsleistung. Diese überschreitet dann den kritischen Grenzwert und löst Schmerz aus, aktiviert jedoch auch den zentralen Steuerungsmechanismus, welcher wiederum die Entladung der T-Zellen reduziert. In manchen Fällen werden die sich selbsterhaltenden Neuronenschleifen blockiert; anhaltende Schmerzlinderung ist die Folge. Man nimmt in diesem Zusammenhang an, daß der hemmende Einfluß, den die intensive somatische Reizung ausübt, indirekt durch den zentralen Steuerungsmechanismus verursacht wird. Doch schließt dies noch nicht die direkte Hemmung auf Rückenmarksebene aus. WAGMAN und PRICE (1969) schlossen, daß sich die spontane bzw. provozierte Aktivität der Lamina-5-Zellen, deren rezeptive Felder ein ganzes Bein oder wenigstens Teile davon abdecken, durch starke Reizung des anderen Beines oder sogar der Hände, hemmen läßt (Abb. 37). Die kurzen Verzögerungszeiten bis zum Eintreten der Wirkung legen die Vermutung nahe, daß die Aktivität ausschließlich aufgrund der Faserverbindungen im Rückenmark zustandekommt. Deshalb werden zur Vermittlung der komplexen Auswirkungen intensiver Stimulation auf die Schmerzwahrnehmung mit großer Wahrscheinlichkeit sowohl spinale als auch höhere Mechanismen eingesetzt.

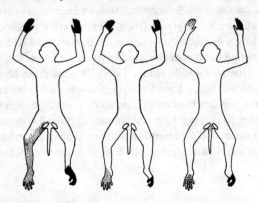

Abb. 37: Erregungs- und Hemmungsfelder in den Hinterhornzellen bei Affen. Die Erregungsfelder von drei typischen Zellen sind durch die gepunkteten Flächen markiert. Schwarze Flächen: Hemmungsfelder. Von links nach rechts sind große, mittelgroße und kleine Erregungsfelder zu sehen. Die Hemmung der spontanen oder provozierten Aktivität ließ sich nur durch *starke* Reizung der Hemmungsfelder hervorrufen und hielt noch 1 – 2 Sekunden nach Beendigung der Stimulation an. (Aus WAGMAN und PRICE, 1969, Seite 803).

Akupunktur-Analgesie

Die Praxis der Akupunktur ebnete in den letzten Jahren den Weg zu einer einzigartigen und ebenso erstaunlichen Annäherung an das Problem der Analgesie in der Chirurgie. Akupunktur bezieht sich auf das folgende, aus dem alten China stammende Verfahren: Zur Behandlung verschiedener Störungen (Abb. 38) werden an bestimmten Hautstellen lange, dünne Nadeln eingestochen. In neuerer Zeit bedient man sich der Akupunktur, wenn es darum geht, tiefe Schmerzunempfindlichkeit hervorzurufen. Sobald dies erreicht ist, lassen sich beim völlig bewußtseinsklaren Patienten sogar große Operationen im Bauch-, Brust- oder Kopfbereich durchführen. Bis heute liegen keine systematischen Untersuchungen über die Akupunktur-Analgesie vor, so daß gelegentlich Vermutungen zu hören sind, nach denen die ganze Sache nicht mehr und nicht weniger sei als Hypnose oder starke Beeinflussung. Doch spricht das wenige Datenmaterial, das uns zur Verfügung steht, gegen diese Interpretation. Hochkompetente, hauptberuflich tätige Hypnotiseure erreichen nur bei etwa 20 von 100 Patienten durch Hypnose eine Schmerzunempfindlichkeit (LeCron, 1956). Im Gegensatz dazu läßt sich aufgrund der Daten schließen, daß ein wesentlich höherer Anteil der chinesischen Patienten, vielleicht bis zu 90 %, unter Akupunktur-Betäubung operiert wird. Ferner können Leute, die zur Operation tief hypnotisiert wurden, kaum spontan sprechen oder tätig sein. Doch plaudern jene Patienten, die unter Akupunktur-Analgesie operiert werden, ungezwungen mit den Ärzten, essen Orangenstücke und zeigen sogar starkes Interesse an der Operation selbst.

Einer der faszinierendsten Aspekte der Akupunktur ist der Einstichpunkt der Nadeln bei verschiedenen Operationen. So wurden vor einer Schilddrüsenoperation die Akupunkturnadeln in beide Unterarme eingestochen, und zwar etwa 10 Zentimeter oberhalb des Handgelenks; die Nadel steckte ca. 2,5 cm tief im Gewebe (Dimond, 1971). In einem anderen Krankenhaus wurde eine ähnliche Operation mit Akupunkturnadeln im Nacken und in der Rückseite des Handgelenks durchgeführt (Signer und Galston, 1972). Vor der operativen Entfernung des Magens stach man vier Akupunkturnadeln in die Ohrmuschel ein (Dimond, 1971, Seite 1560):

Der Patient, ein schmächtiger, 50jähriger Mann, litt unter einem nicht heilenden Geschwür in der kleinen Kurvatur des Magens, weshalb eine Gastroektomie (Entfernung des Magens) durchgeführt werden mußte. Am Vorabend hatte er keine Medikamente bekommen. Während der Operation wurden 60 mg Meperidin-Hydrochlorid (ein schmerzstillendes Mittel) in 500 ccm einer fünfprozentigen Dextroselösung verabreicht. Die Akupunktur-Betäubung sah so aus, daß man vier rostfreie Nadeln an sehr genau ausgesuchten Punkten der Ohrmuschel einstach ... Die Nadeln waren mit einem phasischen Gleichstrom aus der Batterie verbunden (6 Volt bei 150 Schwinungen pro Minute). Der Patient blieb wach, munter und plauderte während der Operation. Geschickte, fleißige, würdige und in modernen westlichen chirurgischen Techniken sehr geschulte Chirurgen entfernten große Teile des Magens. Bei diesem Mann waren keine zusätzlichen Betäubungsmittel mehr notwendig; trotzdem hatte er Empfindungen, die mit der Eingeweide-Entfernung in Zusammenhang standen.

Nach der traditionellen Vorstellung von der getrennten, in Abschnitte aufgeteilten Struktur des Zentralnervensystems (Abb. 4, Seite 49) können die

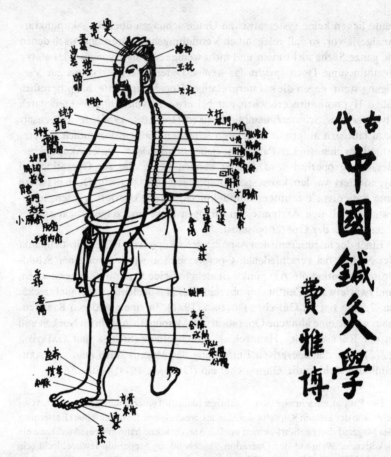

Abb. 38: Darstellung von typischen Akupunktur-Karten, auf denen die Einstich-
punkte für die Akupunktur-Nadeln ersichtlich sind. Zudem werden einige der
wichtigsten »Meridiane« des Körpers und die mit diesen verbundenen inneren
Organe deutlich. Nachdem zwei oder mehr Akupunkturnadeln an den ausgewählten Punkten eingestochen sind, leitet man während einer Dauer von zirka
20 Minuten elektrischen Strom in die Nadel ein. Die Akupunktur-Analgesie soll
für die problemlose Durchführung großer Operationen ausreichen.

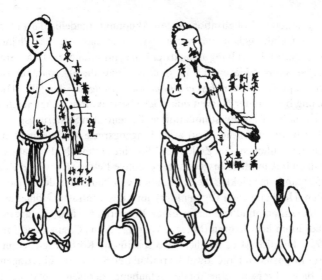

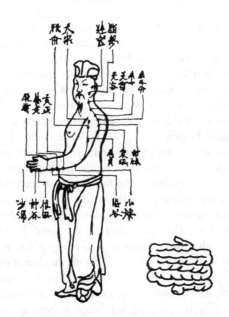

verschiedenen Lokalisationen der Akupunkturnadeln, die mit einer Betäubung einhergehen, nur verblüffen. Doch läßt sich das Phänomen der Akupunktur-Betäubung anhand der Konzeption eines zentralen Steuerungsmechanismus erklären. Es ist denkbar, daß die Akupunktur-Betäubung einen Spezialfall der *Hyperstimulations-Analgesie* darstellt. Die Nadelreizung bestimmter Nerven oder Gewebestrukturen bringt möglicherweise eine erhöhte Eingangsstimulation in die zentralen Steuerungsmechanismen mit sich, die dann die »Tore« für Eingangsreize aus bestimmten Körperregionen schließen. Die Zellen des Mittelhirnanteils der Formatio reticularis besitzen bekanntlich ausgedehnte rezeptive Felder (ROSSI und ZANCHETTI, 1957), und eine elektrische Stimulation von Punkten in der Region der zentralen Haubenbahn (Tegmentum) und des zentralen Höhlengraus kann Schmerzunempfindlichkeit in einer Körperhälfte bzw. in einem Körperquadranten hervorrufen (MAYER, WOLFLE, AKIL, CARDER und LIEBESKIND, 1971). Folglich ist es möglich, daß spezifische Körperregionen mit besonderer Intensität auf irgendwelche retikulären Strukturen übertragen werden, die dann ihrerseits eine totale Betäubung auslösen, die weite Teile des Körpers umfaßt.

Zweifellos erfordert die Akupunktur-Analgesie eine einigermaßen intensive und dauerhafte Gewebsreizung durch die Akupunkturnadeln. Gelegentlich läßt man den elektrischen Strom zwischen zwei Nadeln fließen. Ein anderes Mal werden die Nadeln immer wieder von Hand gedreht; dies stimuliert das Gewebe, in dem sie verankert sind. Über lange Zeiträume hinweg betrachtet, geht die Eingangsstimulation mit verstärkter Aktivität der zentralen Steuerungsmechanismen und infolgedessen auch mit Schmerzunempfindlichkeit in bestimmten Körperregionen einher. Die entscheidende Größe aber scheint die durch einen äußeren Reiz verursachte Eingangsstimulation zu sein. Novocain-Spritzen in die Akupunkturstellen bewirken eine Betäubung und verhindern die Informationsübertragung auf das Nervensystem. Ebenso blockiert Novocain das Vermögen der Akupunkturstellen, an einem entfernten Punkt des Körpers Schmerzlosigkeit herbeizuführen (DIMOND, 1971). Ferner setzt die Analgesie gewöhnlich nicht unmittelbar ein, sondern sie entwickelt sich eher langsam. In einem Fall war eine Reizdauer von 20 Minuten nötig, bis die Analgesie einsetzte (SIGNER und GALSTON, 1972). Wie berichtet wird, stellen die Schmerzen nach der Operation auch kein Problem dar, da die Schmerzunempfindlichkeit die Dauer der Akupunktur-Reizung um einige Stunden überdauert (BROWN, 1972).

Bis heute besitzen wir lediglich bruchstückhafte Informationen über die

Akupunktur-Analgesie und es sind noch viele Fragen zu beantworten. Beispielsweise wird dieses Verfahren nicht einfach kritiklos bei allen Patienten angewandt. Welche Patienten kommen nun in Frage, und warum weist man die anderen zurück? – Die Auswahl des Patientenguts kann nicht verwundern: Sogar Morphium wirkt nur bei etwa 75 von 100 Patienten, die nach einer Operation Schmerzen haben (BEECHER, 1959). Darüber hinaus sind in 35 % der Fälle auch Placebo-Gaben erfolgreich – das heißt die halbe Erfolgsrate des Morphiums geht auf einen Placebo-Effekt zurück (BEECHER, 1959). Deshalb muß man wissen, ob der Glaube an die Akupunktur Voraussetzung für deren Effektivität ist. In Kapitel 2 sahen wir bereits, daß die Kombination zweier Methoden (eine davon war die Suggestion) zu wirkungsvoller Schmerzlinderung führen kann, während eine allein erfolglos bleibt. Viele Patienten erhalten auch geringe Dosen an herkömmlichen Schmerzmitteln, die eine beruhigende oder euphorisierende Wirkung haben können. Auch diese Mittel stehen in Wechselwirkung mit den durch die Akupunkturnadeln verursachten Effekten. Glücklicherweise wird der zunehmende Austausch wissenschaftlicher Informationen zwischen China und den anderen Ländern in Zukunft ein besseres Verständnis der Akupunktur-Analgesie ermöglichen. Der mögliche Nutzen ist beträchtlich – besonders im Rahmen von operativen Eingriffen bei älteren Patienten. Es ist mit Sicherheit anzunehmen, daß die Forschungsarbeit, die durch Akupunktur angeregt wurde, wertvolle Schlußfolgerungen auf Schmerzmechanismen im allgemeinen ermöglichen wird.

7. Kontrolle über den Schmerz

Aus der Gate-Control-Theorie lassen sich wichtige Schlüsse auf die Schmerztherapie ziehen (MELZACK und WALL, 1965). Sie bietet uns einen neuen Denkansatz für die Behandlung von Schmerzen an und legt uns neuartige Therapieformen nahe. Darüber hinaus erhalten einige ältere Verfahren (wie aufeinanderfolgende Nervenblockaden und die Anwendung von »Gegenreizung«) eine neue Bedeutung. In den letzten Jahren ebnete die Gate-Control-Theorie der Erforschung neuer Techniken zur Regulation sensorischer Eingangsreize den Weg. In der Theorie wird davon ausgegangen, daß sich eine Schmerzkontrolle eher durch Verstärkung der normalen physiologischen Aktivität erreichen läßt und nicht so sehr durch zerstörerische, in ihrer Wirkung nicht rückgängig zu machende Schädigungen, die auf eine Unterbrechung dieser normalen Aktivität abzielen. Insbesondere regte die Gate-Control-Theorie zu Versuchen an, den Schmerz durch die Aktivierung von Hemmungsmechanismen unter Kontrolle zu bringen.

Das Bedürfnis nach neuen Verfahren zur Schmerzkontrolle wird in letzter Zeit besonders bei Beurteilungen der Effektivität neurochirurgischer Techniken deutlich. Da in diesem Jahrhundert der Problembereich Schmerz bislang von der Spezifitätstheorie beherrscht wurde, entwickelten die Forscher natürlich auch Techniken, die auf die Durchtrennung der sogenannten »Schmerzbahn« abzielten. Traten Fehlschläge auf, so wurden diese einer Verlagerung der »Schmerzfasern« zugeschrieben. Infolgedessen setzten die Operateure ihre Schnitte auf zunehmend zentralerer Ebene an. Die Ergebnisse, besonders in bezug auf Kausalgie, Phantomschmerz und die Neuralgien waren im allgemeinen enttäuschend (SUNDERLAND und KELLEY, 1948, Seite 109):

Wir sollten uns daran erinnern, daß viele Verfahren zur Schmerzlinderung nur über kurze Zeiträume mit allgemeiner Begeisterung akzeptiert wurden, um dann wieder langsam in Vergessenheit zu geraten. Die Erfolge wurden zunächst für die Nervendurchschneidung, die Amputation und die Durchtrennung der hinteren Wurzeln in Beschlag genommen, doch die Erfahrung konnte die positiven Ergebnisse nicht bestätigen. In der Folgezeit erlebten sowohl die »periarterielle« als auch die postganglionäre Sympathektomie eine Woge der Zustimmung. Als diese Operationstechnik auch verschwunden war, kam die präganglionäre Sympathektomie in Mode, bei der gelegentlich wiederholte Operationen mit zunehmend größeren Abtragungen notwendig wurden. Infolgedessen läßt sich kein Anspruch auf den universellen Nutzen einer Sympathektomie erheben...

Operative Eingriffe zur Schmerzlinderung wurden beinahe an allen möglichen Punkten der Leitungsbahn, von den peripheren Rezeptoren bis zur sensiblen Rinde, durchgeführt. Die Ergebnisse glichen sich auf jeder Ebene: Vereinzelte ermutigende Erfolge, doch auf der anderen Seite die unbarmherzige Rückkehr der Schmerzen. Auf welcher Ebene der Schmerz auch angreifen mag, man hat immer den Eindruck, daß das gesamte Nervensystem in koordinierter Anstrengung die Leitungsbahnen wieder funktionstüchtig machen will. LIVINGSTON (1943) war beeindruckt von der »erstaunlichen Fähigkeit« (des Nervensystems), neue Wege zu finden, wenn die herkömmlichen Leitungsbahnen blockiert sind. LERICHE (1939), ebenfalls vom Ver-

sagen der chirurgischen Eingriffe gegen den Schmerz entmutigt, führt aus:
»Nerven kann man nicht zerschneiden, dies ist ein Faktum . . ., das von der
Chirurgie erst ganz allmählich erkannt wurde und noch heute nicht überall
als allgemeingültig anerkannt wird.«

Der wiederholte Schnitt durch periphere Nervenfasern kommt der wiederholten Durchtrennung der Achsenzylinder von überlebenden sensorischen
Zellen gleich. Dabei gehen einige zugrunde und gleichzeitig wächst die Des-
organisation in den Verbindungsneuronen. Der Wurzeldurchtrennung
schließt sich die Degeneration zentraler Fasern an, sie wirkt sich ferner auch
auf die graue Substanz aus – ein Effekt, der über die rein neuralen Folgen
hinausgeht. Chirurgen, die sehr häufig eine Chordotomie durchführen,
ändern gewöhnlich mit den Jahren ihren ursprünglich konservativen Opera-
tionsstil: Ihre Schnittführung wird großzügiger, um so sicher zu gehen, daß
alle Schmerzfasern durchtrennt sind. Gelegentlich scheint ihnen auch eine
beidseitige Chordotomie angezeigt.

Der Einsatz stereotaktischer Verfahren zur Ausschaltung bestimmter
Strukturen im Mittelhirn, Thalamus und im limbischen System, rief ganz ähnliche Begeisterungsstürme und Hoffnungen hervor, so daß man glaubte, eine
effektive Operationsmethode zur Schmerzlinderung gefunden zu haben.
Doch die häufige Wiederkehr der Schmerzen gab zu immer größeren operativen Ausschaltungen Anlaß und war schließlich von Ernüchterung und Vor-
sicht gefolgt. SPIEGEL und WYCIS, die den Weg für mancherlei derartige
Techniken bahnten, zogen folgende Schlüsse (1966, Seite 13-15):

Auf der Grundlage unserer Erfahrungen mit nicht-tumorkranken Patienten (sie hatten Schmerzen, die auf Herpes zoster, Verletzungen der Hinterwurzeln . . . und thalamische Gefäßschädigungen zurückgehen) muß betont
werden, daß ziemlich ausgedehnte Schädigungen im mittleren Thalamusge-
biet nötig sind, wenn man über längere Zeit auf den Schmerz einwirken will.
Sogar Ausschaltungen der intralaminaren Kerne, die über das Zentrum auf
den seitlichen Anteil des dorso-medialen Kerns übergehen, sind trotz der
zunächst aufgetretenen Erfolge nicht ausreichend . . . Die eigenen Erfahrungen mit operativen Mittelhirnausschaltungen haben gezeigt, daß nach an-
fänglicher Schmerzerleichterung ein Rückfall auftritt, in manchen Fällen
erst einige Jahre nach der Operation. Deshalb sind langfristige Beobachtungen erforderlich, wenn man einen Einblick in die zentralen Schmerzmechanismen erhalten und die Verdienste der verschiedenen Verfahren zur
Schmerzlinderung beurteilen will . . . In Anbetracht der Tatsache, daß
relativ umfangreiche Ausschaltungen nötig sind, um anhaltende Schmerzlinderung zu erreichen, sollte man derartige Operationen als Notlösungen

ansehen und nur dann durchführen, wenn alle anderen Maßnahmen erfolglos geblieben sind . . .

Aufgrund unseres sich ständig erweiternden Wissensstandes über Schmerzmechanismen ist es heute unumstritten, daß eine Durchtrennung im zentralen oder peripheren Nervensystem einen Eingangsreiz nicht einfach daran hindern kann, ins Gehirn zu gelangen. Der chirurgische Schnitt durch einen peripheren Nerv hat eine Vielzahl von Auswirkungen und Folgen. Er führt zu plötzlichen, massiven und abnormen Eingangsreiz-Salven, die sich langfristig auf die Nerven auswirken; er verhindert dauerhafte normale Reizstrukturierung; er kann abnorme Eingangsstimulation von irritierenden Narben und Neuromen zur Folge haben; schließlich werden möglicherweise Verbindungen zerstört, die für eine Schmerzkontrolle auf der Basis einer Eingangsreizregulierung potentiell nützlich sind. Nach der Durchtrennung der Vorderseitenstrangbahn, dem vielleicht häufigsten Operationsverfahren zur Linderung von Schmerzen, treten ähnliche Folgen auf. Die Chordotomie bewirkt wesentlich mehr als eine bloße Zerstörung von Schmerzfasern. Sie geht mit einem breiten Spektrum an Folgeerscheinungen einher (MELZACK und WALL, 1965): Sie verringert die Gesamtzahl der ansprechenden Neuronen; sie verändert die zeitlichen und räumlichen Beziehungen zwischen den aufsteigenden Systemen; sie beeinflußt schließlich die absteigenden Fasersysteme, die die Übertragungsvorgänge von den peripheren Fasern auf die Hinterhornzellen kontrollieren.

Den Besonderheiten der Hirnaktivität stehen einfache chirurgische Lösungen der Schmerzproblematik entgegen. Die Schmerzsignale breiten sich auf weitverzweigte Gebiete im Gehirn aus. Wird irgendein Areal chirurgisch ausgeschaltet, so kommen die Eingangsreize immer noch anderen Regionen zu. Ferner ist das Nervensystem in der Lage, neue Verbindungen herzustellen und somit auch neue Wege für die sensiblen Leitungsbahnen zu schaffen. Diese Plastizität wird durch die in Kapitel 4 beschriebenen Untersuchungen über die Auswirkungen von Schädigungen im zentralen Grau deutlich; die Tiere antworteten einen Monat nach dem Eingriff immer noch nicht auf schädigende Hitzereize. Als die Stimulationstests aber angelaufen waren, zeigten sie einige Tage später bereits eine Reaktion, die sich so sehr steigerte, daß sie schließlich nicht mehr von ihren normalen Artgenossen zu unterscheiden waren. Es scheint so, als habe das Nervensystem eine Reorganisation erfahren, so daß der Eingangsreiz, der nicht mehr in einer bestimmten Leitungsbahn hochsteigen kann, nun in einer anderen weitergeleitet wird.

Heutzutage ist es eigentlich klar, daß ein Bedürfnis nach anderen Ansätzen besteht. Aus der Gate-Control-Theorie lassen sich für die medikamentöse, die sensorische und die psychologische Schmerzkontrolle bestimmte Folgerungen ableiten (MELZACK und WALL, 1965, 1970).

Medikamentöse Schmerzkontrolle

Die Medikamentenwirkung setzt auf den verschiedensten Ebenen im Nervensystem an. Sie können auf Rezeptoren einwirken, auf die Hinterhörner oder auf höhere Zentren, wie z.B. den Hirnstamm. Ein einziges verabreichtes Medikament setzt möglicherweise sogar an allen drei Stellen an.

Schmerzmittel, die auf die peripheren Rezeptoren einwirken, reduzieren vermutlich die Anzahl der infolge einer Verletzung erzeugten Nervenimpulse. Vor kurzem wurden aus verletzten Geweben mehrere chemische Verbindungen isoliert, die allem Anschein nach eng mit Schmerz zusammenhängen. Bradykinin ist eine dieser Verbindungen. Es wird im Verlauf einer Entzündung und Schwellung vom geschädigten Gewebe produziert und dann wieder von Enzymen, die im Körper freigesetzt werden, abgebaut. Eine Bradykinin-Injektion unter die Haut oder ins tiefer gelegene Körpergewebe verursacht schwere Schmerzen. So entdeckte LIM (1968), daß Aspirin dem Bradykinin an den Hautrezeptoren entgegenwirkt und zusätzlich noch die neurale Übertragung auf höheren synaptischen Ebenen beeinflußt. Die Entdeckung von derartigen chemischen Verbindungen gibt den Weg frei für die Suche nach Medikamenten, die die Synthese von Bradykinin in den Körpergeweben blockieren, die es schneller abbauen oder seiner Einwirkung auf die Rezeptoren zuvorkommen.

Auch im Rückenmark können Arzneimittel die Übertragung der Eingangsreize beeinflussen. Die Gate-Control-Theorie geht davon aus, daß durch ein besseres Verständnis der Substantia gelatinosa neue Wege zur Schmerzkontrolle geebnet werden. Die Resistenz der Substantia gelatinosa gegenüber solchen Färbungen, die Nervenzellen hervorheben, legt es nahe, daß sie sich chemisch von anderen Nervengeweben unterscheidet. Die Bestimmung dieser Unterschiede führt zur Erforschung völlig neuartiger chemischer Wirkstoffe. Medikamente, welche den hemmenden Effekt auf die Übertragungsvorgänge verstärken, die von der Substantia gelatinosa ausgehen, sind deshalb bei zukünftigen Versuchen, den Schmerz unter Kontrolle zu bringen, besonders wichtig. Bereits heute liegen uns einige Daten über die Medikamentenwirkung auf die Gate-Control-Mechanismen vor. MENDELL und WALL (1964) zeigen, daß eines der physiologischen Merkmale für die Aktivität der dünnen Fasern – nämlich das positive Hinterwurzel-Potential – durch eine geringe (betäubend wirkende) Barbiturat-Dosis vollständig verschwindet. Deshalb kann der bahnende Einfluß, den die dünnen Fasern auf die Übertragung der Eingangsreize von den peripheren Fasern auf die T-Zellen ausüben, von zumindest manchen Betäubungsmitteln blockiert werden. Dies würde maximale prä- und postsynaptische Hemmung gestatten und einen Abfall der afferenten Impulssalven unter den kritischen Grenzwert bedingen. Zudem sprechen die Beobachtungen von HILLMAN und WALL (1969) für diese mögliche Erklärung: Nach ihrer Auffassung bremst eine Barbiturat-Narkose die Aktivität, die in den Lamina-5-Zellen durch elektrische Stimulation der Haut hervorgerufen wurde.

Die Auswirkungen von Betäubungsmitteln auf die Übertragungsvorgänge in der Formatio reticularis sind gut dokumentiert. Gibt man Lachgas in schmerzlindernd wirkenden Mengen, so reduziert dieses sehr stark die Amplituden von Potentialen, die im Mittelhirnanteil der Formatio reticularis durch übermäßige Reizung der Zahnpulpa hervorgerufen werden (HAUGEN und MELZACK, 1957). Die starke Wirkung, die Barbiturate und andere Betäubungsmittel auf dieser Ebene haben, wurde von FRENCH, VERZEANO und MAGOUN (1953) beschrieben und analysiert. Die Folgeerscheinungen für den Schmerz (zumindest bis zu einem gewissen Grad) bestehen darin, daß eine Summation der sensorischen Eingangsreize auf Hirnstamm-Niveau vermieden und infolgedessen die kritische Schmerzschwelle nicht überschritten wird.

Neben den Schmerz- und Betäubungsmitteln, die die Übertragung in den sensorischen Projektionsbahnen blockieren, gibt es auch Medikamente, die spezifisch auf andere Schmerzzustände einwirken. Wie wir in Kapitel 3 sahen, führt Tegretal bei vielen Tic-douloureux-Patienten zu einem Ende der Schmerzen. Das Mittel wirkt auch bei manchen Schmerzanfällen, die auf schwere Rückenmarksverletzungen zurückgehen (GIBSON und WHITE, 1971). Tegretal blockiert nicht direkt die Übertragungsbahnen, sondern es wirkt gezielt auf jene Neuronenverbände ein, die eine anhaltende abnorme Aktivität im Zentralnervensystem bewirken. Über die Wirkungsweise des Mittels ist noch zu wenig bekannt, so daß weitere Spekulationen unberechtigt sind. Doch weist es auf das Vorhandensein von Medikamentengruppen hin, denen man bisher keine schmerzstillenden Eigenschaften zuschrieb, und die uns dennoch einen aussagekräftigen und neuartigen pharmakologischen Zugang zum Problem der Schmerzkontrolle erlauben.

Sensorische Schmerzkontrolle

Die Gate-Control-Theorie enthält drei generelle Methoden, den Schmerz durch Regulierung der Eingangsstimulation unter Kontrolle zu bringen:

1. Einsatz von Lokalanästhetika zur Verminderung der Anzahl jener Nervenimpulse, die auf die T-Zellen einwirken.
2. Schwache Stimulation zur spezifischen Aktivierung der dicken Fasern, die eine Impulsübertragung von peripheren Fasern auf die T-Zellen hemmen.
3. Intensive Reizung, die Hirnstammechanismen in Gang setzt, welche einen hemmenden Einfluß auf das Gate-Control-System des Rückenmarks und auf höheren synaptischen Übertragungsebenen ausüben.

Blockaden der sensiblen Eingangsreize führen oft zu einer Schmerzlinderung, die die Wirkungsdauer der eigentlichen Blockade übertrifft (LIVINGSTON, 1943; KIBLER und NATHAN, 1960). Eine Reihe aufeinanderfolgender Blockaden reduziert die Schmerzen über zunehmend längere Zeiträume. Infiltrationen von Lokalanästhetika in empfindliche Hautstellen, Triggerzonen, periphere Nerven oder sympathische Ganglien bewirken eine Verminderung jener sensorischen Eingangsreize, die die T-Zellen »bombardieren«. Infolgedessen reduziert sich auch die Gesamtleistung aller T-Zellen, die nun unter den kritischen, für die Schmerzauslösung notwendigen Schwellenwert abfällt. Ferner führen diese Blockaden zur Beendigung der Aktivität in den geschlossenen, sich selbsterhaltenden Neuronenschleifen, so daß vorübergehende Nervenblockade in langfristig anhaltender Schmerzlinderung resultiert. Darüber hinaus wird es dem Patienten aufgrund der Schmerzerleichterung möglich, die betroffenen Körperteile zunehmend besser einzusetzen; schließlich normalisieren sich die motorischen Aktivitäten. Andererseits entsteht durch diese Tätigkeit eine spezielle Eingangsstimulation (hauptsächlich aus den Muskeln), die zu einer Aktivierung besonders der dicken Fasern führt. Diese Nervenfasern schließen das »Tor« immer mehr und verzögern ein Wiederauftreten der Schmerzen.

In der Gate-Control-Theorie wird die Auffassung vertreten, daß sich Schmerzlinderung auch durch den Einsatz solcher Reizarten erreichen läßt, die speziell die dicken Fasern erregen. Versuche, diese spezifische Aktivierung durch Vibration oder anders geartete taktile Hautstimulation zu erreichen, sind mit großen Schwierigkeiten verbunden. Eine schwache taktile Reizung erregt aller Wahrscheinlichkeit nach dicke und dünne Fasern, so daß es schwierig ist, einen rein hemmenden Effekt zu erzeugen. Obwohl diese Methoden eigentlich recht einfach sind, hängt ihre Wirksamkeit mit ziemlicher Sicherheit von den komplexen Wechselwirkungen zwischen der Eingangsstimulation, die direkt von der Schmerzquelle ausgeht, und jenen Eingangsreizen ab, die von den Reizen selbst stammen und der Schmerzkontrolle dienen. Die Reaktion auf Juckreize – Kratzen oder Vibrieren – veranschaulicht diese Art von Wechselwirkungen. Beides, Kratzen und Vibrieren, senkt die wahrgenommene Intensität von schwachen oder gemäßigten Juckempfindungen, doch können sich starke Juckreize auch in offenen Schmerz verwandeln (MELZACK und SCHECTER, 1965). MELZACK, WALL und WEISZ (1963) kamen zu einem ähnlichen Ergebnis: Durch Vibrationsreize werden zwar die Schmerzen vermindert, die nach schwachen elektrischen Reizen auftreten, sie führen aber andererseits bei starken Reizen zu einer Schmerzsteigerung. Doch konnten HIGGINS, TURSKY und SCHWARTZ (1971) eine andere Folgeerscheinung beobachten. Sie verwendeten eine einfallsreiche Versuchsanordnung, um damit größere Hautgebiete vibrieren zu lassen, und fanden heraus, daß die Vibrationen jene Schmerzen reduzieren, die auf starke elektrische Reize zurückgehen, nicht aber solche, die durch schwache Reize entstehen. In der Klinik wird diese Wechselwirkung möglicherweise auch durch die Natur der Verletzung bestimmt. Manche Arten von Neuralgieschmerzen lassen sich durch schwache Berührungen hervorrufen, treten jedoch bei heftigen Druckreizen nicht auf (KUGELBERG und LINDBLOM, 1959). Die Wechselwirkungen sind möglicherweise noch komplexer: Vibrationen führen einerseits zur Linderung von Phantom-Schmerz und manchen neuralgischen Schmerzzuständen, doch gehen sie bei anderen Varianten des Neuralgie-Schmerzes eher mit einer Verschlimmerung einher (MELZACK und BROMAGE, 1972). Zudem sind wahrscheinlich noch viele andere, bisher nicht bestimmte Faktoren (wie z.B. frühere operative Eingriffe oder die Dauer der Schmerzen) mit im Spiel.

Ein wesentlich wirkungsvolleres Verfahren zur spezifischen Aktivierung der dicken Fasern scheint die direkte elektrische Reizung der sensiblen Nerven zu sein. WALL und SWEET (1967) entdeckten, daß die Stimulation peripherer Nerven durch schwache elektrische Reize den Neuralgieschmerz im Arm oder in der Hand aufhebt. Zweifellos bringt eine elektrische Reizung, die spezifisch die dicken Fasern aktiviert, die vermutlich das »Tor« schließen, längerfristige Veränderungen mit sich. Einer zweiminütigen Stimulation folgt möglicherweise ein zweistündiger Stopp der Neuralgieschmerzen (WHITE und SWEET, 1969). In einem Fall führten mehrere Reizfolgen zu monatelang anhaltender Schmerzlinderung. Der Einsatz von Schmerzmitteln bei gleichzeitiger Stimulation erlaubt eine verbesserte Schmerzkontrolle (WHITE und SWEET, 1969). Die Tatsache, daß sogar eine vorübergehende Schmerzerleichterung aktive Handbewegungen mit nachfolgender normaler propriozeptiver Eingangsstimulation ermöglicht, ist in diesen Fällen als entscheidender, zur dauerhaften Schmerzlinderung beitragender Faktor anzusehen. Die Wirksamkeit dieser Technik ist auch von der Schmerzart abhängig. Patienten mit Krebsschmerzen nehmen während der Reizperioden vermindert Schmerzen wahr, die jedoch kurz nach Beendigung der Stimulation wieder zunehmen. Will man bei diesen Patienten wesentliche Schmerzerleichterung erzielen, so ist dazu eine Dauerstimulation notwendig. Der Nutzen dieses Verfahrens für die Linderung von Kausalgieschmerz ist heute klar erwiesen. MEYER und FIELDS (1972) berichten, daß sechs von acht Patienten, bei denen man den betroffenen Nerv über Elektroden, die auf den darüber liegenden Hautstellen angebracht waren, elektrisch reizte, anschließend von einer deutlichen Schmerzerleichterung sprachen. Die zwei- bis dreiminütige Reizung verursachte eine Schmerzlinderung, die zwischen fünf Minuten und zehn Stunden anhielt. Nicht weniger eindrucksvoll ist die Tatsache, daß es gelang, zwei Patienten, denen durch Grenzstrang-Resektion nicht zu helfen war, über eine Nervenreizung von ihren Schmerzen zu befreien. Die neuartige Technik ist, wie WHITE und SWEET (1969) bemerken, als vielversprechende Methode zur Bekämpfung von zumindest einigen Schmerzzuständen zu betrachten.

Vor kurzem wurde aber noch ein weiteres elektrisches Stimulationsverfahren, daß auf Schmerzerleichterung abzielt, entwickelt. SHEALY, MORTIMER und HAGFORS (1970) sowie NASHOLD und FRIEDMAN (1972) brachten bei Patienten mit Schmerzen, welche im Anschluß an verschiedenartige Verletzungen oder Erkrankungen aufgetreten waren, Elektroden an den Hintersäulen des Rückenmarks an. Die den Elektroden angeschlossenen Empfänger wurden in die Haut eingepflanzt. Der Patient erhielt einen kleinen Übertragungsregulator zur Stimulation der eigenen Hintersäulen, mit dessen Hilfe die Schmerzen vermindert werden konnten. Bei ca. 60 % der Patienten trat dann eine wirkungsvolle Schmerzlinderung auf, wenn die Stimulation ein Kribbeln hervorrief (NASHOLD und FRIEDMAN, 1972). Spricht ein Patient nicht auf diese Reizung an, so lassen sich die Elektroden entfernen bzw. an anderer Stelle neu plazieren. Das zum jetzigen Zeitpunkt vorhandene Datenmaterial legt den Schluß nahe, daß das Verfahren, von seiner Effektivität her gesehen, der Chordotomie nicht nachsteht. Ferner weist es den entscheidenden Vorteil auf, daß eine Zerstörung von Nervengewebe unterbleibt. Theoretische Grundlage für dieses Verfahren ist die Tatsache, daß Nervenimpulse, die in den Hintersäulen durch elektrische Reizung hervorgerufen wurden, antidrom zu den Hinterhörnern hinunterlaufen und gleich anschließend orthodrom über Nervenverzweigungen zu den Hinterhornzellen selbst gelangen. Da in diesem Fall die dicksten Fasern aktiviert werden, arbeiten die Impulse auf ein Schließen des »Tores« hin (HILLMAN und WALL, 1969). Eine andere Erklärung ist die, daß die Hintersäulenstimulation Impulse erzeugt, die schließlich zu den zentralen Steuerungsmechanismen gelangen und dabei die Aktivitätshemmung über das gesamte somatosensible Projektionssystem fördern (MELZACK, 1971). Wie die Erklärung auch immer lauten mag – es spricht jedenfalls vieles dafür, daß wir nun über eine aufregende neue Technik der Schmerzbekämpfung verfügen. Doch ist sie noch nicht genügend erprobt, so daß wir uns über ihre anhaltende Wirksamkeit noch nicht im klaren sind.

Gemäß der Konzeption von zentralen Steuerungsmechanismen kann eine intensive sensorische Stimulation zur Linderung bzw. zum Ende der Schmerzen führen. Diese Auffassung stimmt mit Beobachtungen überein, nach denen Schmerzerleichterung durch Hitze- oder Kältereize, starken Druck, »Nadeleinstiche« oder durch die Injektion von hypertoner Kochsalzlösung in das Gewebe zu erreichen ist. Verfahren, die auf eine Schmerzlinderung durch »Gegenreizung« abzielen, sind seit langem in der »Hausmittel-Medizin« gebräuchlich. Da sie sich nicht anhand irgendeiner traditionellen Theorie erklären ließen, wurde ihnen gewöhnlich wenig Aufmerksamkeit geschenkt. Eine der wenigen systematischen Untersuchungen dieser Verfahren (GAMMON und STARR, 1941) zeigt, daß Folgen von kurzfristig einwirkenden Hitze- oder Kältereizen bei manchen Schmerzarten zu einem signifikanten Intensitätsabfall führen. Die Art und Weise, wie diese Reize angesetzt werden, ist eine wichtige Voraussetzung für deren Wirksamkeit.

Es ist denkbar, daß man eines Tages die über sensorische Regulation mögliche Schmerzkontrolle so gut im Griff haben wird, daß sämtliche chirurgischen Eingriffe überflüssig werden. Theoretisch sollte es möglich sein, die Folgeerscheinungen der elektrischen Nerven- oder Hintersäulenreizung nachzuahmen, indem man die Haut mit geeigneten taktilen, thermischen oder elektrischen Mustern stimuliert. Werden diese Reize direkt auf die Haut gebracht, so entfällt die Notwendigkeit, periphere Nerven oder das Rückenmark freizulegen.

Psychologische Schmerzkontrolle

In der Gate-Control-Theorie wird die Auffassung vertreten, daß kognitive Prozesse wie Angst, Aufmerksamkeit und Suggestion den Schmerz dadurch beeinflussen, daß sie auf den tiefsten sensorischen Übertragungsebenen ansetzen. Das Ausmaß der zentralen Kontrolle wird aber zum Teil durch die zeitlich-räumlichen Eigenheiten der Eingangsreizmuster bestimmt. Manche Arten von kaum erträglichen Schmerzen, wie z.b. solche, die vom Herzen ausgehen, steigern sich in ihrer Intensität dermaßen schnell, daß dem Patienten keinerlei Schmerzkontrolle mehr möglich ist. Andererseits sind die langsamer anwachsenden zeitlichen Schmerzmuster für eine zentrale Kontrolle zugänglich und erlauben es dem Patienten, an etwas anderes zu denken oder auch Strategien zur Schmerzkontrolle zu entwickeln.

Es ist nicht zu bestreiten, daß die Erforschung von neuen Ansätzen zur Schmerzbehandlung sehr wohl von einer Konzentration des Denkens auf die Beiträge der motivierenden und kognitiven Abläufe profitieren könnte. Eine Schmerzbehandlung ist nicht gleichbedeutend mit dem Versuch, die Eingangsstimulation in den Griff zu bekommen; es müssen vielmehr auch die motivierenden und kognitiven Faktoren beeinflußt werden. Beruhigungsmittel, Medikamente zur Muskelentspannung, Suggestion, Placebos und Hypnose üben bekanntlich (BEECHER, 1959) einen gewaltigen Einfluß auf den Schmerz aus. Doch die historische Betonung sensorischer Funktionszusammenhänge bei gleichzeitiger Vernachlässigung der motivierenden und kognitiven Beiträge zum Phänomen Schmerz hat diesen Therapieformen, allem Anschein nach sogar mit böswilliger Absicht, das Vertrauen verweigert und sie zu einer bloßen Nebenerscheinung im großen Strom der Schmerzbehandlung degradiert. Wenn wir es aber schaffen, uns von dem »historischen Zufall« zu erholen, dann sollten wir künftig diesem Verfahren mehr Aufmerksamkeit schenken als in der Vergangenheit.

Die Schmerzmechanismen sind von komplexer Natur und es wäre falsch, einfach eine Schmerzkontrolle nach dem Knopfdruck-Verfahren zu erwarten. Doch diese Komplexität darf uns nicht davon abhalten, realistisch nach Strategien zur kognitiven Schmerzkontrolle zu suchen. Psychologische Interventionstechniken sind für den Patienten und gleichermaßen auch für den Kliniker mit Mühe und Zeitaufwand verbunden. Trotzdem stellen sie einen wichtigen Ansatz zur Schmerztherapie dar, besonders für die Behandlung jener Schmerzzustände, die durch örtliche Betäubung oder sonstige Techniken nicht in befriedigendem Maße unter Kontrolle zu bringen sind. Die Therapeuten waren ständig darum bemüht, Verfahren zur Schmerzausschaltung zu finden, die in ihrer Art der Durchtrennung einer Leitung zur Unterbrechung der Telefonverbindung glichen. Doch haben solche Verfahren keineswegs derart scharf umrissene Ergebnisse. Vielleicht sollten wir uns nicht auf die totale Schmerzausschaltung versteifen, sondern eher versuchen, die Schmerzen auf ein erträgliches Maß zu reduzieren.

Es läßt sich belegen (STERNBACH, 1970), daß es durch eine Vielzahl von psychologischen Techniken möglich wird, die Schmerzen bis zu einem gewissen Grad zu lindern. Zu diesen Verfahren zählen:

1. Techniken zur Erhöhung der Schmerztoleranzgrenze. Allein die Demaskierung des Schmerzes und die Aussicht, ihn irgendwie unter Kontrolle zu bekommen, hilft dem Patienten oft schon, den Schmerz leichter zu ertragen.
2. Techniken der hypnotischen Beeinflussung (BARBER, 1969; HILGARD, 1971).
3. Progressive Entspannungsmethoden.
4. Die Aufklärung der Patienten über Hirnstromaktivitäten oder andere physiologische Aktivitäten, die es ihnen schließlich gestatten soll, Bewußtseinszustände zu erreichen, mit denen sie die Schmerzen besser beherrschen können (GANNON und STERNBACH, 1971).
5. Der Einsatz von Strategien zur Ablenkung der Aufmerksamkeit oder der Versuch, der Schmerzsituation eine bestimmte Bedeutung zu geben (MELZACK, WEISZ und SPRAGUE, 1963).
6. Psychotherapeutische oder pharmakologische Verfahren, die auf eine Erleichterung von Depressionszuständen abzielen.

STERNBACH (1970) weist darauf hin, daß das Abklingen der Depression eine erhöhte Schmerztoleranz mit sich bringt; doch sind seiner Meinung nach alle genannten Verfahren zur Behandlung von Schmerzzuständen geeignet. Diese psychologischen Techniken bewirken zwar keine vollständige Ausschaltung der Schmerzen, doch lassen sie manche Arten von nicht auszuhaltenden Schmerzen erträglich werden – ein Verdienst, das bisher nicht die ihm gebührende Anerkennung erhielt.

Schmerzkliniken und Forschungsarbeiten

Die Erforschung des Rätsels Schmerz wird, wie wir gesehen haben, gleichzeitig auf vielen Ebenen vorangetrieben. Klinische Beobachtungen und Forschungsarbeiten, Verhaltenstests und physiologische Experimente sowie schließlich auch die Suche nach neuen Arzneimitteln – all diese Ansätze zielen auf verschiedene Aspekte eines gemeinsamen Problems ab. Wie es scheint, sind wir heute beim Versuch, das Rätsel zu lösen und dadurch ein großes Elend für die Menschen erträglicher zu machen, auf dem Weg zu einem koordinierten Vorgehen.

Gegenwärtig können nur wenige Krankenhäuser mit komplizierteren

Schmerzformen fertig werden. Patienten mit schweren Schmerzen schickt man von einem Facharzt zum anderen (vom Neurologen zum Neurochirurgen und schließlich zum Psychiater), wobei immer nur wenig bzw. überhaupt nicht geholfen wird. Bei diesen Spezialisten machen sie mehrmals die Runde – ohne daß gleichzeitig eine wesentliche Schmerzlinderung auftritt. Was nötig ist, sind gemeinsame Anstrengungen zur Erprobung und Beurteilung neuer Therapieformen. Kurz: Wir brauchen *Schmerzkliniken,* in denen eine Zusammenarbeit von Fachleuten, die sich speziell mit der Schmerzproblematik befassen, möglich ist. In derartigen Krankenhäusern kann ein Ideenaustausch stattfinden; ferner begünstigen die Arbeitsbedingungen neuartige und ideenreiche Lösungsansätze. Schmerz wird nicht mehr als bloßes Symptom angesehen, das jeder Spezialist vom eigenen Standpunkt aus betrachtet. Vielmehr untersucht man das Schmerzsyndrom selbst, so daß eine Integration der therapiebezogenen Beiträge aus den verschiedenen Fachgebieten leichter möglich ist. Ein weiteres Verdienst besteht darin, daß in der Klinik Datenmaterial gesammelt werden kann – wie z.b. Informationen über die relative Wirksamkeit verschiedener therapeutischer Verfahren –, das oft verlorengeht, wenn der Patient verschiedene Fachärzte in verschiedenen Krankenhäusern aufsucht. Bisher gibt es erst wenige Schmerzkliniken; weitere werden dringend benötigt.

Man kann sich kaum ein Problem vorstellen, daß eine größere Herausforderung darstellt als das Rätsel Schmerz. Seine Lösung ist angesichts des menschlichen Bedürfnisses nach Erlösung von Schmerz und Leid dringend erforderlich. Dies gilt sowohl für jene Menschen, die wieder gesund werden und dann ein brauchbares Leben führen können, als auch für die, deren Leben langsam dem Ende zugeht. Viele unter uns fürchten die dem Sterben vorausgehenden Schmerzen mehr als den Tod selbst. Patienten im Endstadium einer Krebserkrankung finden sich oftmals mit der Tatsache ab, daß sie an der Schwelle zum Tod stehen; sie befürchten aber, daß sie nicht den Mut haben werden, in den letzten Wochen die Schmerzen mit derselben Würde zu ertragen, die sie sich im Alltagsleben so schwer erkämpfen mußten. Für dieses Leiden gibt es keine Auszeichnung, keine Lebenshilfe.

Die Schmerzklinik würde die Entwicklung einer ganzen Reihe von Techniken zur Schmerzkontrolle gestatten. Pharmakologische, sensorische und psychologische Interventionstechniken – alles Verfahren, die auf eine Schmerzlinderung abzielen – schließen sich gegenseitig keineswegs aus. Die Kombination mehrerer Methoden, wie z.B. elektrische Nervenstimulation und medikamentöse Behandlung, ist wohl die Voraussetzung für eine zufriedenstellende Schmerzerleichterung. Die jeweils wirkungsvolle Kombination ist von der Schmerzart abhängig und ändert sich wahrscheinlich von einer Person zur anderen; dies ist von Faktoren wie der Krankheitsgeschichte des Patienten, dem Ausbreitungsmuster der Triggerzonen und der Schmerzdauer abhängig. Doch läßt sich nur in einer Klinik, wo gleichzeitig viele Fälle zur Verfügung stehen und auch komplette Datenlisten vorliegen, genügend Erfahrung und Wissen sammeln, um daraus für jeden Einzelfall die optimale Beurteilung ableiten zu können.

Ferner wäre es in einer Schmerzklinik möglich, die Medikamente für hoffnungslose Patienten mit größerem Sachverstand zu verordnen. Gegenwärtig hängt diese Entscheidung größtenteils vom einzelnen Arzt ab. Dem einen ist jedes Mittel recht, sogar eine große Operation, wenn es darum geht, den Einsatz von Morphium zu verhindern – wahrscheinlich aus der Furcht heraus, der todkranke Patient könnte noch süchtig werden. Ein anderer Arzt dagegen ist vielleicht der Meinung, der Mensch sollte seine letzten Lebenswochen in Ruhe verbringen und verschreibt Mittel wie Morphium, sobald es der Patient wünscht. Die genannten Probleme sind komplizierte Streitfragen auf sozialer Ebene. Eine Gruppe von Ärzten und Wissenschaftlern wird sie wohl am besten angehen können, da sie die zerstörerischen Wirkungen von fortwährenden schweren Schmerzen auf das menschliche Bewußtsein erkennen.

Schmerzkliniken allein reichen offensichtlich noch nicht aus. Wir müssen auch Grundlagenforschung über die Funktionen des Nervensystems betreiben und dazu die anatomischen, physiologischen, psychologischen und pharmakologischen Ansätze weiter verfolgen. Die Erweiterung des faktischen und theoretischen Wissens ebnet neue einfallsreiche Wege, die zur Lösung der Schmerzprobleme führen. Man kann davon ausgehen, daß dies auch in der Zukunft der Fall sein wird.

Wie wir gesehen haben, ist das Rätsel Schmerz noch lange nicht gelöst. Ganz sicher ist dazu eine intensivere Schmerzforschung notwendig. Erstaunlicherweise läßt sich kein bedeutendes Forschungsinstitut nennen, das sich speziell der Schmerzforschung widmet. Zudem ist die Zahl der Wissenschaftler, die sich mit dem Problem befassen, im Vergleich zu dessen riesiger Bedeutung als gering anzusehen. Wir haben die bemerkenswerte Fähigkeit, die Schmerzen, unter denen wir in der Vergangenheit leiden mußten, zu vergessen. Darüber hinaus ist es oft schwer, das Leiden eines anderen Menschen zu verstehen. In die Lösung von vielen klinisch offensichtlich bedeutsamen Problemen werden langwierige Forschungsarbeiten und auch finanzielle Mittel investiert; doch dem Schmerz, oftmals als Symptom und nicht als Ursache betrachtet, schenkt man kaum Aufmerksamkeit. Ermutigend ist

die Tatsache, daß in den letzten Jahren das Interesse an der Schmerzproblematik wieder aufgekommen ist. Zum Teil liegt dies wohl daran, daß ein
Wissenschaftszweig, der beinahe ein ganzes Jahrhundert lang gedanklich
stagnierte, plötzlich wieder zum Leben erweckt wurde – und nun mit bisher
unbekannten Streitfragen und gleichzeitig mit erneuter Faszination verbunden ist. Die einfallslosen Antworten der Vergangenheit werden heute nicht
länger passiv hingenommen. Es tauchen immer wieder neue Fragen auf, die
für den jungen Forscher sicherlich eine Herausforderung darstellen und zu
neuen Ansätzen und zu einem neuen Verständnis führen. Man kann sich
kaum ein Problem vorstellen, für das es sich eher lohnt, menschliche Schaf-
fenskraft zu investieren, als für die Linderung von Schmerz und Leid.

Glossar

Ablation: chirurgische Entfernung eines Körperteils; in der Neurochirurgie bezieht sich der Begriff auf die Entfernung eines Hirnteils.

afferente Faser: Nervenfaser, die Nervenimpulse von einem Sinnesorgan zum Zentralnervensystem weiterleitet bzw. diese Erregungen von peripheren auf zentrale Ebenen des sensiblen Projektionssystems im Rückenmark und Gehirn überträgt.

Anästhesie: totaler Empfindungsverlust im gesamten Körper oder in bestimmten Körperteilen.

Analgesie: Verlust der Schmerzempfindung; geht nicht mit dem Verlust anderer Sinneswahrnehmungen einher und läßt das Bewußtsein unverändert.

antidrom: Ausbreitung eines Nervenimpulses entlang einer Nervenfaser. Die Erregung wird im Vergleich zur normalen Übertragung in genau entgegengesetzter Richtung weitergeleitet.

Asymbolie: Verlust der Fähigkeit, irgendeinen Aspekt der Sinneswahrnehmung richtig einzuschätzen. *Schmerz-Asymbolie:* die Unfähigkeit, Schmerz zu beurteilen, d.h. diesen normal wahrzunehmenden oder seine Begleiterscheinungen zu erfassen.

Axon: jener Anteil einer Nervenzelle (eines Neurons), der im wesentlichen die Impulsübertragung ausmacht. Oft wird das Axon auch nur »Nervenfaser« genannt. Nervenimpulse werden entlang dem Axon in einer Richtung weitergeleitet, die vom Zellkörper wegführt.

basal: an der Basis (z.B. des Gehirns) liegend.

Dendrit: jener Teil einer Nervenzelle, der die Nervenimpulse dem Zellkörper zuleitet. Periphere *sensorische* Nervenfasern sind extrem lange und gleichzeitig hochspezialisierte Erscheinungsformen von Dendriten.

Dermatom: das Hautgebiet, das von einer einzigen sensiblen Wurzel im Rückenmark innerviert wird.

dorsal: rückseitig, nach dem Rücken hin liegend; Gegensatz: ventral.

Druckentlastung: Ablassen von überschüssiger Flüssigkeit aus einem Organ; *subtemporale Druckentlastung:* Ablassen von Cerebrospinalflüssigkeit und Blut durch ein Schädelbohrloch in der Nähe der Schläfe (bzw. unterhalb davon).

efferente Faser: Nervenzelle, die Nervenimpulse vom Zentralnervensystem wegleitet (zu den Muskeln oder Drüsen); auch ist darunter eine Faser zu verstehen, die von höher gelegenen Regionen im Nervensystem zu tieferen zieht (wie z.B. ein Neuron, das vom Gehirn zum Rückenmark absteigt).

Ekchymose: Bluterguß; Blutung unter der Haut, die normalerweise im Anschluß an Verletzungen auftritt.

Enzephalon: das Gehirn; *Enzephalopathie:* irgendeine Gehirnerkrankung.

Ephapse: künstliche Synapsen(-verbindung) zwischen zwei erregungsleitenden Fasern. Kann das Ergebnis einer Verletzung sein.

Eviszeration: Entfernung der Eingeweide (der Bauch- oder Brustorgane).

Ganglion: Ansammlung von Nervenzellkörpern; *sympathisches Ganglion:* Nervenzellkörper, die mit dem sympathischen Nervensystem in Zusammenhang stehen.

Hirnstamm: der Teil des Gehirns, der zwischen Wirbelsäule und Hirnrinde liegt. Der Begriff bezieht sich im allgemeinen auf jene Hirnteile, die Medulla oblongata (verlängertes Mark), Pons (Brücke) und Mittelhirn genannt werden. Gelegentlich wird der Thalamus ebenfalls dazugerechnet.

Hyperästhesie: extrem erhöhte Empfindlichkeit, so daß sogar unschädliche Stimulation (wie z.B. leichte Berührungen) Schmerzen hervorruft.

Introspektion: die Analyse, die eine Person von sensorischen, gefühlsmäßigen und anderen Qualitäten des bewußten Erlebens vornimmt.

ipsilateral: auf der gleichen Seite befindlich.

Jaktationen: ruckartige, anfallsweise auftretende Bewegungen.

klonisch: aus dem Wort »Klonus« abgeleitet; gemeint ist das Wechselspiel von Anspannung und Entspannung eines Muskels.

Kognition: Prozesse, durch die das Individuum Kenntnis von einem Objekt erhält oder sich seiner Umwelt bewußt wird. Dazu gehören: Wahrnehmung, Gedächtnis, Lernen etc.

Kommissurenfasern: eine Nervenbahn, die zwei gegenüberliegende Hirn- oder Rückenmarksgebiete verbindet.

kontralateral: auf der gegenüberliegenden Seite befindlich.

Konversionshysterie: Äußerung einer psychischen Störung in körperlichen Symptomen, z.B. Lähmungen, Unempfindlichkeit mancher Körperteile, Schmerz.

Kortex: die äußere Schicht eines Organs. Folglich sind unter dem Begriff *zerebraler Kortex* die äußeren Nervenzellschichten des Gehirns zu verstehen.

kutan: zur Haut gehörig.

lateral: seitlich gelegen.

lumbal: der Teil des Rückens und der Körperseiten, der zwischen dem untersten Rippenpaar und dem oberen Beckenrand liegt.

medial: in der Mitte liegend.

Medianus (-Nerv): einer der drei Hauptnerven, die die Hand versorgen.

Die anderen beiden sind der N.radialis und der N.ulnaris. Das sensible Gebiet, das durch den N.medianus innerviert wird, ist komplex gestaltet, läßt
sich jedoch grob als der mittlere Teil der Hand beschreiben (besonders der
Mittel- und Zeigefinger sowie die angrenzenden Anteile des Daumens und
des Ringfingers).

Myelin: fettartige Substanz, die die Nervenfasern umgibt und so eine isolie-
rende Hülle bildet. *Myelinisiert:* von einer Myelin-Hülle umgeben.

Neurom: ein Knötchen aus regeneriertem Gewebe.

Neuron: strukturelle Einheit des Nervensystems; besteht aus der Nervenzelle, ihren erregungsleitenden Dendriten und dem Axon.

orthodrom: Ausbreitung eines Nervenimpulses in normaler Richtung; in
den Axonen ist diese Weiterleitung dem Zellkörper entgegengesetzt.

periphere Nerven: Bündel von Nervenfasern, die sensorische bzw. motorische Organe mit dem Zentralnervensystem verbinden.

Placebo: griechisches Wort, bedeutet: »Ich werde gefallen«. Gewöhnlich
eine Pille oder eine injizierbare Zucker- bzw. Salzlösung, die anstelle des
Schmerzmittels verabreicht wird.

post-tetanische Potenzierung: abgeleitet vom Begriff »Tetanus«, der dauerhafte Muskelkontraktion bezeichnet. Diese ist durch eine schnelle Nerven-
impulsfolge auslösbar, die nach elektrischer Reizung entsteht. Mit post-
tetanischer Potenzierung ist die Steigerung (Potenzierung) der Muskelkontraktion bzw. der Nervensignale in den motorischen Nervenzellen gemeint,
die durch anhaltende Stimulation der entsprechenden sensiblen Wurzel hervorgerufen wird.

propriozeptiv: sensorische Signale aus der Muskulatur, den Sehnen und den
Gliedmaßen.

Psychophysik: Untersuchung der Beziehung zwischen Reizstärke und der
Intensität der resultierenden sensorischen Erfahrung.

pyramidales System: Teil des motorischen Nervensystems. Die Pyramiden-
bahn besteht aus dicken, schnelleitenden Fasern, die vom Kortex zum
Rückenmark ziehen. Ein Großteil dieser Fasern endet an den Vorderhorn-
Neuronen. Diese wiederum aktivieren die Muskulatur. Zum *extrapyramida-
len System* gehören dünnere, eher diffus miteinander verbundene Fasern,
die in subkortikalen Regionen entspringen und Verbindung zum Rückenmark herstellen. Manche Fasern übertragen die Erregung auf die Vorderhörner.

Röntgenoskopie: die Anwendung von Röntgenstrahlen zur Darstellung
von Strukturen des Körperinneren. Sie wurden nach Wilhelm Röntgen, dem
Entdecker dieser Strahlen, benannt.

Sacrum (Kreuzbein): Fortsetzung der Wirbelsäule unterhalb der Lenden-
wirbel. Besteht aus mehreren, miteinander verschmolzenen Wirbeln, die die
zentral gelegene Knochenstruktur des Beckens ausmachen. *Sakral:* auf das
Kreuzbein bezogen.

Soma: griechisches Wort für Körper. Mit somatischer (oder somatosensibler) Eingangsstimulation sind sensorische Signale aus allen Körpergeweben gemeint – einschließlich der Haut, den Eingeweiden, der Muskulatur und den Gliedmaßen.

spinal: zur Wirbelsäule bzw. zum Rückenmark gehörend.

stereotaktisches Gerät: medizinisches Instrument zur Einpflanzung von
Elektroden in tiefergelegene Hirngebiete.

subtemporale Druckentlastung: siehe *Druckenentlastung.*

sympathisches Nervensystem: Teil des autonomen Nervensystems; ist aus
einer Ganglienkette zusammengesetzt, die außerhalb des Rückenmarks und
parallel zu diesem verläuft sowie aus Nervenfasern, die zu den Eingeweiden, den Blutgefäßen und den Drüsen ziehen.

Synapse: die Umschalt-Verbindung zwischen zwei Nervenzellen. Die
Axon-Endigungen eines Neurons geben eine chemische Überträgersubstanz
ab, die durch die Synapse fließt und auf die Dendriten oder den Zellkörper
einer benachbarten Nervenzelle einwirkt. Durch die Überträgersubstanz
wird die Zelle erregt (bzw. deren Erregung durch andere Neuronen gebahnt). Auch kann die Überträgersubstanz die Zelle hemmen und eine Entladung verhindern (oder die Entladungsfrequenz vermindern).

temporal: zur Schläfe gehörend.

Thalamus: eine der wichtigsten Umschaltstationen im Zentralnervensystem; liegt am oberen Rand des Hirnstamms zwischen beiden Hirnhälften.
Der Thalamus schaltet jene Informationen um, die vom sensiblen System auf
die Hirnrinde übertragen werden sowie solche, die vom Kortex an motorische Systeme und an andere Hirngebiete weitergeleitet werden.

Trigeminus (-Nerv): der fünfte Hirnnerv; überträgt die Informationen aus
der Gesichtshaut, aus manchen Gebieten am Auge sowie aus einem großen
Teil der inneren Strukturen und zarten Hautregionen von Mund und Nase.

ventral: bauchwärts, bauchseitig, zum Bauch gehörig.

Viscera: die spezialisierten inneren Organe der Bauch- und Brusthöhle.
Einzahl: *Viscus.*

Zentralnervensystem: bezieht sich bei Säugern (einschließlich Mensch) auf
Rückenmark und Gehirn.

Literatur

Amassian, V.E., and *De Vito, R.V.* (1954), »Unit activity in reticular formation and nearby structures«, *J. Neurophysiol.*, vol. 17, p. 575.

Andersen, P., and *Eccles, J.C.* (1962), »Inhibitory phasing of neuronal discharge«, *Nature,* vol. 196, p. 645.

Bailey, A.A., and *Moersch, F.P.* (1941), »Phantom limb«, *Canad. Med. Assn J.,* vol. 45, p. 37.

Barber, T.X. (1969), *Hypnosis: A Scientific Approach,* Van Nostrand.

Barnes, R. (1953), »The role of sympathectomy in the treatment of causalgia«, *J. bone joint Surg.,* vol. 35b, p. 172.

Baxter, D.W., and *Olszewski, J.* (1960), »Congenital insensitivity to pain«, *Brain,* vol. 83, p. 381.

Becker, D.P., Gluck, H., Nulsen, F.E., and *Jane, J.A.* (1969), »An inquiry into the neurophysiological basis for pain«, *J. Neurosurg.,* vol. 30, p. 1.

Beecher, H.K. (1959), *Measurement of Subjective Responses,* Oxford University Press.

Bell, C., Sierra, G., Buendia, N., and *Segundo, J.P.* (1964), »Sensory properties of neurons in the mesencephalic reticular formation«, *J. Neurophysiol.,* vol. 27, p. 961.

Bessou, P., and *Perl, E.R.* (1969), »Response of cutaneous sensory units with unmyelinated fibres to noxious stimuli«, *J. Neurophysiol.,* vol. 32, p. 1025.

Bishop, G.H. (1946), »Neural mechanisms of cutaneous sense«, *Physiol. Rev.,* vol. 26, p. 77.

Bishop, G.H. (1959), »The relation between nerve fibre size and sensory modality: phylogenetic implications of the afferent innervation of cortex«, *J. nerv. ment. Dis.,* vol. 128, p. 89.

Boring, E.G. (1942), *Sensation and Perception in the History of Experimental Psychology,* Appleton-Century-Crofts.

Brown, P.E. (1972), »Use of acupuncture in major surgery«, *Lancet,* vol. 1, p. 1328.

Burgess, P.R., and *Perl, E.R.* (1967), »Myelinated afferent fibres responding specifi-

cally to noxious stimulation of the skin«, *J. Physiol.,* vol. 190, p. 541.

Burgess, P.R., Petit, D., and *Warren, R.M.* (1968), »Receptor types in cat having skin supplied by myelinated fibres«, *J. Neurophysiol.,* vol. 31, p. 833.

Burke, W., and *Sefton, A.J.* (1966), »Recovery of responsiveness of cells of lateral geniculate nucleus of cat«, *J. Physiol.,* vol. 187, p. 213.

Buytendijk, F.J.J. (1962), *Pain: Its Modes and Functions,* University of Chicago Press.

Camp, W., Martin, R., and *Chapman, L.F.* (1962), »Pain threshold and discrimination of pain intensity during brief exposure to intense noise«, *Science,* vol. 135, p. 788.

Carlin, S., Ward, W.D., Gershon, A., and *Ingraham, R.* (1962), »Sound stimulation and its effect on dental sensation threshold«, *Science,* vol. 138, p. 1258.

Casey, K.L. (1966), »Nociceptive mechanisms in the thalamus of awake squirrel monkey«, *J. Neurophysiol.,* vol. 29, p. 727.

Casey, K.L. (1971), »Somatosensory responses of bulboreticular units in awake cat: relation to escape-producing stimuli«, *Science,* vol. 173, p. 77.

Chamberlain, T.J., Halick, P., and *Gerard, R.W.* (1963), »Fixation of experience in the rat spinal cord«, *J. Neurophysiol.,* vol. 26, p. 662.

Christensen, B.N., and *Perl, E.R.* (1970), »Spinal neurons specifically excited by noxious or thermal stimuli: marginal zone of the dorsal horn«, *J. Neurophysiol.,* vol. 33, p. 293.

Cohen, H. (1944), »The mechanism of visceral pain«, *Trans. Med. Soc. London,* vol. 64, p. 65.

Collins, J.R., Juras, E.P., Houton, R.J.V., and *Spruell, L.* (1969), »Intrathecal cold saline solution: a new approach to pain evaluation«, *Anaesthes. Analges.,* vol. 48, p. 816.

Collins, W.F., Nulsen, F.E., and *Randt, C.T.* (1960), »Relation of peripheral nerve fibre size and sensation in man«, *Arch. Neurol.,* vol. 3, p. 381.

Copeman, W.S., and Ackerman, W.L. (1947), »Edema or herniations of fat lobules as a cause of lumbar and gluteal fibrositis«, Arch. internal Med., vol. 79, p. 22.

Cox, V.C., and Valenstein, E.S. (1965), »Attenuation of aversive properties of peripheral shock by hypothalamic stimulation«, Science, vol. 149, p. 323.

Cronholm, B. (1951), »Phantom limbs in amputees«, Acta Psychiat. Neurol. Scand., suppl. 72, p. 1.

Dallenbach, K.M. (1927), »The temperature spots and end-organs«, Amer. J. Psychol., vol. 39, p. 402.

Dallenbach, K.M. (1939), »Pain: history and present status«, Amer. J. Psychol., vol. 52, p. 331.

DeJong, R.H., and Cullen, S.C. (1963), »Theoretical aspects of pain: bizarre pain phenomena during low spinal anesthesia«, Anesthesiology, vol. 24, p. 628.

Delgado, J.M.R. (1955), »Cerebral structures involved in the transmission and elaboration of noxious stimulation«, J. Neurophysiol., vol. 18, p. 261.

Delgado, J.M.R., Rosvold, H.E., and Looney, E. (1956), »Evoking conditioned fear by electrical stimulation of subcortical structures in the monkey brain«, J. comp. physiol. Psychol., vol. 49, p. 373.

Descartes, R. (1644), L'homme, translated by M. Foster, Lectures on the History of Physiology during the 16th, 17th and 18th Centuries, Cambridge University Press.

Dick-Read, G. (1962), Childbirth Without Fear, Dell.

Dimond, E.G. (1971), »Acupuncture anaesthesia«, J.A.M.A., vol. 218, p. 1558.

Donaldson, H.H. (1885), »On the temperature sense«, Mind, vol. 10, p. 399.

Douglas, W.W., and Ritchie, J.M. (1957), »Non-medullated fibres in the saphenous nerve which signal touch«, J. Physiol., vol. 139, p. 385.

Drake, C.G., and McKenzie, K.G. (1953), »Mesencephalic tractotomy for pain«, J. Neurosurg., vol. 10, p. 457.

Echlin, F., Owens, F.M., and Wells, W.L. (1949), »Observations on »major« and »minor« causalgia«, Arch. Neurol. Psychiat., vol. 62, p. 183.

Ewalt, J.R., Randall, G.C. and Morris, H. (1947), »The phantom limb«, Psychosom. Med., vol. 9, p. 118.

Feinstein, B., Luce, J.C., and Langton, J.N.K. (1954), »The influence of phantom limbs«, in P. Klopsteg and P. Wilson (eds.), Human Limbs and Their Substitutes, McGraw-Hill.

Foltz, E.L., and White, L.E. (1962), »Pain »relief« by frontal cingulumotomy«, J. Neurosurg., vol. 19, p. 89.

Frankenstein, S.A. (1947), »One unconsidered form of the part played by the nervous system in the development of disease«, Science, vol. 106, p. 242.

Freeman, W., and Watts, J.W. (1950), Psychosurgery in the Treatment of Mental Disorders and Intractable Pain, C.C. Thomas.

French, J.D., Verzeano, M., and Magoun, W.H. (1953), »Neural basis of anesthetic state«, Arch. Neurol. Psychiat., vol. 69, p. 519.

Frey, M. von (1895), »Beiträge zur Sinnesphysiologie der Haut«, Ber. d. kgl. sächs. Ges. d. Wiss., math.-phys. Kl., vol. 47, p. 181.

Gammon, G.D., and Starr, I. (1941), »Studies on the relief of pain by counter-irritation«, J. clin. Invest., vol. 20, p. 13.

Gannon, L., and Sternbach, R.A. (1971), »Alpha enhancement as a treatment for pain: a case study«, J. behav. Ther. exper. Psychiat., vol. 2, p. 209.

Gardner, E.D. (1940), »Decrease in human neurons with age«, Anatomical Record, vol. 77, p. 529.

Gardner, W.J., and Licklider, J.C.R. (1959), »Auditory analgesia in dental operations«, J. Amer. Dent. Assn., vol. 59, p. 1144.

Gerard, R.W. (1951), »The physiology of pain: abnormal neuron states in causalgia and related phenomena«, Anesthesiology, vol. 12, p. 1.

Gibson, J.C., and White, L.E. (1971), »Denervation hyperpathia: a convulsive syndrome of the spinal cord responsive to carabamazepine therapy«, J. Neurosurg., vol. 35, p. 287.

Goldscheider, A. (1886), »Zur Dualität des Temperatursinns«, Pflügers Arch. ges. Physiol., vol. 39, p. 96.

Goldscheider, A. (1894), Über den Schmerz in Physiologischer und Klinischer Hinsicht, Hirschwald.

Grastyan, E., Czopf, J., Angyan, L., and Szabo, I. (1965), »The significance of subcortical motivational mechanisms in the organization of conditional connections«, Acta Physiol. Acad. Sci. Hung., vol. 26, p. 9.

Hagbarth, K.E., and Kerr, D.I.B. (1954),

»Central influences on spinal afferent conduction«, *J. Neurophysiol.*, vol. 17, p. 295.

Hall, K.R.L., and *Stride, E.* (1954), »The varying response to pain in psychiatric disorders: a study in abnormal psychology«, *Brit. J. med. Psychol.*, vol. 27, p. 48.

Halliday, A.M., and *Mingay, R.* (1961), »Retroactive raising of a sensory threshold by a contralateral stimulus«, *Quart. J. exper. Psychol.*, vol. 13, p. 1.

Hardy, J.D., Wolff, H.G., and *Goodell, H.* (1952), *Pain Sensations and Reactions*, Williams & Wilkins.

Haugen, F.P., and *Melzack, R.* (1957), »The effects of nitrous oxide on responses evoked in the brainstem by tooth stimulation«, *Anesthesiology*, vol. 18, p. 183.

Hazouri, L.A., and *Mueller, A.D.* (1950), »Pain threshold studies on paraplegic patients«, *Arch. Neurol. Psychiat.*, vol. 64, p. 607.

Head, H. (1920), *Studies in Neurology*, Kegan Paul.

Hebb, D.O. (1949), *The Organization of Behaviour*, Wiley.

Hebb, D.O. (1972), *Textbook of Psychology*, Saunders.

Henderson, W.R., and *Smyth, G.E.* (1948), »Phantom limbs«, *J. Neurol. Neurosurg. Psychiat.*, vol. 11, p. 88.

Herz, A., Albus, K., Metys, J., Schubert, P., and *Teschemacher, H.* (1970), »On the central sites for the anti-nociceptive action of morphine and fentanyl«, *Neuropharmacol.*, vol. 9, p. 539.

Higgins, J.D., Tursky, B., and *Schwartz, G.E.* (1971), »Shock-elicited pain and its reduction by concurrent tactile stimulation«, *Science*, vol. 172, p. 866.

Hilgard, E.R. (1965), *Hypnotic Susceptibility*, Harcourt Brace & World.

Hilgard, E.R. (1971), »Hypnotic phenomena: the struggle for scientific acceptance«, *Amer. Scientist*, vol. 59, p. 567.

Hill, H.E., Kornetsky, C.H., Flanary, H.G., and *Wikler, A.* (1952a), »Effects of anxiety and morphine on discrimination of intensities of painful stimuli«, *J. clin. Invest.*, vol. 31, p. 473.

Hill, H.E., Kornetsky, C.H., Flanary, H.G., and *Wikler, A.* (1952b), »Studies of anxiety associated with anticipation of pain. I. Effects of morphine«, *Arch. Neurol. Psychiat.*, vol. 67, p. 612.

Hillman, P., and *Wall, P.D.* (1969), »Inhibitory and excitatory factors influencing the receptive fields of lamina 5 spinal cord cells,« *Exper. Brain Res.*, vol. 9, p. 284.

Hitchcock, E. (1967), »Hypothermic subaracoid irrigation for intractable pain«, *Lancet*, vol. 1, p. 1133.

Hongo, T., Jankowska, E., and *Lundberg, A.* (1968), »Post-synaptic excitation and inhibition from primary afferents in neurons in the spinocervical tract«, *J. Physiol.*, vol. 199, p. 569.

Hunt, C.C., and *McIntyre, A.K.* (1960), »Properties of cutaneous touch receptors in cat«, *J. Physiol.*, vol. 153, p. 88.

Hutchins, H.C., and *Reynolds, O.E.* (1947), »Experimental investigation of the referred pain of aerodontalgia«, *J. dent. Res.*, 26, p. 3.

Huxley, A. (1952), *The Devils of London*, Harper.

Jasper, H.H., and *Koyama, I.* (1972), personal communication.

Jewesbury, E.C.O. (1951), »Insensitivity to pain«, *Brain*, vol. 74, p. 336.

Kallio, K.E. (1950), »Permanency of the results obtained by sympathetic surgery in the treatment of phantom pain«, *Acta Orthop. Scand.*, vol. 19, p. 391.

Keele, K.D. (1957), *Anatomies of Pain*, Oxford University Press.

Kennard, M.A., and *Haugen, F.P.* (1955), »The relation of subcutaneous focal sensitivity to referred pain of cardiac origin«, *Anesthesiology*, vol. 16, p. 297.

Kerr, F.W.L., and *Miller, R.H.* (1966), »The ultrastructural pathology of trigeminal neuralgia«, *Arch. Neurol.*, vol. 15, p. 308.

Keynes, G. (1952), *The Apologie and Treatise of Ambroise Paré*, Chicago University Press.

Kibler, R.F., and *Nathan, P.W.* (1960), »Relief of pain and paraesthesiae by nerve block distal to a lesion«, *J. Neurol. Neurosurg. Psychiat.*, vol. 23, p. 91.

King, H.E., Clausen, J., and *Scarff, J.E.* (1950), »Cutaneous thresholds for pain before and after unilateral prefrontal lobotomy«, *J. nerv. ment. Dis.*, vol. 112, p. 93.

Kolb, L.C. (1954), *The Painful Phantom: Psychology, Physiology and Treatment*, C.C. Thomas.

Korr, I.M., Thomas, P.E., and *Wright, H.M.* (1955), »Symposium on the functional implications of segmental facilitation«, *J. Amer. Osteopath. Assn*, vol. 54, p. 1.

Kosambi, D.D. (1967), »Living prehistory in India«, *Sci. Amer.*, vol. 216 (February), p. 105.

Kroeber, A.L. (1948), *Anthropology*, Harcourt.

Kugelberg, E., and *Lindblom, U.* (1959), »The mechanism of pain in trigeminal neuralgia«, *J. Neurol. Neurosurg. Psychiat.*, vol. 22, p. 36.

Lambert, W.E., Libman, E., and *Poser, E.G.* (1960), »The effect of increased salience of a membership group on pain tolerance«, *J. Personality*, vol. 28, p. 350.

Larsell, O. (1951), *Anatomy of the Nervous System*, Appleton-Century-Crofts.

Lashley, K.S. (1951), »The problem of serial order in behavior«, in L.A. Jeffress (ed.), *Cerebral Mechanisms in Behavior*, Wiley.

Leatherdale, R.A.L. (1956), »Phantom limb pain associated with spinal analgesia«, *Anaesthesia*, vol. 11, p. 249.

LeCron, L.M. (ed.) (1956), *Experimental Hypnosis*, Macmillan.

Leriche, R. (1939), *The Surgery of Pain*, Williams & Wilkins.

Lessac, M. (1965), »The effects of early isolation and restriction on the later behavior of beagle puppies«, Ph.D. thesis, University of Pennsylvania.

Li, C.H., and *Elvidge, A.R.* (1951), »Observations on phantom limbs in a paraplegic patient«, *J. Neurosurg.*, vol. 8, p. 524.

Lim, R.K.S. (1968), »Neuropharmacology of pain«, in R.K.S. Lim (ed.), *Pharmacology of Pain*, Pergamon.

Livingston, W.K. (1943), *Pain Mechanisms*, Macmillan.

Livingston, W.K. (1948), »The vicious circle in causalgia«, *Ann. N.Y. Acad. Sci.*, vol. 50, p. 247.

Livingston, W.K. (1953), »What is pain?«, *Sci. Amer.*, vol. 196 (March), p. 59.

Lorente de Nó, R. (1938), »Analysis of the activity of the chains of internuncial neurons«, *J. Neurophysiol.*, vol. 1, p. 207.

MacCarty, C.S., and *Drake, R.L.* (1956), »Neurosurgical procedures for the control of pain«, *Proc. Staff Meetings Mayo Clin.*, vol. 31, p. 208.

MacLean, P. (1958), »Psychosomatics«, *Handbook of Physiology*, vol. 3, p. 1723.

Mark, V.H., Ervin, F.R., and *Yakovlev, P.I.* (1963), »Stereotactic thalamotomy«, *Arch. Neurol.*, vol. 8, p. 528.

Marshall, H.R. (1894), *Pain, Pleasure, and Aesthetics*, Macmillan.

Mayer, D.J., Wolfle, T.L., Akil, H., Carder, B., and *Liebeskind, J.C.* (1971), »Analgesia from electrical stimulation in the brainstem of the rat«, *Science*, vol. 174, p. 1351.

McMurray, G.A. (1950), »Experimental study of a case of insensitivity to pain«, *Arch. Neurol. Psychiat.*, vol. 64, p. 650.

Melzack, R. (1961), »The perception of pain«, *Sci. Amer.*, vol. 204, (February), p. 41.

Melzack, R. (1965), »Effects of early experience on behaviour: experimental and conceptual considerations«, in P.H. Hoch and J. Zubin (eds.), *Psychopathology of Perception*, Grune & Stratton.

Melzack, R. (1969), »The role of early experience in emotional arousal«, *Ann. N.Y. Acad. Sci.*, vol. 159, p. 721.

Melzack, R. (1971), »Phantom limb pain: implications for treatment of pathological pain«, *Anaesthesiology*, vol. 35, p. 409.

Melzack, R. (1972), »Mechanisms of pathological pain«, in M. Critchley (ed.), *The Scientific Foundations of Neurology*, Heinemann.

Melzack, R. (1973), »A questionnaire for the measurement of pain«, manuscript in preparation.

Melzack, R., and *Bridges, J.A.* (1971), »Dorsal column contributions to motor behaviour«, *Exper. Neurol.*, vol. 33, p. 53.

Melzack, R., and *Bromage, P.* (1972), unpublished observations.

Melzack, R., and *Casey, K.L.* (1968), »Sensory, motivational, and central control determinants of pain: a new conceptual model«, in D. Kenshalo (ed.), *The Skin Senses*, C.C. Thomas.

Melzack, R., and *Eisenberg, H.* (1968), »Skin sensory afterglows«, *Science*, vol. 159, p. 445.

Melzack, R., Konrad, K., and *Dubrovsky, B.* (1968), »Prolonged changes in visual system activity produced by somatic stimulation«, *Exper. Neurol.*, vol. 20, p. 443.

Melzack, R., Konrad, K., and *Dubrovsky, B.* (1969), »Prolonged changes in central nervous system activity produced by somatic and reticular stimulation«, *Exper. Neurol.*, vol. 25, p. 416.

Melzack, R., Rose, G., and *McGinty, D.* (1962), »Skin sensitivity of thermal stimuli«, *Exper. Neurol.*, vol. 6, p. 300.

Melzack, R., and *Schecter, B.* (1965), »Itch and vibration«, *Science*, vol. 147, p. 1047.

Melzack, R., and *Scott, T.H.* (1957), »The effects of early experience on the response to pain«, *J. comp. physiol. Psychol.*, vol. 50, p. 155.

Melzack, R., Stotler, W.A., and *Livingston, W.K.* (1958), »Effects of discrete brainstem lesions in cats on perception of noxious stimulation«, *J. Neurophysiol.*, vol. ·21, p. 353.

Melzack, R., and *Torgerson, W.S.* (1971), »On the language of pain«, *Anesthesiology*, vol. 34, p. 50.

Melzack, R., and *Wall, P.D.* (1962), »On the nature of cutaneous sensory mechanisms«, *Brain*, vol. 85, p. 331.

Melzack, R., and *Wall, P.D.* (1965), »Pain mechanisms: a new theory«, *Science*, vol. 150, p. 971.

Melzack, R., and *Wall, P.D.* (1970), »Psychophysiology of pain«, *Internat. Anesthesiol. Clinics*, vol. 8, p. 3.

Melzack, R., Wall, P.D., and *Weisz, A.Z.* (1963), »Masking and metacontrast phenomena in the skin sensory system«, *Exper. Neurol.*, vol. 8, p. 35.

Melzack, R., Weisz, A.Z., and *Sprague, L.T.* (1963), »Stratagems for controlling pain: contributions of auditory stimulation and suggestion«, *Exper. Neurol.*, vol. 8, p. 239.

Mendell, L.M., and *Wall, P.D.* (1965), »Presynaptic hyperpolarization: a role for the fine afferent fibres«, *J. Physiol.*, vol. 172, p. 274.

Merskey, H., and *Spear, F.H.* (1967), *Pain: Psychological and Psychiatric Aspects*, Baillière, Tindall & Cassell.

Meyer, G.A., and *Fields, H.L.* (1972), »Causalgia treated by selective large fibre stimulation of peripheral nerve«, *Brain*, vol. 95, p. 163.

Milner, P.M. (1970), *Physiological Psychology*, Holt, Rinehart & Winston.

Mitchell, S.W. (1872), *Injuries of Nerves and their Consequences*, Lippincott.

Moore, B. (1946), »Pain in an amputation stump associated with spinal anesthesia«, *Med. J. Austral.*, vol. 2, p. 645.

Morgan, C.L. (1961), *Introduction to Psychology*, McGraw-Hill.

Müller, J. (1842), *Elements of Physiology*, Taylor.

Nafe, J.P. (1934), »The pressure, pain and temperature senses«, in C.A. Murchison

(ed.), *Handbook of General Experimental Psychology*, Clark University Press.

Nakahama, H., Nishioka, S., and *Otsuka, T.* (1966), »Excitation and inhibition in ventrobasal thalamic neurons before and after cutaneous input deprivation«, *Progr. Brain Res.*, vol. 21, p. 180.

Nashold, B. S., and *Friedman, H.* (1972), »Dorsal column stimulation for pain: a preliminary report on 30 patients«, *J. Neurosurg.*, vol. 36, p. 590.

Nathan, P. W. (1956), »Reference of sensation at the spinal level«, *J. Neurol. Neurosurg. Psychiat.*, vol. 19, p. 88.

Nathan, P. W. (1962), »Pain traces left in the central nervous system«, in C. A. Keele and R. Smith (eds.), *The Assessment of Pain in Man and Animals*, Livingstone.

Nathan, P. W. (1963), »Results of anterolateral cordotomy for pain in cancer«, *J. Neurol. Neurosurg. Psychiat.*, vol 26, p. 353.

Naunyn, B. (1889), »Über die Auslösung von Schmerzempfindung durch Summation sich zeitlich folgender sensibler Erregungen«, *Arch. exper. Pathol. Pharmakol.*, vol. 25, p. 272.

Nauta, W. J. H. (1958), »Hippocampal projections and related neural pathways to the midbrain in the cat«, *Brain*, vol. 81, p. 319.

Neff, W. D. (1961), »Neural mechanisms of auditory discrimination«, in W. A. Rosenblith (ed.), *Sensory Communication*, Wiley.

Noordenbos, w. (1959), *Pain*, Elsevier Press.

Olds, M. E., and *Olds, J.* (1962), »Approachescape interactions in the rat brain«, *Amer. J. Physiol.*, vol. 203, p. 803.

Olds, M. E., and *Olds, J.* (1963), »Approachavoidance analysis of rat diencephalon«, *J. comp. Neurol.*, vol. 120, p. 259.

Papez, J. W., and *Stotler, W. A.* (1940), »Connections of the red nucleus«, *Arch. Neurol. Psychiat.*, vol. 44, p. 776.

Parsons, C. M., and *Goetzl, F. R.* (1945), »Effect of induced pain on pain threshold«, Proc. Soc. Exper. Biol., vol. 60, p. 327.

Pavlov, I. P. (1927), *Conditioned Reflexes*, Milford.

Pavlov, I. P. (1928), *Lectures on Conditioned Reflexes*, International Publishers.

Pearson, A. A. (1952), »Role of gelatinous substance of spinal cord in conduction of pain«, *Arch. Neurol. Psychiat.*, 68, p. 515.

Perl, E. R. (1971), »Is pain a specific sensation?«, *J. psychiat. Res.*, vol. 8, p. 273.

Pomeranz, B., Wall, P. D., and Weber, W. V. (1968), »Cord cells responding to fine myelinated afferents from viscera, muscle and skin«, J. Physiol., vol. 199, p. 511.

Reynolds, D. V. (1969), »Surgery in the rat during electrical analgesia induced by focal brain stimulation«, Science, vol. 164, p. 444.

Reynolds, D. V. (1970), »Reduced response to aversive stimuli during focal brain stimulation: electrical analgesia and electrical anesthesia«, in D. V. Reynolds and A. E. Sjoberg (eds.), Neuroelectric Research, C. C. Thomas.

Reynolds, O. E., and Hutchins, H. C. (1948), »Reduction of central hyper-irritability following block anesthesia of peripheral nerve«, Amer. J. Physiol., vol. 152, p. 658.

Roberts, W. W. (1962), »Fear-like behaviour elicited from dorsomedial thalamus of cat«, J. comp. physiol. Psychiol., vol. 55, p. 191.

Rose, J. E., and Mountcastle, V. B. (1959), »Touch and kinesthesis«, Handbook of Physiology, vol. 1, p. 387.

Rossi, G. F., and Zanchetti, A. (1957), »The brainstem reticular formation«, Arch. italiennes de Biologie, vol. 95, p. 199.

Rothman, S. (1943), »The nature of itching«, Res. Publ. Assn nerv. ment. Dis., vol. 23, p. 110.

Rubins, J. L., and Friedman, E. D. (1948), »Asymbolia for pain«, Arch. Neurol. Psychiat., vol. 60. p. 554)

Ruffini, A. (1905), »Les dispositifs anatomiques de la sensibilité cutanée sur les expansions nerveuses de la peau chez l'homme et quelques autres mammifères«, Rev. gem. Histol., vol. 1, p. 421.

Russell, W.R., and Spalding, J.M.K. (1950), »Treatment of painful amputation stumps«, Brit. med. J., vol. 2, p. 68.

Satoh, M., and Takagi, H. (1971), »Enhancement by morphine of the central descending inhibitory influence on spinal sensory transmission«, Eur. J. Pharmacol., vol. 14, p. 60.

Schreiner, L., and Kling, A. (1953), »Behavioural changes following rhinencephalic injury in cat«, J. Neurophysiol., vol. 16, p. 643.

Selzer, M., and Spencer, W.A. (1969), »Convergence of visceral and cutaneous afferent pathways in the lumbar spinal cord«, Brain Res., vol. 14, p. 331.

Semmes, J., and Mishkin, M. (1965), »Somatosensory loss in monkeys after ipsilateral

cortical ablation«, J. Neurophysiol., vol. 28, p. 473.

Shealy, C.N., Mortimer, J.T., and Hagfors, N.R. (1970), »Dorsal column electroanalgesia«, J. Neurosurg., vol. 32, p. 560.

Sherrington, C.S. (1900), »Cutaneous sensations«, in E.A. Schäfer (ed.), Textbook of Physiology, Pentland.

Sherrington, C.S. (1906), Integrative Action of the Nervous System, Scribner.

Shimazu, H., Yanagisawa, N., and Garoutte, B. (1965), »Corticopyramidal influences on thalamic somatosensory transmission in the cat«, Jap. J. Physiol., vol. 15, p. 101.

Signer, E., and Galston, A.W. (1972), »Education and science in China«, Science, vol. 175, p. 15.

Simmel, M.L. (1956), »On phantom limbs«, A.M.A. Arch. Neurol. Psychiat., vol. 75, p. 637.

Simmel, M.L. (1958), »The conditions of occurrence of phantom limbs«, Proc. Amer. Phil. Soc., vol. 102, p. 492.

Sinclair, D.C. (1955), »Cutaneous sensation and the doctrine of specific nerve energies«, Brain, vol. 78, p. 584.

Sinclair, D.C. (1967), Cutaneous Sensation, Oxford University Press.

Spencer, W.A., and April, R.S. (1970), »Plastic properties of monosynaptic pathways in mammals«, in G. Horn and R.A. Hinde (eds.), Short-term Changes in Neural Activity and Behaviour, Cambridge University Press.

Spiegel, E.A., Kletzkin, M., and Szekeley, E.G. (1954) »Pain reactions upon stimulation of the tectum mesencephali«, J. Neuropath. exper. Neurol., vol. 13, p. 212.

Spiegel, E.A., and Wycis, H.T. (1966), »Present status of stereoencephalotomies for pain relief«, Confinia Neurologica, vol. 27, p. 7.

Sternbach, R.A. (1968), Pain: A Psychophysiological Analysis, Academic Press.

Sternbach, R.A. (1970), »Strategies and tactics in the treatment of patients with pain«, in B.L. Crue (ed.), Pain and Suffering: Selected Aspects, C.C. Thomas.

Sternbach, R.A., and Tursky, B. (1964), »On the psychophysical power function in electric shock«, Psychosom. Sci., vol. 1, p. 217.

Sternbach, R.A., and Tursky, B. (1965), »Ethnic differences among housewives in psychophysical and skin potential responses to electric shock«, *Psychophysiology*, vol. 1, p. 241.

Stevens, S.S., Carton, A.S., and Shickman, G.M. (1958), »A scale of apparent intensity of electric shock«, *J. exper. Psychol.*, vol. 56, p. 328.

Sunderland, S. (1968), *Nerves and Nerve Injuries*, E. and S. Livingstone.

Sunderland, S., and Kelly, M. (1948), »The painful sequelae of injuries to peripheral nerves«, *Aust. N.Z.J. Surg.*, vol. 18, p. 75.

Sweet, W.H. (1959), »Pain«, *Handbook of Physiology*, vol. 1, p. 459.

Szasz, T.S. (1968), »The psychology of persistent pain: a portrait of »l'homme douloureux«, in A. Soulairac, J. Cahn and J. Charpentier (eds.), *Pain*, Academic Press.

Szentagothai, J. (1964), »Neuronal and synaptic arrangement in the substantia gelatinosa Rolandi«, *J. comp. Neurol.*, vol. 122, p. 219.

Taub, A. (1964), »Local, segmental and supraspinal interaction with a dorsolateral spinal cutaneous afferent system«, *Exper. Neurol.*, vol. 10, p. 357.

Titchener, E.B. (1909-10), *A Textbook of Psychology*, Macmillan.

Titchener, E.B. (1920), »Notes from the psychological laboratory of Cornell University«, *Amer. J. Psychol.*, vol. 31, p. 212.

Tower, S.S. (1943), »Pain: definition and properties of the unit for sensory reception«, *Res. Publ. Assn nerv. ment. Dis.*, vol. 23, p. 16.

Travell, J., and Rinzler, S.H. (1946), »Relief of cardiac pain by local block of somatic trigger areas«, *Proc. Soc. Exper. Biol. Med.*, vol. 63, p. 480.

Travell, J., and Rinzler, S.H. (1952), »The myofascial genesis of pain«, *Postgrad. Med.*, vol. 11, p. 425.

Verhaart, W.J.C. (1949), »The central tegmental tract«, *J. comp. Neurol.*, vol. 90, p.173.

Wagman, I.H., and Price, D.D. (1969), »Responses of dorsal horn cells of M. mulatta to cutaneous and sural nerve A and C fibre stimuli«, *J. Neurophysiol.*, vol. 32, p. 803.

Wall, P.D. (1960), »Cord cells responding to touch, damage and temperature of the skin«, *J. Neurophysiol.*, vol. 23, p. 197.

Wall, P.D. (1961), »Two transmission systems for skin sensations«, in W.A. Rosenblith (ed.), *Sensory Communication*, Wiley.

Wall, P.D. (1964), »Presynaptic control of impulses at the first central synapse in the cutaneous pathway«, *Progr. Brain Res.*, vol. 12, p. 92.

Wall, P.D. (1970), »The sensory and motor role of impulses travelling in the dorsal columns towards cerebral cortex«, *Brain*, vol. 93, p. 505.

Wall, P.D., and Cronly-Dillon, J.R. (1960), »Pain, itch and vibration«, *Arch. Neurol.*, vol. 2, p. 365.

Wall, P.D., and Sweet, W.H. (1967), »Temporary abolition of pain«, *Science*, vol. 155, p. 108.

Walters, A. (1961), »Psychogenic regional pain alias hysterical pain«, *Brain*, vol. 84, p. 1.

Ward, A.A. (1969), »The epileptic neuron: chronic foci in animals and man«, in H.H. Jasper, A.A. Ward and A. Pope (eds.), *Basis Mechanisms of the Epilepsies*, Little, Brown.

Weddell G. (1955), »Somesthesis and the chemical senses«, *Annu. Rev. Psychol.*, vol. 6, p. 119.

Weiskrantz, L. (1963), »Contour discrimination in a young monkey with striate cortex ablation«, *Neuropsychologia*, vol. 1, p. 145.

White, J.C., and Sweet, W.H. (1969), *Pain and the Neurosurgeon*, C.C. Thomas.

Wissler, C. (1921), »The sun dance of the Blackfoot Indians«, *Amer. Mus. Nat. Hist., Anthropology Papers*, vol. 16, pp. 223-70.

Yahr, M.D., and Purpura, D.P. (eds.) (1967), *Neurophysiological Basis of Normal and Abnormal Motor Activities*, Raven Press.

Zborowski, M. (1952), »Cultural components in responses to pain«, *J. soc. Issues*, vol. 8, p. 16.

Zotterman, Y. (1959), »Thermal sensations«, *Handbook of Physiology*, vol. 1, p. 431.

Sachverzeichnis

218   Sachverzeichnis